JN240752

改正博物館法で博物館はどうなる

金山喜昭 編

同成社

は じ め に

　戦後日本は、戦争を放棄した憲法の下、自由、平等で豊かな民主主義国家の建設を目標に、人々がそれぞれの分野で努力して復興を成し遂げた。高度経済成長を果たすとともに、博物館が全国各地で盛んに建設され、社会教育施設としての基盤が整備されていった。ところが、バブル経済の崩壊に端を発する「失われた30年」以降、国際情勢の変化や環境問題はもとより、国内では少子高齢化、都市への人口集中、地方の過疎化、コミュニティの衰退、自然災害の増加等の課題が山積している。それに対する政府の政策や法改正は、日本の将来を見据えた展望をもち、明るい未来を描くために必ずしも十分とは言えない。2022年に大幅に改正された博物館法（以下、改正前の博物館法を旧博物館法、改正後の博物館法を改正博物館法とする）もその例外ではない。

　1951年に旧博物館法は、教育基本法を母法とする社会教育法体系のもとに公布された。社会教育法は、戦前の国家主義や民衆教化の反省の上に立ち、平和で文化的な国家をつくるために、人々の自立的な学びを保障することを目指して制定された。そのために誰もが自由に利用し学ぶことができるように、国や地方公共団体は公民館や、図書館、博物館等の社会教育施設を設置し、職員を配置する体制を整備する責務を負うこととされた。これらの社会教育施設は教育委員会が所管することにより、政治的中立性を保ち、無償性の原則や学習機会の平等、住民参加等といった理念のもとに運営されている。1955年に239館しかなかった博物館が、その後、70年近くの間に実に5,700館を超えるまでになった。そのうち公立博物館はおよそ4分の3にのぼる。博物館は地域の歴史や文化、自然を守り伝え、積極的に情報発信するとともに、人々の学びや交流の拠点となっている。今日、博物館が市民や地域の日常空間に欠かせない身近な存在になったことは、旧博物館法の意義や成果として認めることができる。

　とはいえ、旧博物館法は制定時から課題があったことも事実であり、その後の社会状況の変化もあり、法改正の必要性が論議されてきた。その主な論点は、

国立博物館が旧博物館法上の博物館に組み込まれていないこと、博物館登録制度が博物館の質の向上を図るために機能していないということ、現行の学芸員養成制度は高度な技能を有する専門人材を養成できていないこと等であった。近年では学芸員の非正規雇用の増加や、施設設備の老朽化、収蔵庫の満杯問題、指定管理者制度の在り方、人員や予算不足等多くの課題に直面している。こうして博物館の持続可能性を脅かす由々しき事態が生じている。

　2008年に旧博物館法が改正された時にも、登録制度や学芸員養成制度の見直しが検討されたが、学芸員養成制度の一部カリキュラムが変更されるにとどまり、抜本的な課題の解決は先送りされた。その後も課題を解決するための法改正が模索されたが実現には至らなかった。

　そのような中で、2017年に「経済財政運営と改革の基本方針2017」（「骨太の方針」）が閣議決定されると、にわかに雲行きが怪しくなった。公表された文化経済戦略の中で「稼ぐ文化」が掲げられるようになると、それに呼応するように博物館を取り巻く法律が次々と改正された。同年に文化芸術基本法（文化芸術振興基本法の一部を改正する法律）、2018年に文化財保護法及び地方教育行政の組織及び運営に関する法律の一部を改正する法律、2019年に地方教育行政の組織及び運営に関する法律の一部を改正する法律（一括法による改正）、2020年に文化観光拠点施設を中核とした地域における文化観光の推進に関する法律（「文化観光推進法」）等が公布、施行された。さらに、2018年の文部科学省設置法の改正により、博物館行政が文部科学省から文化庁に一元化された。

　これらの法改正は、これまでの課題や博物館法改正の論点となっていた事項を解決するものとは言い難いものであった。改正博物館法の内容は多岐におよぶが、最大の点は、文化芸術基本法の精神を新たに加えたことである。改正博物館法第1条には、社会教育法と文化芸術基本法が併記されるようになったが、その実態は後者にウェイトがおかれるものであった。新たに文化芸術基本法を入れた理由は、それを根拠に政府が推し進めるインバウンドに傾斜した経済政策に博物館を取り込むことであった。あたかも博物館を取り巻く外堀が埋められるようにして、本丸ともいうべき博物館法の大改正が行われたのである。

　改正博物館法は、長年の課題となっていた博物館登録制度の見直しも行われたが、博物館に内在する社会教育の価値は後退を余儀なくされた。以前には到

底考えられないような、博物館の進路を社会教育から経済政策へ大きく転換する内容の法改正が短期間のうちに政治主導によって一気に行われた。

　本書は、改正博物館法によって博物館が大きな岐路に立たされていることを重く受け止めて、現時点での評価や見通しを、現代ばかりでなく後世の人達にも書き残すため、多角的な視野から改正博物館法について検証するものである。

　そこで、改正博物館法とこれからの博物館の在り方について、次のように問いを提示する。

- なぜ旧博物館法は改正されたのか
- 改正博物館法は博物館にどのような影響を及ぼすのか
- 改正博物館法の下での博物館の在り方に対して、どのように対峙すればよいのか
- 改正博物館法に問題があるとしたら、どのような改正をすべきであったのか
- 隣接分野の動向から博物館関係者が学ぶことは何か

　本書の各章は、法改正の作業に携わった文化審議会博物館部会の委員や、博物館や大学関係者、行政経験者等からご寄稿いただいた。執筆者にはキャリアや立場の違いがあり、政府（文化庁）との距離感もそれぞれ異なっている。編者は本書が各々の垣根を越え、自由闊達な議論を交わすプラットフォームになることを意図した。そのため見解の相違や対立、論争もあるに違いない。本書が提示する改正博物館法やその周辺の言説が、博物館の社会的な役割や将来の在り方に対して真摯に向き合う契機になれば望外の喜びである。

　編者の法政大学定年退職に合わせて、本書を刊行することができたのは、佐藤一子、鷹野光行、笹川孝一、矢島國雄の諸先生をはじめ皆様から玉稿を寄せていただいたおかげです。また、杉長敬治、浜田弘明、石川貴敏の諸氏から有益なご助言をいただいたことに感謝いたします。

　そして、世話人の労をお引き受けくださった駒見和夫、内川隆志、田中裕二の諸氏には心からお礼申し上げます。

2024 年 11 月 6 日

金山喜昭

目　次

はじめに

第1章　博物館法の歴史と展開 ——————————————————— 1

　1.　博物館法制度の整備と社会資本としての博物館—その歩みと今後— ………… 2

　2.　博物館法改正の論議と課題 ………………………………………………… 14

　3.　博物館法改正に伴うデジタルアーカイブと多様な連携 ………………………… 26

第2章　改正博物館法に対する評価 ——————————————— 35

　1.　博物館政策の国際的潮流と博物館法改正 ………………………………… 36

　2.　博物館行政と博物館法についての評価 …………………………………… 48

　3.　新しい認証博物館制度と学芸員制度—日本学術会議の立場から— ………… 62

　4.　改正博物館法とコレクション管理をめぐる諸問題
　　　—博物館登録制度の参酌基準の解釈について— ………………………………… 75

　5.　文化施設としての博物館—文化芸術基本法との関係から— ………………… 84

第3章　学芸員養成制度の成り立ちと課題 ————————————— 93

　1.　"学芸員"の制度成立経緯とその理解 ……………………………………… 94

　2.　学芸員養成と大学院における博物館学の学びについて
　　　—國學院大學大学院における実践を踏まえた提言— ……………………………… 104

　3.　地域博物館と大学の連携—資料整理と広報、実習分野における教育と実践— …… 118

第4章　文化財保護法改正の現状と課題 —————————————— 131

　1.　文化財保護法改正の経緯と展望 ……………………………………………… 132

　2.　文化財保護法改正と首都圏の文化財保護行政の実情
　　　—板橋区の事例から— ……………………………………………………………… 139

　3.　文化政策と文化財保存修復 ………………………………………………… 148

第5章 改正博物館法に向き合う博物館 —————————— 159

  1. 国立博物館における文化観光 ……………………………… 160

  2. 文化観光と博物館をめぐる経験—徳島県における二つの博物館の場合— …… 172

  3. 法令は博物館現場に何をもたらすのか—新潟県立歴史博物館の経験から— ‥ 182

  4. 市原歴史博物館の登録と法改正 ………………………… 192

  5. 地域資源に向き合うミュージアム ……………………… 203

  6. 古くて新しい博物館—新しい博物館に向けて— ……………… 214

第6章 博物館をとりまく隣接分野の動向 —————————— 223

  1. 社会教育法体系の理念にもとづく社会教育施設のあり方 ………… 224

  2. 社会教育主事、社会教育士をめぐる議論の展望

    —歴史的概観からの示唆と複数の〈戦略〉— ……………………… 232

  3. 図書館の新たな動向—デジタルアーカイブとデジタルインクルージョン— …… 243

  4. 学校教育をめぐる政策・改革動向 ……………………… 252

  5. 美と学問の博物空間としての museum と住民・統治者の自画像 …… 261

第7章 改正博物館法とは何だったのか —————————— 273

おわりに　297

◎本書の執筆者一覧

第1章
　1. 半田昌之
　2. 浜田弘明
　3. 佐々木秀彦

第2章
　1. 栗原祐司
　2. 杉長敬治
　3. 芳賀　満
　4. 金山喜昭
　5. 荒川裕子

第3章
　1. 駒見和夫
　2. 内川隆志
　3. 田中裕二

第4章
　1. 矢島國雄
　2. 小西雅徳
　3. 関根理恵

第5章
　1. 井上洋一
　2. 長谷川賢二

　3. 山本哲也
　4. 鷹野光行
　5. 可児光生
　6. 奥野　進

第6章
　1. 佐藤一子
　2. 久井英輔
　3. 坂本　旬
　4. 児美川孝一郎
　5. 笹川孝一

第7章
　　金山喜昭

博物館法の歴史と展開

1. 博物館法制度の整備と社会資本としての博物館
——その歩みと今後——

はじめに

　日本に多数存在している博物館という施設は、社会資本としてどの程度認識されているだろうか。筆者は、その認識度は思いのほか低く、現状で顕在化している博物館を取り巻くさまざまな課題解決に向かう道の信号が、黄色から赤に変わりつつある危機感を覚えている。

　社会資本とは、人々が社会生活を営むために必要な公共性を持つ施設や機能を指す言葉で社会基盤ともいわれ、日本では、経済学者の宇沢弘文が提示した社会的共通資本の概念とほぼ同義である。社会資本は、一般的に社会インフラ（インフラストラクチャー）と呼ばれ、生活維持に不可欠な道路や鉄道、空港、港湾、上下水道や、公営住宅、学校、社会教育施設や文化施設、公園、そして自然環境も含まれ、博物館は、社会教育や文化芸術活動に必要な社会資本と位置づけられる。

　それらの多くは公共施設として全国に存在しているが、老朽化が進み長寿命化に向けた見直しが進んでいる。こうした公共施設について、国民が生活の中でどの程度の必要性を感じ、将来にも残したいと考える施設についての調査結果を見ると、学校や保育園、図書館、スポーツセンターなど15種類挙げられた中で、1位は学校で72.7％が存続を求めているのに対し、美術館・博物館は9位で24.8％、郷土歴史館は最下位の15位で14.1％という結果である。ちなみに、図書館は4位で50.7％、公民館は8位で31.0％と、いずれも博物館より上位に位置づけられている。博物館を取り巻く深刻な課題を生む背景に、現状における博物館に対する社会資本としての認識の低さは、無視できない重要な要因である。

　公共施設全体を支える法体系の基礎はいうまでもなく日本国憲法だが、その下に、学校なら学校教育法、公民館なら社会教育法、そして図書館は図書館法、

博物館は博物館法となり、広く文化芸術施設は文化芸術基本法や劇場・音楽堂等の活性化に関する法律（劇場法）などがあり、それぞれの施設の指針や組織・運営に関する基準が示されている。公共施設は、憲法で保障された権利を誰もが享受できるための装置であり、その装置の存在は法律と社会資本としての国民の価値評価によって支えられている。

　改めて博物館の状況を見直してみると、法改正前の 2021 年度の文部科学省社会教育調査によれば、全国の博物館数 5,771 施設の内、登録博物館が 911、博物館相当施設が 395、その他の博物館類似施設が 4,465 で、法律にもとづく博物館は全体の 2 割しかない状況で、今回の法改正の理由として挙げられた法制度と運営実態が大きく乖離している実態が浮き彫りになる。このことが社会資本としての博物館の認識の低さにつながっていることは否めないだろう。

　昨今話題となっている、地域博物館の運営環境の困窮や、収蔵庫不足や施設老朽化による博物館の収蔵資料の処分等、博物館を取り巻く課題は、法制度上の位置づけや社会資本としての認識の低さとも関係し、悪循環に陥っているように思える。多様で複雑な課題に向き合い、負の循環から脱して信号を黄色から青に変えるためには、今こそ博物館現場はもとより、博物館に携わる広い分野の人々が対話し連携する必要がある、と考えている。

　議論すべき課題は多く、それぞれに深い。課題の全てを取り上げる紙幅はないが、本稿では、今回の博物館法改正を機と捉え、わが国の博物館の成り立ちと博物館法制定の過程に焦点を当て、「これまで」の歩みを「これから」につなげる方策を考える一助としたい。

（1）日本における博物館の黎明期

　日本における博物館の黎明は、1871 年に文部省に博物局が設置され、翌 5 年に博物館と書籍部が設置されたことから始まったといわれる。

　殖産興業を基盤に近代化を急ぐ明治政府は、当時欧米で興隆していた博覧会に着目し、江戸時代には把握が難しかった全国の特産品を収集し、博覧会に参加して日本文化の水準を国際的に示すとともに、国内産業の振興のために、産業革命を経て工業化が加速する欧米の技術を学び吸収することに注力した。特に、1873 年のオーストリア・ウィーンで開催された博覧会（ウィーン万博）

を重要視した明治政府は、文部省に設置した博物局を中心に全国から幅広い分野の資料を収集し、万博への出展物の選定には、田中芳男や町田久成など、黎明期日本の博物館の発展を支えた人々がその任に当たった。これら選ばれた出展物を中心に国内で披露するために計画されたのが、1872年3月から4月にかけて湯島聖堂で開催された博覧会で、文部省が主催したわが国初の官設博覧会として入場者は192,879人を記録した。この博覧会の成功は、終了後の5月から、文部省博物館が管理する物産品を展示資料として、毎月1と6の付く日に公開することとした。日本における最初の常設展示施設であり、現在の東京国立博物館創設の原点とされている。

ウィーン万博が開催された1873年、文部省下の博物局、博物館と書籍部および小石川薬園が所蔵するすべての資料と人材が、太政官の正院内に設置された墺国博覧会事務局に吸収合併された。この博覧会事務局が開設したのが山下門内博物館で、湯島聖堂で公開された資料等を活用し、古物・古器物、動物、天造物、植物鉱物、農業・農具、新製諸器、舶来品、西洋品等に分類して展示した。さらに島津藩の装束屋敷だった敷地内には、動植物の飼育や剥製製作、産業技術の伝習などが設置・公開され、当時政府の殖産興業政策を可視化するための「総合博物館」的施設だったことが見て取れる。

ちなみにこの明治初期は、国内で起こった廃仏毀釈による仏教関連遺物の破壊や海外流出が起きた時代であった。一方で、わが国固有の歴史文化の消失を危惧した動きとして、1871年に古器旧物保存方が太政官布告され、その後、1897年の古社寺保存法へ、そして1950年の文化財保護法へと引き継がれ、文化財保護行政の基礎が形成された時代でもあった。

ウィーン万博の終了後の1875年に内務省が、続いて1881年に農商務省が設置された。山下門内博物館は1875年に閉館し農商務省所管の博物館となり、その後1886年に宮内庁に移管され、帝国博物館、東京帝室博物館の時代を経て、1947年に文部省所管の国立博物館となった後、1952年に、文化財保護法の制定にともない、文化財保護委員会（現文化庁）所属の東京国立博物館となる。この東京国立博物館につながる内務省系の博物館は、文化財の保存に重きを置く、美術・歴史を中心とする博物館として歩みを進めることとなる。なお、農商務省所管の時代には、殖産興業政策の下で各地に物産陳列場が開設され、

それぞれの地域の特産品を中心に陳列し地域産業の改善発展のための役割を担った。これらの陳列場は、博物館学で取り上げられることは少ないが、その後の地域博物館のあり方に一定の影響を与えた施設であったといえよう。

一方、学校教育推進のために、博覧会事務局に移管された博物館部局の返還を強く望んでいた文部省の要請を受け、1875 年に博物館、書籍部、小石川薬園（現在の東京大学理学部附属植物園）が文部省所管に戻された。内務省の博物館はそのまま存続したが、文部省は移管後に東京博物館を設置した。1877 年には教育博物館となり上野で活動を本格化し、全国の自然史標本の収集、研究、教育への活用を柱とする学術研究色の強い博物館として発展を遂げ、現在の国立科学博物館の出発点に位置づけられている。同館は 1881 年に東京教育博物館となった後、管制の変更や国の財政難等の影響で一時閉鎖されたが、1889 年に東京高等師範学校附属東京教育博物館として再出発した。関東大震災により壊滅的な被害を受けたが、1931 年に東京科学博物館として再興し、1949 年、文部省設置法により国立科学博物館が設置された。

以上のように、明治初期からの日本における博物館の黎明期を振り返ってみると、当初から博物館の概念は、歴史や美術のみならず、自然史や動物植物、書籍等、広い範囲を対象とした公開施設として想定されていたことがうかがえる。また、国の組織や政策の影響を受けながら、大きくは歴史・美術系資料の保存を核とする国立博物館と地域産業振興を担う物産陳列館等の内務省系施設の系統と、教育機関としての機能を重視する文部省系の博物館という大きな潮流に分かれ、その後、明治の後半には、美術に特化した美術館の設立や、動物園、植物園等専門分野を扱う博物館の誕生にともない、設置者も国や自治体、私立と多様化していった。この博物館の設置者と館種の複雑化は、博物館の世界に多様性と奥深さを育む土壌となった。一方で、それぞれの博物館の機能や事業内容は、所管官庁やそれぞれの設置者ごとに定められる告示や規則等によって規定され、統一的に博物館の目的や機能、事業内容を規定する博物館法の制定を難しくする一因ともなったといえるのではなかろうか。

ちなみに、1875 年に博物館と同時に文部省に戻った書籍部は独自の変遷を歩み、現在の国立国会図書館へと歴史をつないだ。1899 年に図書館令が制定されたことで、図書館は社会や学校に広く設置され、日々の生活に身近な社会

資本としての認識が定着していった。一方で、博物館の機能を規定する法制定の必要性は議論されながらも、実現したのは図書館令から半世紀も後の 1951 年のことだった。

改めて日本における博物館の黎明期を振り返ると、欧米諸国を範とする近代化を急ぐ政府の、殖産興業から富国強兵、戦時体制へと向かう政策の下で、国の主導で博物館という施設の整備が進んだ流れが見て取れる。そこには、社会的機能を果たすための萌芽的な取り組み、また文化財保護に関する制度的進展は見られたものの、公共的価値を持つ社会資本としての役割や機能についての議論は、戦後の博物館法制度の成立まで待たねばならなかった。

（2）棚橋源太郎と博物館法制定への歩み

わが国の博物館法は、1951 年 12 月 1 日、法律 285 号として公布され、1952 年 2 月 1 日から施行されたが、その成立に欠かすことのできない人物が棚橋源太郎である。

1869 年に現在の岐阜市で生まれた棚橋は、名和昆虫館の創設者である名和靖の影響も受けて博物学を学び、理科教育の充実に取り組んだ。1897 年に東京高等師範学校に奉職、教授となり理科教育に多くの業績を残した。1906 年に、同校に附属する東京教育博物館の主事に就任したことを契機に博物館の世界に入り、残りの生涯を博物館振興に捧げることになる。

棚橋は、学校教育の現場での経験から、学校教育を補完するための博物館の重要性とともに、実物を通した通俗教育（1921 年に社会教育に改称）による役割に対する認識を深めていった。東京教育博物館が文部省の所管となった 1914 年に同館の館長事務取扱（1921 年に館長）に就任して以降、当時の社会課題をテーマとする特別展覧会を精力的に開催した。1916 年には、コレラを取り上げた「虎列拉病予防通俗展覧会」を 50 日間という会期で開催し約 4 万人の来場者を集めた。1924 年まで 17 回開催された特別展覧会は、「時」展覧会（1920 年）をはじめ、博物館機能を活かした科学技術の普及啓発によって国民生活の改善を図る取り組みとして大きな成果を残した。棚橋は、関東大震災で壊滅的な被害を受けた東京博物館の復興に尽力し、東京帝室博物館が所蔵する天産部の自然史資料の東京科学博物館への引渡しを実現させるなど、現在

の国立科学博物館の基盤を整備して退職した。

　その後、棚橋は、博物館法制定の必要性を一貫して主張し、自らその成立に向けて邁進した。1928年に、現在の公益財団法人日本博物館協会の前進にあたる博物館事業促進会を設立し、博物館法の制定を第一の目標としつつ、国内博物館の相互連携、機能充実、海外博物館の調査等、わが国の博物館振興に必要なさまざまな事業に取り組んだ。

（3）博物館法制定への胎動

　博物館事業促進会の発足から日本博物館協会（日博協）へ改称された1931年を経て、盧溝橋事件が勃発する1937年ごろまでは、博物館法制定に向かう機運は高く、文部省も法律のあり方を日博協に諮問した重要な時期だった。1932年6月に東京科学博物館で開催された第4回博物館大会では、文部省が大会に対して「博物館に関する法令制定に当り留意すべき事項如何」を諮問し、大会での検討を経て、文部大臣宛に答申が示された[2]。

　その第1条には「博物館は学芸に関する資料を蒐集保管陳列及び研究をなし、一般の教養並に学術の研究に資するを以て目的とすべきこと。」と博物館の目的が示され、博物館は一般の人々の教養と学術研究に資すための機関であることが明記された。事業については、資料収集、保管、研究、展示、教育等、今の博物館法にも共通するものも多く含まれている。

　この答申が出された以降、急速に強まる軍事色の中で博物館法制定の動きは滞り戦後に引き継がれることとなるが、この答申は、わが国において博物館法制度の基本的骨格を明確に示す歴史的意義を持つものであった。

（4）博物館法の骨格作り

　敗戦によって焦土と化した状況の中で、棚橋源太郎は日本博物館協会（日博協）を中心に、いち早く新たな時代における博物館法制定への取り組みを開始した。1945年3月で一時途絶えた「博物館研究」を、1946年2月にガリ版刷りで復活させ、その冒頭を「博物館令の制定へ」の一文で飾った。

　日博協は、同年7月に「博物館並類似施設に関する法律案並本邦博物館、動植物園及び水族館全体の施設方針調査研究のための委員会」を発足させ、9月

には「博物館及び類似施設に関する法律案要綱」と「本邦博物館、動物園、植物園及び水族館施設に関する方針案」を文部大臣に提出した。この要綱はその[3]後の博物館法案作成の基礎となり、方針案は、国内に、国立から市町村、私立にいたる、規模と館種別の博物館を適切に配置し、それぞれを連携させて振興を図る方向性が示されている。

　博物館全体の館種別の区分については「動物園植物園水族館を、博物館類似施設とする」として、機能の違いはあるが、博物館と同様な機能を有しており博物館と同様に位置づけるべきことを示し、法律で認められた以外の施設では、博物館、動植物園、水族館と称することを禁じている。職員については、施設の規模に応じて総長、館長、園長、事務官、相当数の学芸員、学芸員補、技師、技手、司書、書記、監視員等、必要な職員を置くことを要するとし、館園長、学芸員、技師については、一定の学歴と実務経験を課している。また、国立施設も博物館法の対象とし、館種別にそれぞれの中央施設として、都道府県、市町村立施設を指導すべき役割を与え、地域ごとの公立の地方博物館規模の博物館の基本機能と館種、規模、地域ごとの配置等についての機能役割の分担は、個々の博物館の事業充実を図ることで日本全体の博物館の振興を図る仕組みを構築していく仕組みが、求められる博物館法制度の基礎として示されている。

（5）博物館法制定前夜、文化財保護法との関係

　博物館法制定に向けてさまざまな課題が検討され、法案作成の基礎的資料の整備が進んだ終戦から 1950 年にかけての 5 年間は、博物館法の行方に大きな影響を与える出来事が続いた時期でもあった。その詳細を本稿で触れる紙幅の余地はないが、1947 年に教育基本法、1949 年に社会教育法と同法の特別法として図書館法（1950）年が次々と公布された。最後に残された博物館法の内容に大きな影響を与えることとなったのが、1950 年 5 月 30 日に交付された文化財保護法の存在である。法隆寺金堂の火災を機に制定が急がれた法律の趣旨自体は広く支持されたが、問題は同法の運用に要する財源と人材確保等の諸事情で、国立博物館が文化財保護委員会（文化庁の前身組織）の附属機関として位置付けられ、博物館法の対象外の施設とされる点だった。

　棚橋源太郎をはじめ博物館関係者はこの方針に強く反発し、1950 年 1 月に

は、日本博物館協会会長の徳川宗敬と関東地方博物館動植物園関係者大会代表者の関靖が反対の陳情書を提出した。博物館関係者として文化財保護法の精神にも制定にも賛成ではあるが、博物館全体の中核的な役割を担う国立博物館は、単に文化財保管の施設ではなく博物館として総合的かつ重要な役割を担っており、委員会の附属機関に位置づけることは、日本全体の博物館の発展に極めて重大な支障となる。というのが主な反対理由であった。結局、陳情は叶わず文化財保護法は成立交付され、博物館関係者の切なる要望は叶えられなかった。現在においても、博物館法上の国立博物館は登録博物館の対象からは外れ、指定施設の位置づけとなっている。

（6）博物館法の制定

　文化財保護法の成立後、博物館と関係団体は、博物館法の早期成立を求め、1950 年の 8 月、北海道網走市で開催された全国観覧教育講習協議会において、博物館動物園等に関する法律の速やかな制定を要望する決議を行い、文部大臣に「博物館法の制定を急務とする理由」と題する陳情書を提出した[4]。注目すべきは、この要望の決議が博物館、動植物園だけでなく、公民館、図書館、学校および教育委員会等の関係者で構成される同協議会の総意として出されたことである。当時の博物館法制定の必要性が、広く社会教育を担う関係分野の人々と共有され支持されたことは、今後の博物館充実に向けた議論のあり方に大きな示唆を与えている。

　この陳情書では、博物館に法制度がないことで生じている課題が 6 項目と、さらに法制度による博物館の充実が見込まれる 2 つの項目が掲げられている。「博物館事業に対する認識の不足」「博物館行政の空白」「博物館および同種施設の無秩序」「国立博物館の無計画」「地方公共団体の困惑」「私立博物館の窮状」6 項目と、「学校教育上の必要」「観光資源としての重要性」の 2 項目である。

　これらの中には、社会での認識の低さや観光との関連等、今回の法改正を経てなお「古くて新しい」課題が残されており、博物館の「これから」の充実に向けてさらなる議論・検討を行う上でも参照すべき視点を多く見出すことができる。

（7）博物館法制定後からの動き

　この陳情が出された4カ月後の1951年12月1日、博物館法が交付され、わが国で初めて博物館を全体的に定規する法制度が成立し、博物館は学校や図書館、公民館等の施設と同じ土壌で社会資本としての基盤整備に向けた第一歩を踏み出した。

　一方で、棚橋源太郎を含め、博物館界が望んだ法制度の姿を法律に盛り込めなかった部分も残された。法律による博物館の許可制度と名称独占は敵（かな）わず、申請に基づく登録制度となった。国立博物館を含む一元的な登録制度と相互連携の仕組みは、国立博物館が法律の枠外に置かれ教育委員会設置の公立博物館中心の法制度となったことなどが挙げられる。

　博物館法制定後、日本は高度経済成長の時代を迎え、博物館ブームと呼ばれる建設ラッシュもあった。その後、人々の価値観・志向が経済的豊かさから心の豊かさへと向かい、博物館に質的充実が求められつつある一方で、オイルショックやリーマンショックなどによる国や自治体の財政難による運営の窮状、地方の過疎化、人口減少等、社会の変化とともに、そのあり方についてさまざまな議論が続けられてきた。

　市民参加による新たな役割を持つ博物館を指向し、社会に開かれた博物館のあり方を第三世代の博物館として提示した伊藤寿朗。日博協の『「対話と連携の博物館」―理解への対話・行動への連携【市民とともに創る新時代博物館】』の指針。国と連携して法改正を視野に博物館の課題検討のために設置された「これからの博物館の在り方に関する検討協力者会議」での議論。博物館法制度制定後初めて設置された博物館政策の検討を担う文化審議会博物館部会。また、日本学術会議や全日本博物館学会等の学協会でも、先の「古くて新しい」課題から、さらに今日的な社会動向を見据えた議論が交わされ、今回の法改正にもある程度は反映されたといえよう。

（8）2022年の博物館法改正と「これから」

　今回の改正法のポイントとしては、その目的に文化芸術基本法の理念が加わり、博物館の活動が社会教育とともに文化芸術を介した地域づくりへと拡がったことや、登録要件の拡大、指定施設の再規定などが挙げられ、それぞれに多

様な議論が交わされている。その議論こそが重要で、賛否を含めた議論によって課題を整理し、取り残されてきた古くて新しい課題も含めて新たな議論を続けることが求められる。

　いうまでもないことだが、70 年ぶりの抜本改正といわれる今回の法改正も、終わりではなく、「これから」に続く過程の中にある。これまで振り返ってきた博物館法制定への道のりを踏まえ、社会資本としての博物館の価値と認識を高めるための歩みを続けなくてはならない。

　そのために取り組むべき最も重要な課題が「博物館法制度の拡充による基盤形成」である。

　改正法が施行された 2023 年度中に新たに承認された登録博物館は 69 施設だった。その内訳は、旧法での登録博物館からの再申請が 45 件、旧法での博物館相当施設からの申請が 5 件、博物館類似施設からが 14 件、新規開設博物館からが 5 件であった。また、指定施設（旧博物館相当施設）については 10 件が承認され、その内訳は、旧法での博物館相当施設からの再確認が 3 件、博物館類似施設からの申請が 5 件、新規開設博物館からが 2 件だった。数字としては少ないが、新設の博物館や旧法の博物館類似施設から登録博物館となった施設が多いのは望ましい傾向といえる。

　本稿の「はじめに」で触れたように、文部科学省社会教育調査で、全国の博物館の約 8 割が法制度に拠らない博物館類似施設であることは、今後の博物館振興にとって大きな課題である。それは、単に数の問題ではなく、必要最低限の機能を備えた法制度上に規定される博物館の割合を拡大し、それぞれの博物館の活動を支援する政策を充実させることこそ、博物館が社会資本としての役割を果たす基礎体力を高めるために不可欠な道だからである。法改正後の声には、「登録のメリットが見えにくい」「設置者に説明し納得させる分かりやすいメリットが必要」といった意見が多かったが、そもそも、「博物館の設置者」には、設置した施設が「博物館として機能する」ことに責任があり、求められる基本的要件を規定した法律に基づく施設として整備・運営することは、博物館の経営を担う設置者として当然なすべき責任と理解してもらいたいと願っている。

　さらに大きな現状の課題は、本来登録制度の基盤を構成する博物館として期

待される市町村立の公立博物館の多くが登録制度の外側に置かれている状況である。社会教育調査の結果では、博物館類似施設 4,465 施設の内、3,970 施設が市町村立博物館で全体の 89 ％を占めている。さらにその内の 70 ％以上が地域の歴史文化資源の保存活用を担う郷土や民俗資料を扱う歴史系の公立博物館で、少ない人員と限られた予算で運営され、資料管理等に深刻な問題を抱える博物館が圧倒的に多い。喫緊の課題として、地域資料を未来に活かすために欠かせないこうした小規模な博物館が、登録制度の枠組みの下で支援を受けられる道を拓いていくことが不可欠である。

　こうした博物館法制度の基盤整備と博物館に対する支援政策の拡充が少しずつでも前に進んでいかなければ、今回の法改正に求められる役割を果たすことはできず、今、窮状の中にある多くの博物館を救うことは難しいだろう。

　棚橋源太郎が博物館に託した夢は未だ叶っていない。残された課題を時代の流れに沿って柔軟に捉え直しながら、今の法律や制度が直面する問題を議論して解決への道筋を探る。そのための「対話と連携」を惜しまないことが社会資本としての博物館に近づく唯一の道ではないだろうか。

註
（1）「公共施設に関する住民意識調査（平成 26 年度版）」2015 年　日本政策投資銀行・日本家財研究所
　　https://www.dbj.jp/pdf/investigate/etc/pdf/book1501_01.pdf
（2）「博物館研究」第 5 巻第 6 号、同 7 号　1932 年 6 月・7 月　日本博物館協会
（3）「博物館研究」復興第 1 巻第 1 号　1946 年 11 月　日本博物館協会
（4）「會報」第 10 号　1950 年 5 月、同第 11 号　1951 年 4 月　日本博物館協会
　　『昭和 39 年度　わが国の近代博物館施設発達資料の集成とその研究　大正・昭和編』　1965 年 3 月　日本博物館協会

参考文献
宇沢弘文　2000『社会的共通資本』岩波新書
佐々木秀彦　2024『文化的コモンズ』みすず書房
金山喜昭（編）　2023『博物館とコレクション管理　ポスト・コロナ時代の資料の保管と管理』増補改訂版　雄山閣
宮本馨太郎（編）　1962『棚橋先生の生涯と博物館』六人社

宮崎惇　1992『棚橋源太郎 ―博物館にかけた生涯―』岐阜県博物館友の会
椎名仙卓・青柳邦忠　2014『博物館学年表 ―法令を中心に―』雄山閣
椎名仙卓　1988『日本博物館発達史』雄山閣

（半田昌之）

2. 博物館法改正の論議と課題

はじめに

　博物館法は、敗戦から6年を経過した1951年12月に公布され、大きな改正がないまま70年余りが経過した。日本はその後、大きな経済発展を遂げ、法制定当時200館余りであった博物館数は30倍近い5700館余りを数えるに至り、中でも公立博物館への国庫補助制度を背景に公立博物館が飛躍的に増加した。
(1)
(2)

　博物館は、増加したことにより、人々の身近な施設となり、展示観覧施設から地域住民の生涯学習やボランティア活動の場へとその機能も大きく変化した。また、動物園や水族館については、レジャー的施設から種の保存センターとしての役割が重視されるようになった。さらには、70年前には想定もしていなかった、インターネット社会での博物館の在り方も考え直さねばならなくなった。また、博物館の専門的職員として法で規定される博物館学芸員資格の要件についても、大学への進学率の大幅な増加に伴い、見直しが迫られている。
(3)

　こうした社会背景の下、2022年4月に単独の法改正としては67年ぶりとなる、博物館法の大幅な改正が行われた。博物館法の改正は、関連法の改正に伴うものを含めると、これまでに26回に及んでいるが、単独の法改正は、人文科学学芸員と自然科学学芸員の種別の廃止、博物館に相当する施設（以下、相当施設）の規定を設けるなどした、1955年7月以来2度目となる。

　筆者は、2019年11月に文化庁に設置された文化審議会博物館部会の一員として4期にわたり、この法改正に携わってきた。改正博物館法には賛否両論、
(4)
さまざまな意見があることはもちろん承知している。むしろ、否の意見の方が多いことも認識している。しかし、今回の改正論議を経験して、制定時の議員立法とは異なる内閣提出法案（内閣立法）による法改正の限界を知ることとなった。本稿では、理想論を法律に具現化することについての障壁を考えつつ、法

改正までの 2 年余りにわたる論議の内容と課題について述べることとしたい。

（1）博物館法改正への動向

1. 法改正への動向

　戦後間もない頃の日本の博物館は、現在とは異なり、私立博物館の割合が高く、保護・助成に値する博物館の選別が必要であった。⁽⁵⁾国立博物館は、1950年 5 月に公布された文化財保護法により、文化財保護委員会の傘下に置かれることとなり、文化財保護機関として位置づけられることとなった。そのため、その後に制定された博物館法は、公立博物館と私立博物館のみを対象とするものとなった。博物館法は、文化財保護法と同様に議員立法の形で、1951年 12月、公立・私立の博物館を社会教育機関として位置づけ公布された。こうして戦後、日本の博物館は、2 つの法体系下で運用されてきた。

　先に触れたが本法は、公布から 4 年後の 1955 年 7 月に、学芸員種別の廃止、相当施設規定の追加等のため、一部が単独改正された。この改正により、国立博物館は、登録博物館（以下、登録館）にはなれないものの、「相当施設」として博物館法の枠にかろうじてとどまることとなった。これ以後 67 年間、博物館法の単独改正は行われてこなかった。

　今回の単独改正への足掛かりとしては、2006 年 9 月、文部科学省（以下、文科省）に「これからの博物館の在り方に関する検討協力者会議」（以下、協力者会議）が設置され、翌 2007 年 6 月に報告書『新しい時代の博物館制度の在り方について』⁽⁶⁾が作成されたことが大きい。この報告では、実質的な活動内容の審査、設置者要件の撤廃等を含めた博物館登録制度や、上級学芸員制度の創設等を含めた学芸員制度の見直しなどの方向性が示された。同時期、中央教育審議会においても、2008 年 2 月に答申された『新しい時代を切り拓く生涯学習の振興方策について』⁽⁷⁾の中で、社会教育を推進する地域の拠点施設としての博物館の在り方や、学芸員等の在り方について言及している。これらの報告書・答申が出て間もない 2008 年 6 月に、博物館法大改正のチャンスがあったが、報告書や答申の内容を反映するには至らず、教育基本法の改正を踏まえた一部改正にとどまった。しかしながら、博物館登録制度の見直し等については、衆参両院文教科学委員会において附帯決議がされた。⁽⁸⁾

　2009 年 2 月には、協力者会議第 2 次報告書『学芸員養成の充実方策について[9]』が作成され、学芸員養成科目の改善に向け、博物館各論の追加、博物館実習ガイドラインの作成、さらには上級資格制度の検討等が盛り込まれた。この段階でも、法改正には及ばなかったが、同年 4 月に改正博物館法施行規則が公布され、3 年の猶予を経て、2012 年 4 月に施行された。続いて 2010 年 3 月には、報告書『博物館の設置及び運営上の望ましい基準の見直しについて[10]』が作成され、翌年 12 月に新たな基準が文科省から告示された。

2. 関係法改正の影響

　法改正には、博物館が関わる関連法の改正や制定なども背景にある。2001 年に成立した文化芸術振興基本法を見直す形で、2017 年 6 月に「振興」の 2 文字を外した「文化芸術基本法」が成立した。26 条では「国は、美術館、博物館、図書館等の充実を図る[11]」とし、2 条の基本理念には「観光、まちづくり、国際交流、福祉、教育、産業その他の各関連分野における施策との有機的な連携が図られるよう配慮されなければならない」ことが明示された。

　翌 2018 年 6 月には文化財保護法が改正されて、183 条の 2 に「文化財保存活用大綱」が新設され、地域における文化財の計画的な保存、活用の促進が図られることとなった。前後するが、2017 年 12 月には文化庁が「文化経済戦略」を策定し、さらに観光庁が 2020 年 5 月に「文化観光推進法[12]」を公布するに至った。この 2 条では、文化観光について、「文化資源の観覧、文化資源に関する体験活動その他の活動を通じて文化についての理解を深めることを目的とする観光」と定義している。条文中に博物館という用語は見当たらないが、文化資源の観覧、体験活動の場という表現から、当然のことながら博物館を含むものとなる。衆参文部科学委員会では、同年 4 月に博物館等に対する財政的支援についての附帯決議をしている[13]。

　また、2019 年 9 月に我が国において初めて、国際博物館会議の大会が京都で開催（ICOM 京都大会）されたことも大きな契機になったといえる。当初予定の博物館定義の変更は実現しなかったものの、「文化をつなぐミュージアム」として、博物館が文化観光、まちづくり、社会包摂など、社会的・地域的課題と向き合うための場として位置づけられた。

　今回の法改正には、文化芸術基本法及び文化財保護法の改正、文化観光推進

法の制定、そして ICOM 京都大会の開催が大きく関与したということができる。

（2）博物館法改正の経過

1．法改正までの経過

　博物館法改正への機運は、2018 年 6 月の文部科学省設置法の改正により、博物館行政が文科省から文化庁に移管されたことに大きく依拠している。文化庁は従前、国立博物館・国立美術館のみを所管していたが、この設置法改正によって、公立・私立も含め、博物館に関する事項を一元的に担当することとなった。

　文化庁企画政策課では、さっそく当該年度の 2019 年 3 月 29 日に、博物館に詳しい学識経験者を招いて「博物館に関する意見交換会」を実施している。筆者もこの会議に出席したが、当初「博物館振興法（仮称）」の制定を検討したいとの説明があった。時期を考えると、文化財保護法の改正、文化観光推進法の制定を受けて、博物館振興策を図ろうと考えていたものと思われる。

　その後、比較的早い展開で法改正に向けた準備が進められた。同年 7 月下旬には、意見交換会に出席したメンバーを中心に「博物館振興に関する検討委員会」が設置され、8 月までに 3 回の会議が開催され、具体的論議が交わされた。この時、文化庁に対し、我々は博物館を観光施設化することは望ましくないこと、博物館に関する法律が二本立てになることは、長い目で見ると博物館政策の混乱を招き、現場も混乱させる危惧があるので、博物館法本体の改正を目指すべきと意見している。

　同年 10 月にプレ文化審議会博物館部会として、「博物館政策に関する意見交換会」が実施され、今後、論議すべき方向性が検討された。ここでは、文化観光は地域博物館にはそぐわないこと、学芸員養成は学部・大学院両方での検討が必要であることなどについて意見した。そして、2019 年 11 月に国の博物館に関する常設会議体としては初めて、文化審議会に「博物館部会」（以下、部会）が設置され、博物館登録制度及び博物館学芸員制度についての検討が始まった。

　その後、約 2 年の審議を経て、2021 年 12 月 20 日付で文化審議会から「博物館法制度の今後の在り方について」が文部科学大臣（以下、文科大臣）に答申された。この答申を受けて、改正条文の作成に着手しているが、作業は文化

庁企画調整課博物館振興室の作業チームと内閣法制局との間で調整を図りながら進められている。そして、2022 年 2 月 22 日に「博物館法の一部を改正する法律」が閣議決定され、3 月 24 日に衆議院本会議で可決、4 月 8 日に参議院本会議で可決され、同月 15 日に公布に至り、1 年を経た翌 2023 年 4 月 1 日に改正博物館法が施行された。

2. 法改正に向けての審議

　法改正の具体的内容は、ワーキンググループ（以下、WG）を設置して論議することとなり、部会に 2021 年 2 月「法制度の在り方に関するワーキンググループ」が設置された。WG の設置期間は 10 カ月と短いものであったが、11 回に及ぶ会議を開催し、博物館登録制度を中心に論議を進めた。学芸員制度の改正も対象となっていたが、1 〜 2 年の短期間の論議で改正できる内容ではないことから、中長期的視野に立って検討することとなった。論議を始めて感じたことは、法改正について、文化庁が具体的な細かいプランを持っているわけではないということであった。コロナ禍での審議であったため、打合せも会議も全てオンラインでの実施となったが、1 回の WG につき、コアメンバーで毎回約 5 時間に及ぶ事前打ち合わせを行い、そこで出された意見を集約し、しばしば「座長ペーパー」の形で方向性を検討する材料を提出した[14]。また、登録制度の見直しを中心とするものではあったが、そのためには博物館の定義付けや対象、学芸員制度など博物館法全般にわたる検証が必要となった。結果として、法律の目的、博物館の定義、事業、学芸員制度等の全般に及ぶ法改正となった。

　WG の立ち上げから半年を経過した 7 月 30 日には、WG の報告をもとに、部会の審議を経て、文化審議会として審議経過報告「博物館法制度の今後の在り方について」が文化庁に提出された。この中で、「学芸員制度の今後の在り方については、中長期的な課題とする」こととされた。本来は、文科大臣から諮問を受けて検討すべき内容であったが、この審議経過報告を受けて、8 月 16 日に文科大臣から、「これからの時代にふさわしい博物館制度の在り方について」諮問され、法改正に向けて博物館登録制度の在り方を中心にさらに検討を進めることとなった。WG は当初、10 月で終了する予定であったが、さらに論議を詰めるために 11 月まで延長し、審議のまとめを行った。その後、12 月 6 日付で WG 答申案を取りまとめ、同月 8 日の部会で調整し、最終的に 2021

年 12 月 20 日付で文化審議会から「博物館法制度の今後の在り方について」が文科大臣に答申された。

（3）改正博物館法とその課題

1. 目的・定義等の見直し

　目的と定義は、博物館法の根幹に関わる部分であり、博物館は引き続き社会教育機関として存続させることを強く意識した。しかし一方で、博物館の多様化を考慮し、「文化芸術基本法」（以下、基本法）を目的化したことは、博物館にとっては大きな転機を迎えることとなった（1 条）。文化庁が所管する本基本法 26 条には、博物館法とは無関係に「美術館、博物館、図書館等の充実」についての条文が織り込まれている事実があり、整合性を図る必要があった。また、文化観光推進法も無視し難い存在であったが、観光庁が制定した法律を目的化してしまうことは、博物館が教育機関であることとの整合性がなくなってしまうため、これを強く排除したものである。

　博物館の事業（3 条）においては、近年のデジタル化や DX 化を踏まえ、電磁的記録の作成・公開（1 項 3 号）が加わった。また、改正法には、文化の振興、文化観光等の推進（第 3 項）についても明示された。しかし、先に触れたように委員側としては、基本法を背景に「文化の振興」を加えることは理解していたが、文化観光推進法を背景とした「文化観光その他の活動の推進」が条文化されたことについては、心外であったというしかない。

　法改正にあたり、WG では各博物館関係団体へのヒアリングを行ったほか、[15] 文化庁宛に複数の意見書も寄せられた。それらには、定義にある「育成」を根拠に置く動物園・水族館・植物園や、「自然科学」が拠り所となる科学館・プラネタリウム・公開天文台などの存在が見えにくい、文学館は「歴史」なのか「芸術」なのかなどの意見もあった。そこで WG では、これらの意見を踏まえ、「歴史、芸術、民俗、産業、自然科学等」の表記を、より広い ICOM 定義の「有形、無形の人類の遺産とその環境」などの形に変更できないかについても検討したが、法的には現在の条文から読み取ることが可能であるとされ、確定的表現を見出すことができなかった。また、ICOM において新しい博物館定義が採択されたのが、改正法の公布後であったことも悔やまれる。

　また、実態としての「登録博物館」法という枠組みを変え、純粋な「博物館」法にすることを検討したが、実現できなかった。2条では法律上、博物館は「登録を受けたもの」と限定されている。そこで、文化財保護法の「文化財」のような一般的定義付けへの変更について検討を試みた。しかし、登録制度を残す限り、その枠組を変更する方法を見出すことは困難であった。

2.　登録制度の見直し

　登録制度については、博物館は教育機関であることから、登録事務は引き続き、教育委員会が所管とすることを存続した（12条）。また、従前の登録審査は、教育委員会の職員が事務的に行うだけであったことから、審査の実質化を図るため、学識経験者からの意見聴取を義務化することとなった（13条3項）。これは、審査を希望する博物館が、専門家や専門機関から指導や助言が受けられるようにしたもので、小規模館の運営上のメリットとなること期待している。

　登録要件については、学芸員その他の職員の配置、年間150日以上の開館については変更ないが、従前の資料要件は活動体制へ、土地・建物は施設・設備へと変更された（13条）。また、これまでは一度登録館になれば、登録後の報告規定はなく放置状態であったが、定期報告を義務付け（16・17条）、登録に満たない状態となった時は、勧告・命令が出せるようになった（18条）。その他、これまでは登録館か否かの確認が難しかったが、登録館についてはインターネット等で公表することが義務付けられた（14条2項）。

　公立博物館については、地方独立行政法人立博物館を含めた結果として、条例設置条項（旧法18条）を廃止することとなったが、直営館については、博物館協議会を条例設置することとなった（24・25条）。また、公立博物館入館無料の原則（26条）については維持されることとなった。しかし、国立博物館は登録館とならないため、この原則は適用されず、有料を維持することとなる。

　旧法では、登録館または相当施設は博物館全体の12％あまりに過ぎず、博[16]物館法の存在意義が薄れていたといわざるを得ない。ヒアリングの意見にもあったが、登録してもメリットが感じられないため、登録しないという館が多く、登録促進のためのインセンティブの強化が求められた。登録することによる最大のメリットは、財政支援ということになるが、これは法改正というより

も政策・施策の問題といえるため、他のアプローチが必要となる。従前から、各種の税制優遇、特別交付税の申請、美術品保障制度、登録美術品制度、特定美術品制度等が適用されているが、さらに、希少野生動物種の個体譲渡規制の緩和、著作権の複製権、科学研究費等の適用についても検討された。また小規模館においては、登録手続きの事務的負担もネックとなっていた。登録審査に当たっては、博物館の運営や経営面についても対象となることから、教育委員会を窓口に、審査する専門機関や専門家から指導・助言が受けられることをメリット化することとなった。さらに今後は、定期的報告を行うことにより、博物館の水準の維持や向上が図られることが期待される。

　日本の博物館の大多数が、2〜3人という少人数で運営されている実情を考えた時、底上げのために行政の理解や地域の支援をどう得るかは重要な課題である。その一つとして、行政職員への博物館に関する研修の強化を図る（7条）とともに、大規模館を核とした地域の小規模館や関係機関・団体との連携を強化してネットワーク形成を図り、資料の貸借や職員の交流、情報交換等を促進し、博物館を盛り立てることとなった（3条2・3項）。

3. 設置主体の見直し

　博物館の設置主体は、「私立博物館」が一般社団法人、一般財団法人、宗教法人、政令で定めるその他の法人と、かなり限定的であったことから、「公立博物館以外のもの」という大変幅広いものへ変更となった（2条3項）。これにより、学校法人が設置する大学博物館等が登録館となる道を開くことができた。一方で博物館は、世界的に非営利と定義付けされている中で、営利を目的とする株式会社を含めることは大きな疑念を招くこととなる。とくに美術館界からは、民間ギャラリーなどの登録参入の可能性が懸念された。しかし旧法の中でも、新江ノ島水族館が株式会社運営でありながら、公益性が高いことから相当施設とされていた前例などを踏まえ、登録審査において公益性を担保することを条件にこのような形となった。

　「公立博物館」については、地方公共団体に加え、地方独立行政法人も含めることとなった（2条2項）。そこで、独立行政法人が運営している「国立博物館」も登録館とすべく尽力したが、独立行政法人各法等が存在するため、博物館法への統合は法制上、困難があるとして実現できなかった。とはいえ、地

方独立行政法人の公立博物館が登録館になれるのだから、独立行政法人の国立博物館が登録館になれないことについては納得し難いし、国民的目線からしても、国立博物館が登録館ではないことは納得し難い。実際のところは、公立博物館が入館無料原則を掲げている（26条）ため、国立博物館を登録館にして、今更、無料の原則を当てはめることはハードルが高いという実情もうかがえる。国立大学や各省庁の博物館についても、国立がゆえに引き続き、登録館になることはできない。

　これまで国立博物館は、5章「雑則」において、相当施設とされてきた。登録館化は実現できなかったが、国立博物館が「雑則」に定められているのは問題であると考え、5章の「雑則」という表現は廃止し、新たに「博物館に相当する施設」とし、呼称も「博物館相当施設」から「指定施設」へと看板を付け替える形となった（31条3号）。国立博物館は登録館ではないものの、日本の博物館の中核館となることは事実であることから、ナショナルセンターとしての位置づけがされた（改正法公布通知　留意事項13）。

4. その他の見直し

　学芸員制度に関しては、今改正では行わない原則であったが、学芸員補の資格については、従前の高卒者等への名称付与を取りやめ、これまで法的根拠の無かった短期大学等の学芸員課程が付与する資格となった（6条）。

　また、博物館職員の研修制度については、従前は館長・学芸員・学芸員補が対象とされ、専門分野の研修が中心となっていたが、マネージメント教育の必要性などを背景に、研修対象を事務職等その他の職員へ拡大し、とくに多数を占める公立博物館の行政職員への研修の充実を図ることとなった（7条）。

　この他、博物館部会では具体的に討議されていないが、省令において、国家試験科目の選択科目が廃止されることとなった（改正施行規則6条3項）。この変更は、大学の学芸員課程で設置している選択科目のあり方にも関わるものであるが、文化庁の見解は大学での選択科目の設置は引き続き任意とするということであった。さらに近年では、国家試験の受験者が年に100名程度と少ないことから、毎年から2年に一度へと変更された。

おわりに

　今回の博物館法改正が、議員立法ではなく、内閣提出法案（内閣立法）であったことから、その限界も教えられる法改正となった。学芸員制度の改正には至らなかったが、衆参文教科学委員会の付帯決議に、中長期的視点に立って検討し、見直しを行うことなどが示された。また、改正法の条文として記述が叶わなかった事項については、この付帯決議とともに、2022 年 4 月 15 日付の通知「博物館法の一部を改正する法律の公布について」の「第 2 留意事項」に示すに留まった。

　答申においては、法改正の背景として、関係各法が制定、改正されたことを記述しているが、実は本体の「2 これからの時代にふさわしい博物館の在り方」の中では、「1 国内外における博物館制度に関する論議の動向」以外の部分に、文化観光、文化観光推進法という用語は、意識的に用いることはしなかった。また、中核を成す、「2 これからの博物館に求められる役割・機能」においても、観光という用語は登場するが、敢えて文化観光という用語は一言も用いなかった。しかしながら、改正条文の第 3 条第 3 項に「文化観光」と明記されたことは、委員の立場からすると心外であった。

　学芸員制度の検討は中長期視点に立って行うこととして先送りされたが、時間を置かず、審議が再開されることを望むばかりである。今後の制度検討に向けては、国会付帯決議の「学芸員をはじめ、学芸員補など様々な専門的職員の育成・配置が重要であることを踏まえ、その社会的地位の向上及び雇用の安定等の処遇改善や、博物館職員の充実を図るための 財政的支援に努めるとともに、研修及び調査研究助成等を充実させることにより、我が国の博物館の活動の基盤を担う人材の育成・確保等に努めること」という指摘は、極めて重要なものであると考える。

　註
（1）1951 年に 201 館であった博物館数は、2008 年以降頭打ちとなっているが、2021年に 5,771 館となっている。
（2）文部省（当時）では、社会教育施設整備事業として、公立博物館施設整備国庫補助を 1952 年度に開始し、1996 年度に廃止している。1951 年に 71 館だった公立博物館は、2021 年の社会教育調査では約 60 倍の 4,380 館となっている。

（3）学校基本調査によれば、1950 年の高校進学率は 42.5 ％、1955 年の 4 年制大学進
学率は 7.9 ％であったものが、2023 年には、それぞれ 93.5 ％、57.7 ％と飛躍的に増
加している。

（4）筆者は、第 1 期から第 4 期（2019 年 11 月〜 2023 年 3 月）まで、文化審議会博
物館部会部会長代理を務めるとともに、博物館部会の下に設置された「法制度の在
り方に関するワーキンググループ」（2021 年 2 月〜 11 月）で座長を務めた。

（5）博物館法制定時 1951 年の博物館数は 201 館で、うち国立 33 館、公立 71 館、私
立 97 館であった（文化庁博物館総合サイト https://museum.bunka.go.jp/museum/
による）。

（6）これからの博物館の在り方に関する検討協力者会議（2007.6）報告書『新しい
時代の博物館制度の在り方について』

（7）中央教育審議会（2008.2）答申『新しい時代を切り拓く生涯学習の振興方策につ
いて　〜知の循環型社会の構築を目指して〜』

（8）第 169 回国会　衆議院　文部科学委員会　第 11 号　平成 20 年 5 月 23 日及び、
第 169 回国会　参議院　文教科学委員会　第 8 号　平成 20 年 6 月 3 日

（9）これからの博物館の在り方に関する検討協力者会議（2009.2）第 2 次報告書『学
芸員養成の充実方策について』。2009 年 9 月、協力者会議に「学芸員養成ワーキン
ググループ」が設置され、筆者もその一員として論議に加わった。

（10）これからの博物館の在り方に関する検討協力者会議（2010.3）報告書『博物館
の設置及び運営上の望ましい基準の見直しについて』

（11）文化芸術基本法 26 条には、振興法から引き続き「国は、美術館、博物館、図書
館等の充実を図るため、これらの施設に関し、自らの設置等に係る施設の整備、展
示等への支援、芸術家等の配置等への支援、文化芸術に関する作品等の記録及び保
存への支援その他の必要な施策を講ずるものとする」としている。

（12）正式名称は、「文化観光拠点施設を中核とした地域における文化観光の推進に関
する法律」である。

（13）2020 年 4 月　第 201 回国会閣法第 19 号　附帯決議で「本法に基づく博物館等に対
する財政的支援が、文化観光を推進する少数の拠点への集中的な支援であることを
踏まえ、我が国全体の博物館等を広く下支えする財政的支援にも努め、文化芸術の
保存、継承や発信、社会教育等といった博物館の基本的機能の維持向上を図ること」
としている。

（14）拙稿 2021「博物館法改正の動向―座長ペーパーから―」『学会ニュース』No.138
全日本博物館学会　において、2021 年 9 月 21 日開催資料を紹介している。

（15）WG では、日本博物館協会・全国美術館会議・全国歴史民俗系博物館協議会・
全国文学館協議会・科学博物館協会・全国科学博物館連携協議会・日本動物園水族
館協会・日本水族館協会・日本植物園協会・日本プラネタリウム協会・日本公開天
文台協会・社会教育推進全国協議会・全日本博物館学会・全国大学博物館学講座協

議会などを対象にヒアリングを実施している。

（16）2021 年の社会教育調査では、5,771 館中、登録博物館が 911 館，指定施設が 394 館となっている。

（17）第 208 回国会閣法第 31 号　附帯決議

（浜田弘明）

3. 博物館法改正に伴うデジタルアーカイブと多様な連携

（1）改正博物館法とデジタルアーカイブ

　改正博物館法では、第3条博物館の事業の第1項3に「博物館資料に係る電磁的記録を作成し、公開すること」が加えられた。このことを改正博物館法の公布通知では、「デジタル・アーカイブ化」としている。

　新たに加えられたこの項について、文化庁の博物館総合サイトでは、次のように説明している。

> 　博物館が持つ資料をデジタル化して保存するデジタルアーカイブの作成は、利用者がインターネットを通じて資料の情報へアクセスするため、あるいはインターネットを通じて博物館が自館園の魅力を発信していくための基盤となる取組です。これまで、博物館法の中で列挙された博物館の事業の中には、このデジタルアーカイブの作成の取組は、明確には位置づけられていませんでした。しかしながら、通信環境が整い、モバイル端末が広く普及してきたことで、メディアとしてのインターネットの重要性は非常に大きくなっています。（中略）新たな制度では、デジタルアーカイブの作成と公開を、博物館が行う事業の一つとして新たに明確に位置付けて、取組を推進していきます。

　博物館における資料のデジタル・アーカイブ化や博物館の業務のデジタル化について、文化審議会博物館部会（第4期第2回）では、その考え方や具体的な進め方等を各博物館に示すため、有識者による実務的な検討をおこない、「博物館 DX に関する取組の整理（仮称）」について検討を深め、その結果を博物館部会に報告するとした。

　博物館部会委員を検討会の座長とし、その他の構成員については、博物館資料のデジタル・アーカイブや著作権等の権利処理、ドキュメンテーション、デジタル資料の活用等の観点について知見のある有識者から座長において選任するとして、博物館部会委員から太下義之（同志社大学教授）、佐々木秀彦（アー

ツカウンシル東京企画部企画課長）が委員となり、佐々木が座長を務めた。

　文化庁と協議して選任された有識者は次のとおりである（肩書きは就任時）。赤間亮（立命館大学文学部教授）、生貝直人（一橋大学大学院法学研究科教授）、石橋直樹（武蔵野大学データサイエンス学部教授）、大井将生（東京大学大学院情報学環・学際情報学府特任研究員）、川口雅子（独立行政法人国立美術館本部国立アートリサーチセンター(仮称)設置準備室情報資料グループリーダー（学芸担当課長））、齊藤有里加（東京農工大学科学博物館特任助教）、数藤雅彦（弁護士・五常総合法律事務所）、野口淳（金沢大学古代文明・文化資源学研究所客員研究員）、福島幸宏（慶應義塾大学文学部准教授）。

　検討会議は3回のウェブ会議を経て、2023年2月13日の博物館部会（第4期第4回）で「博物館DXの推進に関する基本的な考え方（案）」を報告し、了承された。「考え方」の構成は、(1) 改正博物館法の成立と国内外の動向、(2) 博物館DXの現状と課題、(3) 博物館DXの重要性、(4) 博物館DX推進の意義、(5) 博物館DXを進める上で各関係者に期待される役割である。

　(4) では博物館DX推進の意義を次のように整理している。

　　1　博物館資料に係る情報の保存と体系化、業務効率化
- 収蔵品データベース等により学芸員の業務を支援し、効果的・効率的な運営を行う
- 実物利用の最適化による資料保護
- 収蔵している博物館資料の死蔵を防ぐ

　　2　博物館における調査研究の成果を含めた資料の公共化
- 来館を前提としない情報の共有と活用・災害時における資料情報の保全と共有、バックアップ情報としての活用
- 館同士のネットワークを促し、公開・調査研究の促進や資料の散逸を防ぐ
- デジタルアーカイブの集積とネットワーク化により、全体として文化多様性の維持及び顕在化に貢献する。
- 展示や講演会等、博物館活動そのものをアーカイブ化して次世代に継承する。

　　3　学校教育・生涯学習のほか、地域の活力の向上など多様な創造的活動

への博物館資料の活用の促進

- 超高精細画像や3D映像等による閲覧・鑑賞体験の拡張
- 誰もがいつでも・どこでも・何度でも、資料にアクセスできる環境を整備する
- 資料を活用した、文化観光やまちづくり、教育、国際交流、産業、福祉等の地域の活力の向上を図る多様な活動の支援
- 国民の文化芸術活動、創造的活動の促進
- オープンデータの利活用によるイノベーションの創出

（2）改正博物館法における多様な連携

　改正博物館法の第3条第3項では、「地方公共団体、学校、社会教育施設その他の関係機関及び民間団体と相互に連携を図りながら協力し、当該博物館が所在する地域における教育、学術及び文化の振興、文化観光その他の活動の推進を図り、もつて地域の活力の向上に寄与するよう努めるものとする」とした。このことを博物館総合サイトでは、

　　　博物館は、資料の収集・保存や展示・教育、研究活動を通じて、博物館資料を未来に残していくことだけにとどまらず、現代社会をとりまく様々な事柄とつながり、社会課題の解決や地域の活性化といった多岐にわたるポテンシャルを発揮するものであるということが、博物館に関わる多くの人々の間で共有されてきています。

と説明している。

　さきの「博物館DXの推進に関する基本的な考え方」では、都道府県・広域ネットワークレベルの取り組みを次のように示している。

- 域内の中小規模館のDXを促進するため、各都道府県レベル、都道府県を越えた広域レベルでプラットフォームを構築してデジタルアーカイブの共有を進めること。その際は、オンラインのコンテンツやプログラムを充実させることにより、地理的、時間的な制約を越えた利用の拡張を促し、博物館の持つ文化資源の有効活用を図る。
- MLAK連携、MALUI連携、MULTI連携を前提に、施設横断的な資料利用と博物館機能向上・業務効率化、災害対応を図るとともに、学校教

育での活用、国民の多様な利用の促進を図る。また地域のまとめ役として、全国レベルのプラットフォームにデータ連係していく。

- 各都道府県内の博物館に対して DX 推進の相談窓口を開設するとともに各種研修や助言を通じて、積極的な支援を行うことが望ましい。

（3）信州知の連携フォーラムの取り組み

　改正博物館法で加わったデジタルアーカイブと多様な連携を、都道府県単位で実装した取り組みとして、「信州 知の連携フォーラム」による「信州ナレッジスクエア」がある。これについて県立長野図書館の森いづみ館長が、『ライブラリー・リソース・ガイド』（第 45 号特集：文化資源の保全と図書館・博物館──越境して未来を考える（2023 年アカデミック・リリース・ガイド）に寄稿している（「地域の社会教育ネットワークの必要性」）。また、令和 5 年度日本博物館協会第 2 回研究協議会「これからの『対話と連携の博物館』1 博物館と図書館 ML（A）連携の可能性」において「地域資源の価値共有による地域創生を目指して ～信州 知の連携フォーラムの取組～」で報告した（記録動画を公開、『博物館研究』59 巻 6 号、2024 年日本博物館協会）。これらを参照してその取り組みを紹介したい。

　「信州 知の連携フォーラム」は ミッションステートメントとして「地域資源の価値共有による地域創生を目指して～過去・現在を未来へと架橋するために『信州 知の連携フォーラム』が目指す姿」を 2024 年 2 月 1 日に公表した。それによれば、2016 年に信州大学附属図書館、長野県立歴史館、長野県立美術館、県立長野図書館は「信州 知の連携フォーラム」を発足させ、以来、長野県における知と学びに関わる各種文化施設が、「信州における価値ある地域資源をデジタルで共有化し、新たな知識化・発信によって、地域住民の学びを豊かにし、地域創生につなげていく」ことを目的として、7 回にわたって議論と実践の場を設けてきた。

　この間、学校（School）における地域の学びや、大学等の研究機関（University）の取組との連携、公民館（Kominkan）や個人を含むさまざまな地域コミュニティ（Community）、地元企業（Industry）等との連携など、活動の輪が広がった。また地域の伝統芸能等のアーカイブも課題となる中、劇場ホール

（Theater）との連携も視野に入ってきた。従来から MLA 連携を拡張した MALUI 連携や MALUTI 連携という取組も見られたが、今後は地域コミュニティや公民館、学校とのつながりも含めた「MALUTICKS 連携」として協働することを提唱している（Museum, Archives, Library, University, Theater, Industry, Community, Kominkan, School）。

　ミッション・ステートメントでは、信州ならではの「地域資源の価値共有による地域創生」を目指して、以下の 4 点に取り組んでいくとしている。

　　1．信州の記憶・記録を未来に継承するため、信州大学附属図書館、長野県立歴史館、長野県立美術館、県立長野図書館が「つなぎ役」となって、博物館・美術館、図書館、文書館はもとより、大学等の研究機関、公民館、学校、劇場ホール、個人や地域コミュニティ、地元企業等との対話・ネットワークを通じて、地域資源の収集・保存・活用を図ります。

　　2．当面の目標として、各施設のデジタル環境の整備、各施設が所蔵する地域資源のデジタル化を推進するため、関係する方面への働きかけと人材育成に努めます。

　　3．「信州ナレッジスクエア」の活用を核にしながら、県民との協働による新たな知の創出、知の循環をつくりだし、地域創生を目指します。

　　4．信州にかかわる人々、国内外の志を同じくする人々と協働しながら、地域資源の価値共有による、持続可能な全国的仕組みづくりにつなげます。

（4）信州ナレッジスクエア

　フォーラムで取り組んできた成果を踏まえて、2020 年 4 月、県立長野図書館から「信州ナレッジスクエア」をリリースした。「信州」を切り口とした情報探索と資料の利用が可能な 5 つのサービスをまとめたポータルサイトである。プラットフォーム（システム的基盤）を県立図書館が受け持つことで、他の機関（県や市町村の MLA）は、コンテンツ創りや活用に注力し、重複コスト（サーバの維持管理等）を省き、トータルコストを下げながら、県民と共に豊かな共有財を育てることができる。

　「信州 知の連携フォーラム」のミッションステートメントでは、「信州ナレッ

ジスクエア」を次のように説明している。

　「信州ナレッジスクエア」は、日本の分野横断型統合ポータルである「ジャパンサーチ」や、全国の自然史系博物館の標本情報を集めた「サイエンスミュージアムネット」の窓口であり、全国・全世界に向けた「信州の情報発信地」でもある。今後ますます学校教育、日常的な暮らしや学び、ビジネスなどさまざまな場で活用され、「デジタル社会」「知識循環型社会」を実現する推進力となることが期待されている。探究的な学びによって、県民の生活がより豊かになり、ウェルビーイングが実現するためにも、信州の魅力をより多くの人に知ってもらうためにも、信州にまつわる地域資源の収集・保存をより強化し、「信州ナレッジスクエア」を持続的に発展させていくことが必要不可欠だ。

「信州ナレッジスクエア」は「信州」を切り口とした情報探索と資料の利用が可能な、次の5つのサービスをまとめたポータルサイトだ。

①信州サーチ

　信州に関わるデジタルアーカイブ、データベース、ウェブサイトの横断検索。24のデータベース、アーカイブが検索対象（今後も対象を拡張予定）

　［アーカイブ］

- 信州地域史料アーカイブ（公開機関：NPO長野県図書館等共同機構）
- 信濃史料データベース（公開機関：長野県立歴史館）
- 木曽町図書館デジタルアーカイブ（公開機関：木曽町図書館）
- ジャパンサーチ（公開機関：国立国会図書館）
- 伊那市デジタルアーカイブ（公開機関：伊那市）
- 信州デジタルコモンズ（公開機関：県立長野図書館）
- みんなでつくる下諏訪町デジタルアルバム（公開機関：下諏訪町立図書館）
- みんなでつくる西部地域デジタルマップ（公開機関：西部地域まちづくりの会）
- みんなでつくる信州上田デジタルマップ（公開機関：信州上田学プロジェクト）
- みんなでつくる蓼科学アーカイブ（公開機関：みんなでつくる蓼科学

アーカイブ）

［収蔵情報］

- 長野県立歴史館（文献史料）収蔵品データベース（公開機関：長野県立歴史館）
- 長野県立歴史館（絵図・地図）収蔵品データベース（公開機関：長野県立歴史館）
- 長野県立歴史館（図書）収蔵品データベース（公開機関：長野県立歴史館）
- 長野市立博物館 Web 公開システム（公開機関：長野市立博物館）
- 真田宝物館収蔵品データベース（公開機関：真田宝物館）
- 飯田市立図書館所蔵貴重資料（公開機関：飯田市立図書館）
- 松本まるごと博物館収蔵品（公開機関：松本市立博物館）

［図書・論文］

- 全国遺跡報告総覧（公開機関：奈良文化財研究所）
- レファレンス協同データベース（公開機関：国立国会図書館）

※トップページ下部・テーマから探す→「地名：長野県」として検索されるデータが対象

- 信州ブックサーチ（公開機関：県立長野図書館）

［文化財］

- 松本のたから（松本市の文化財）（公開機関：松本市）

［リポジトリ］

- 信州共同リポジトリ（公開機関：信州共同リポジトリ）

［文化・芸術情報］

- CULTURE.NAGANO（カルチャー・ドット・ナガノ）（公開機関：長野県）

②信州デジタルコモンズ

　県立図書館や県立歴史館、県立美術館等の県の文化機関のほか、市町村図書館・博物館・美術館、民間団体などさまざまな機関が「地域の記憶」を記録する「信州の地域デジタルアーカイブ」。県立の文化施設が所蔵する資料のデジタル化に加えて、信州の人々が営んできた身近な生活の記録を画像や映像で残

し「知の共有地」として活用するために、コンテンツごとに二次利用条件を付し、活用を推進する。

③想・IMAZINE・信州

　言葉や文章から連想して、複数のデータベースを検索。入力した言葉や文章からキーワードから連想するようにして、思いもしなかった文脈の新たな発見や発想が生まれる。

④ eReading Books

　高校の探究学習『わたしたちの信州学』や、小学校の副読本（『わたしたちの松川村』、『池田町ものがたり』等）のテキストから、新書マップやWikipedia の情報と繋がる

⑤信州ブックサーチ

　長野県内図書館 OPAC の横断検索システムで電子書籍 2 種も対象にしている。長野県内にある図書館の蔵書データをつなぎ、探したい本がどこにあるかを素早く見つけられる検索サービス。

（5）次世代型文化施設フォーラムによる政策提言

　「信州 知の連携フォーラム」のミッションステートメントでは、「博物館・図書館等を基盤とした地域文化資源の保全と活用をうながす政策提言　―文化資源の「地域包括シェア」による地域づくり」が 2023 年に「次世代型文化施設フォーラム」から発出され、こうした全国的な動きとも呼応しながら、信州ならではの「地域資源の価値共有による地域創生」をめざすとしている。

　次世代型文化施設フォーラムは、図書館や文書館、博物館といった文化資源機関に関わる有志、呉屋美奈子（恩納村文化情報センター係長）、佐久間大輔（大阪市立自然史博物館学芸課長）、福島幸宏（慶應義塾大学文学部准教授）、佐々木秀彦（アーツカウンシル東京企画部企画課長）で構成される活動体（コレクティブ）である。2021 年から 2024 年にかけて計 10 回の「越境シンポジウム」をウェブ開催し、のべ 1400 人が参加している。先の政策提言を 2023 年 8 月にまとめた。政策提言の趣旨は以下のとおりだ。

　　　地域が長い年月をかけて築いてきた独自性こそが、「地域の魅力」の源泉となり、シビック・プライド、シビック・クリエイティビティにつなが

る。地域文化や地域の遺産の価値を共有し、循環型の「知の再生産」につなげ、生かしていくことこそが、現代の地域づくりのもっとも重要な点である。

　これを実現するためには、博物館・図書館・公文書館等の文化資源機関が中核となりネットワークを形成し、地域の文化資源を包括的に保全（ケア）し、その価値を共有（シェア）する取り組みが必要となる。この提言は、その取り組みの拠りどころとして、新たな文化資源の法体系を構築し、ナショナルミニマムを設定することで、各関係機関が役割を果たせるような仕組みづくりにむけた試案である（『ライブラリー・リリース・ガイド』第45号特集：文化資源の保全と図書館・博物館──越境して未来を考える、2023年アカデミック・リリース・ガイド）。

基本的な認識として、(1) 地域文化資源の定義とプレ文化資源の重要性、(2) デジタル時代における「ナショナルミニマム」の必要性、(3) 単独施設主義からの脱却、(4) 文化財一点主義の見直し、を示している。

地域の文化資源を包括的に保全（ケア）し、その価値を共有（シェア）するためには、博物館は博物館、図書館は図書館といったタテ割り、タコツボの単独施設主義から脱却する必要がある。その際に文化資源に関わる諸施設、諸団体をつなぐプラットフォームとなるのが、デジタルアーカイブの広域的なポータルサイトである。これを実現するには長野県で取り組まれているように、都道府県立施設が連携の拠点（ハブ）となる役割を担うことが期待される（佐々木秀彦『文化的コモンズ──文化施設がつくる交響圏』2024年みすず書房）。

都道府県内の拠点として、デジタルアーカイブの集積・パッケージ化・活用の基盤を形成する。従来の専門職に加え、デジタルキュレーターやコーディネーター、テクニカルスタッフ等を配置し、基礎自治体を支援する。また、地元の大学と連携して、基礎自治体の人材養成の役割を果たす必要がある。

さらにいえば都道府県には、効率的なデジタル化および保存科学的な対処をおこない、また、基礎自治体の各施設の収蔵庫不足や大規模災害に対するセーフティネットとして、共同収蔵施設を設置することが期待される。

（佐々木秀彦）

第2章

改正博物館法に対する評価

1. 博物館政策の国際的潮流と博物館法改正

2025年11月に開催予定のICOM（International Council of Museums；国際博物館会議）ドバイ大会のテーマは、「The Future of Museums in Rapidly Changing Communities.（急速に変化するコミュニティにおける博物館の未来；仮訳）」である。まさに世界は、物事の不確実性が高く、将来の予想が困難な「VUCA（Volatility, Uncertainty, Complexity, Ambiguity）」の時代を迎えており、初めてアラブ地域で開催されるICOM大会ということもあり、時宜にかなったテーマであるといえよう。

これからの日本の博物館の行方を見据えるためには、博物館の国際的な潮流を無視して考えることはできない。本稿では、まずICOMをはじめとする国際団体の最近の動向を考察した上で、日本の博物館法制を含む博物館政策の在り方について論じることとしたい。

（1）ICOM の Museum の定義の改正とその後

周知のとおり、2022年のICOMプラハ大会において、ICOM規約（ICOM Statutes）に定める「Museum」の定義の改正が行われた。1946年に制定されたICOM憲章（ICOM Constitution）以降、「Museum」の定義は7回にわたって改正が行われており、直近では2007年のICOMウィーン大会で改正された定義が、10年以上国際的なスタンダードとされてきた。しかしながら、近年の地球規模での温暖化や砂漠化、水・食料の欠乏、天然資源の偏在と枯渇、格差の拡大、移民問題などさまざまな社会的課題を解決するために博物館の果たすべき役割や存在意義を明記するべきではないかとの問題意識の下、2016年のICOMミラノ大会以降、定義の見直しに関する検討が進められた。当初の予定では2019年のICOM京都大会で定義が改正される予定だったが、検討を進めていた委員会のメンバーの地域的偏りや議論・プロセスの不透明性等が問題視され、臨時総会における議論は紛糾し、採決は先送りとなった。大会後に

改めて設けられた新たな委員会において透明性、民主制を確保し、18 カ月間に 12 のステップを踏んで検討が行われた。新たな定義に盛り込むべきキーワードやコンセプトについて各国際・国内委員会に意見を求めた結果、以下が上位を占めた。（括弧内は回答者の割合）

76 %　Research
74 %　Conservation ／ Preservation
72 %　Heritage
71 %　Education ／ didactic
66 %　Inclusive
60 %　Collection
60 %　Display ／ exhibit
55 %　Non-profit
52 %　Open to society ／ public
51 %　Community ／ society
47 %　Sustainability
46 %　Tangible & intangible
45 %　Accessibility
44 %　Service to society
43 %　Culture ／ cultural
41 %　Diversity
40 %　Communication
39 %　Institution
31 %　Knowledge
31 %　Dialogue
30 %　Permanent

　この中で、従来の定義に含まれていないのが、Inclusive（包摂性）、Sustainability（持続可能性）、Accessibility（アクセシビリティ）、Diversity（多様性）などの言葉であり、まさにここ数年 ICOM や AAM（American Alliance of Museums; アメリカ博物館協会）、MA（Museum Association：イギリス博物館協会）等の国際規模の会議で繰り返し議論されてきたトピックである。特に Sustainability については、ICOM 京都大会の大会決議で、「『我々の世界を変革する：持続可能な開発のための 2030 アジェンダ』の履行（"On sustainability and the implementation of Agenda 2030, Transforming our World")」が採択され、すべての博物館は、持続可能な未来を形成し創造する役割を担っており、教育プログラム、展示、コミュニティ支援、研究を通じてこれを実現することができると強調しており、2023 年の国際博物館の日のテーマは、「Museums, Sustainability and Well-being（博物館と持続可能性、ウェルビーイング）」とされた。また、同年には ICOM に新たに SUSTAIN (International Committee on Museums and Sustainable Development；持続可能性国際委員会）が発足し、SDGs 推進の取組を顕彰する「ICOM AWARD (ICOM 賞)」が創設された。Well-being（幸福感）や Equity（公平性）、Social Justice（社会的正義）等に関しても欧米の博物館界では真剣に議論が行われており、AAM では、「Facing Change：Advancing Museum Board Diversity & Inclusion Initiative（変化に直面する：博物館役員の多様性と包摂性の推進）」プログラムのレポートとして 2022 年に「Excellence in DEAI」を発表し、博物館における DEAI（Diversity, Equity, Accessibility, Inclusion の頭文字）の卓越性を評価及び測定する方法の戦略を進めている。DEAI の考え方を踏まえ、欧米の博物館ではデコロナイゼーションや LGBTQI+ などのジェンダーに関する展覧会やイベント等が企画され、積極的に自国の中にあるこれらに関する課題を可視化する動きが見られるようになっている。

　また、MA では、Museums Change Lives キャンペーンの一環として、あらゆる規模やコレクションの博物館が人々やコミュニティにどのような影響を与えているかを示し、博物館で働く人々のウェルビーイングを推進している。英国の博物館界では Social Impact という言葉が頻繁に使われ、まさに博物館が人生を変えるためのさまざまな政策が進められている。

　このような背景のもとに ICOM プラハ大会において Museum の定義の改正が行われ、同時に新しい ICOM 戦略計画（Strategic Plan 2022-2028）も策定された。同計画において、ICOM が支援すべき変化に対応したグローバルな博物館ネットワークとして、sustainable funding（持続可能な財源）、climate change（気候変動）、digital futures（デジタル技術）、leadership（リーダーシップ）、decolonisation（デコロナイゼーション）の 5 点が掲げられている。

　翻って、日本の博物館界では、博物館法改正を経てどのようなトピックが議

論されているのだろうか。

（2）博物館法改正の課題

　文化庁が「およそ 70 年ぶりの大幅な法改正」と喧伝する 2022 年 4 月に行われた 26 回目の博物館法改正では、まず博物館法の目的について、社会教育法に加えて文化芸術基本法の精神に基づくことを定めた（第 1 条）。同条を改正したのは法制定以来だが、2018 年の改正文部科学省設置法の施行によって博物館行政が文部科学省生涯学習政策局から文化庁に移管された時に既成事実化していたと考えていい。翌 2019 年 6 月には地方教育行政の組織および運営に関する法律が改正（施行）され、博物館、図書館、公民館などの公立社会教育施設が、地方公共団体の判断によって教育委員会から首長部局に移管することが可能となった。しかしながら、多くの市町村の現場では、博物館、図書館、公民館、あるいは体育館等が教育委員会によって一体的に整備・運営されていることが多く、博物館行政だけが教育委員会や生涯学習行政から外れてしまい、かえって離齟をきたしている状況もあるのではないかと危惧している。2024 年 6 月 25 日に、文部科学大臣より中央教育審議会に対し「地域コミュニティの基盤を支える今後の社会教育の在り方と推進方策について」諮問がなされたが、具体的に審議を行う生涯学習分科会の委員には、博物館関係者がいない。博物館法改正に際しての国会審議においても、博物館は引き続き社会教育施設であると文部科学大臣が答弁し、附帯決議においても博物館の社会教育施設としての役割を尊重することが求められているが、行政の縦割りを超えて社会教育施設としての博物館の検討が行われるのか懸念されるところである。

　さらにいうならば、近年の国の文化行政は、インバウンドを中心とする観光政策に追随している傾向があり、「稼ぐ」文化の展開を志向し、博物館がそのための「文化資源」と見なされる傾向にあることを、多くの博物館関係者が指摘している。このことは、文化財保護行政においても同様であり、過度に活用・公開に重きを置いた政策は、将来の世代に禍根を残しかねないことを認識しておく必要がある。もちろん、博物館が持続可能な運営を行うために観光政策と連携し、自主財源を確保すべきことは否定しないが、筆者が把握している限り、観光政策が優位性を占めている国の多くは発展途上国であり、（1）で述べた通

り欧米先進諸国では、博物館は社会的な課題を解決するための機関であって、博物館の観光資源としての機能を前面には打ち出していない。そもそも今回の法改正は、同年8月に行われたICOMのMuseum定義の改正を待たずして行われている。ICOMのMuseumの定義は、これまで8回改正が行われているにも関わらず、日本の博物館法の「博物館」の定義（第2条第1項）は法制定来一度も改正されていないのである。博物館政策のすべてを法令で規定する必要はないが、近年の全国博物館大会や全国博物館長会議における行政説明を聴く限り、「文化拠点機能強化」や「文化観光推進プラン」というような言葉ばかりが躍っており、残念ながら（1）で述べた博物館のSDGsやウェルビーイング、社会的な課題の解決に資する役割や機能に関する積極的な政策は見出せない。

　今回の法改正では、新たに博物館資料のデジタル・アーカイブ化を追加するとともに、他の博物館等と連携すること、および地域の多様な主体との連携・協力による文化観光その他の活動を図り地域の活力の向上に取り組むことを努力義務とした。次長通知では、「博物館資料に係る電磁的記録を作成し、公開すること」については、デジタル技術を活用した博物館資料のデジタル・アーカイブ化とその管理およびインターネットを通じたデジタル・アーカイブの公開、インターネットを通じた情報提供と教育や広報、交流活動の実施や展示・鑑賞体験の提供のために資料をデジタル化する取組を含むこと。」と述べている。一方、参議院文教科学委員会（2022年4月7日）で、末松信介文部科学大臣（当時）が、「デジタル・アーカイブ化というのは、やっぱり紙は展示しても劣化していきますので、これきちっと保存をするということが大事なことであると、一番根本だと思ってございます。」と答弁していることも重要であろう。「ミュージアムとコレクションの保存活用、その多様性と社会における役割に関する勧告」（2015年11月　第38回ユネスコ総会採択）においても、「加盟各国は、国際基準に基づく収蔵品目録の作成が、その司法権がおよぶ地域内のミュージアムにとっての優先事項となるよう、適切な対策を講じるべきである。コレクションの電子化はこの点できわめて重要であるが、電子化が、コレクションの保全に取って代わるものと見なされることがあってはならない。」と指摘していることも忘れてはならない。

　改正省令では、改正法第13条第2項に規定する「都道府県が博物館の登録を行うに当たって参酌すべき基準」を定めており、改正政省令の次長通知（2023年2月10日）では、留意事項として「第19条第3号における博物館資料の目録作成においては、法第3条第1項第3号の規定を踏まえ、デジタル技術を活用した博物館資料のデジタル・アーカイブ化とその管理およびインターネットを通じたデジタル・アーカイブの公開、インターネットを通じた情報提供と教育や広報、交流活動の実施や展示・鑑賞体験の提供のために資料をデジタル化する取組を含むこと。」と、法改正の次長通知と同様の言及をしている。ただし、法文上は、登録博物館にデジタルコンテンツの活用までは強く求めていないと考えてよいだろう。

　次に、文化審議会博物館部会では、「博物館 DX に関する検討会議」を設けて検討を行い、「博物館 DX の推進に関する基本的な考え方（案）」をまとめた。同ペーパーでは、博物館 DX の推進の意義や、博物館における DX 推進のフェーズと各館に求められる機能について整理している。ただし、博物館 DX（デジタル・トランスフォーメーション）は、単なるデジタル・アーカイブ化またはデジタル化ではなく、コレクションの記録に関わる全ての活動（記録の作成から維持管理・公開まで）を幅広い視点で捉え、その一体的な改革を進めること、すなわち業務全体をデジタル化することが重要であることを忘れてはならない。日本の博物館の多くはコレクションの記録作成・管理等の管理体制が必ずしも十分ではなく、実は「デジタル・アーカイブ」以前の問題である館が多い。日本博物館協会による『日本の博物館総合調査報告書』（2020年）によれば、資料台帳に資料のほとんどを記載している館は 44.8 ％に過ぎず、データベース化された資料台帳を作成しているところもほぼ半数でしかないのである。「デジタル・アーカイブ」すなわちインターネット公開ではないことから、まずは、コレクションに関するデータが恒常的に作成・更新される仕組みづくり（レジストレーションまたはインベントリー・マネジメント）の体制整備が必要ではないだろうか。コレクションの記録は、本来、一度保存して終わりではなく、博物館資料の展示や貸出等の業務にともなって、恒常的にデータ活用・管理・蓄積が行われるべきものであり、レジストラーやコレクション・マネージャーを配置した上でのデジタル・アーカイブが求められよう。

　ちなみに、今回の省令改正によって「博物館の登録に係る基準を定めるに当たつて参酌すべき基準」（第19条）の第3号に規定する「博物館資料の目録」は、改正政省令の文化庁通知によれば、「デジタル技術を活用した博物館資料のデジタル・アーカイブ化とその管理およびインターネットを通じたデジタル・アーカイブの公開、インターネットを通じた情報提供と教育や広報、交流活動の実施や展示・鑑賞体験の提供のために資料をデジタル化する取組を含むこと。」とされている。このことを考えれば、ここでいう「目録」とは、狭義のカタログ（catalogue）ではなく、インベントリー（inventory：資料台帳、登録原簿）の意味であることは明らかである。一方、前述の博物館の事業を列挙した博物館法第3条第1項第3号にも、「博物館資料に係る電磁的記録を作成し、公開すること。」とあり、同条同項第7号には「博物館資料に関する案内書、解説書、目録、図録、年報、調査研究の報告書等を作成し、及び頒布すること。」と規定している。ここでいう「目録」は、狭義のカタログであることは明確であろう。法律と省令で言葉の定義が異なるのは望ましいことではなく、担当官の認識不足とも考えられる。

（3）博物館登録制度の見直し

　登録博物館の対象については、今回法第2条の改正によって、文化庁曰く「法人類型にかかわらず登録できる」こととされた。しかし、実際には文化審議会博物館部会では、国や独立行政法人等も登録の対象とする方向で議論されていたにも関わらず、最終段階で内閣法制局との協議も踏まえ、国、独立行政法人および個人立の博物館は、引き続き登録博物館の対象外とされた。2021年の文化審議議会答申「博物館法制度の今後の在り方について」では、「我が国の博物館に関する法令においては、国立博物館に係る独立行政法人個別法令等と、公立・私立博物館に係る博物館法が、両輪として体系を構成しているのであり、実務上は、博物館法の登録の対象とする必要は必ずしもないと考えられる。」という当初の議論とは真逆の文言が明記され、多くの博物館関係者を落胆させた。文化庁の博物館総合サイトには、「設置主体の限定の撤廃」とあるが、事実は「緩和」である。

　また、株式会社等民間団体が設置する博物館も登録の対象とされ、このこと

は国会でも議論になり、衆参両院で「登録博物館について、その設置主体が民間の法人等に拡充されることから、登録の審査に当たっては、博物館の社会教育施設としての役割を尊重し、過度に利益を求めないという非営利性に配慮の上、公益性及び公共性の確保に十分留意すること。」とする附帯決議（2022 年3 月 23 日衆・文部科学委員会、同年 4 月 7 日参・文教科学委員会）が付けられている。ICOM 規約では、「A museum is a not-for-profit（博物館は非営利団体である）」と明記しており、日本では ICOM 会員となれない登録博物館が生じることになる。ICOM 規約は国際法規ではないものの、これと矛盾することになった日本の博物館法令に対する合理的な説明は、現時点ではなされていない。2024 年 8 月、DIC 株式会社が運営する DIC 川村記念美術館（千葉県佐倉市）について移転か運営中止かを検討し、2025 年 1 月下旬に休館する発表があり、美術館界に衝撃が走った。多くの企業博物館は公益財団法人を設立し、経営を切り分けているが、DIC は直営を選び、その結果、株主からの企業の資本効率を高める要望を踏まえ、このような結論にいたったと推測するが、今後、企業の経営判断で作品が売却される可能性もある。株式会社が運営する博物館は、こうしたリスクがあることが現実になったわけで、博物館法のあり方そのものが問われている。

　なお、次長通知には、「独立行政法人国立科学博物館法（平成 11 年法律第172 号）、独立行政法人国立美術館法（平成 11 年法律第 177 号）および独立行政法人国立文化財機構法（平成 11 年法律第 178 号）に基づき設立される各独立行政法人が設置する博物館に類する事業を行う施設については、改正法において、登録の対象とされていないが、そのほとんどは、第 31 条および附則第2 条第 6 項により、指定施設とみなされることが想定され、全国の博物館のネットワークの中核的な役割を果たすナショナルセンターとしての機能を発揮することが期待されること。」とあるが、現実には国が設置する博物館は 157 館、独立行政法人が設置する博物館は 72 館ある（2021 年度社会教育調査）にも関わらず、3 独法が設置する博物館しか言及していないのは、いささか公平性を欠く。しかも、国が設置する博物館は、防衛省の駐屯地等にある資料館や環境省が国立公園等に設置している自然保護に関する施設が多いが、文化庁がそれらの各省庁に対して博物館法に基づく政策的なイニシアティブを発揮している

ようには見受けられない。動物園、水族館、植物園は、その活動に関連する手続きや規制に関する法令も環境行政や通商行政あるいは公園行政の中に位置づけられていることが多いが、そうした観点からの省庁連携に係る積極的な取り組みもみられない。

　さらに、今回の法改正の結果、公私立大学の博物館館は登録博物館の対象となったが、国立大学博物館の博物館は対象外となった。このことについて、文化審議会博物館部会では十分な議論がなされておらず、答申や次長通知にも大学博物館に関する記述・言及がまったくない。法令上、大学博物館全体としてのバランスが歪んでしまうことを危惧している。もっとも、従来、大学博物館は学術政策の一環として捉えられてきており、1996 年 1 月の「ユニバーシティ・ミュージアムの設置について」も、学術審議会の分科会の部会の「中間的な」報告であった。日本の博物館政策全体を考えるのであれば、今後、文化庁や文化審議会だけでなく、文部科学省研究振興局や科学技術・学術審議会等とも協働し、組織横断的な大学博物館の在り方に関する議論が必要ではないかと考えている。

　次に、登録要件の見直しに関しては、設置者が博物館運営に必要な経済的基礎を有すること、社会的信望を有すること等を要件として定めた（第 13 条第 1 項第 1 号）。登録の審査に当たっては博物館資料の収集・保管・展示および調査研究を行う体制等の基準に適合するかを審査することとし（第 13 条第 1 項第 3 〜 5 号）、基準の詳細は文部科学省令を参酌して都道府県等教育委員会が定めることとし（第 13 条第 2 項）、その後の省令改正によって博物館法施行規則第 3 章に「博物館の登録に係る基準を定めるに当たつて参酌すべき基準」が規定された。問題は、政省令改正の次長通知において、「博物館資料をデジタル化して展示する施設については、通常の博物館と同様に法令、条例又は定款等によって設置され、館長、学芸員及びその他の職員が配置されている場合、展示以外の博物館活動（資料の収集・保管、教育普及、調査研究等）の観点を踏まえることで登録対象と考慮して差し支えない。」とされていることだ。このことについては文化審議会博物館部会でも議論しておらず、ICOM 規約に定める Museum の定義でも想定していない。日本独自の博物館政策であると説明できるだけの学問的裏付けがあるとは思えないが、改正博物館法では、従来

登録申請書に「直接博物館の用に供する建物及び土地の面積を記載した書面及びその図面」を添付する規定（旧第11条）や、登録要件であった「第2条第1項に規定する目的を達成するために必要な建物及び土地があること。」という規定（旧第12条）が削除されている。また、博物館の体制に関する基準を定めるに当たり参酌すべき基準を定めた改正省令第19条でも、「展示（インターネットの利用その他の方法により博物館資料に係る電磁的記録を公開することを含む。第4号、第21条第1号及び第24条第1項第2号において同じ。）」と規定されており、既に外堀は埋められてしまっていた。登録基準を定めるのは都道府県・政令指定都市教育委員会だが、既に大網白里市デジタル博物館（千葉県）が登録博物館となっている。こうした動きが日本の博物館の将来に禍根を残すことにならないことを祈念したい。

（4）今後さらなる議論が必要な課題

　今回の法改正では、学芸員養成課程の見直しは先送りされたが、学芸員補の資格要件について、短期大学士を有する者で博物館に関する科目の単位を修得したものとされた（第6条）。このことについては、従来学芸員補は、高等学校を卒業した者や、高等学校卒業程度認定試験、大学入学資格検定に合格している者であれば学芸員補になれたことから、資格とはいえない状況であったが、進学率の上昇や博物館活動の多様化・高度化により学芸員補に求められる水準が高まっていることを踏まえ短大卒としたことは、時代の流れとはいえ、長年の課題が解決したものと考えられる。また、国・都道府県等教育委員会による研修の対象に学芸員・学芸員補以外の者を含めることとした（第7条）。博物館における役割が複雑、高度化していく状況にある中で、学芸員だけが博物館の運営の専門家ではなく、学芸員資格は持たなくとも博物館の運営において専門的な知識や技術を必要とする教育、広報、情報、国際交流等の職種が増えていることを考えれば、これも重要な改正であるといえよう。政省令改正の次長通知で「すべての博物館職員が多様な研修に参加する機会を確保すること」と述べていることを、各設置者や指定管理者は改めて認識する必要がある。もとより、今回の法改正で博物館に求められる役割が増えたことを考えれば、そのすべてを学芸員の業務と位置づけることは現実的ではなく、これらの専門職や

一般職が果たすべき役割が大きくなっている。今や事務職員においても、ミュージアム・マネージメントに関する知識・経験が必要とされ、数年おきに役所から一般行政職員が出向すれば誰でも務まるような安易なポストではない。このことは館長についても同様である。

　問題は、改正省令に関して、資格認定の施行期日等について定めた第4条が、従来は「毎年少なくとも各一回」行うこととされたのを、文化審議会博物館部会で全く議論されることなく、「少なくとも二年に一回」に改正されたことだ。このことは、学芸員資格の取得を目指す人材のその取得機会を減少させることになり、生涯学習の機会均等の観点から問題なしとはしない。しかも、改正政省令の次長通知にも、文化庁が作成した改正省令の概要にも、一言の言及もない。同様に、試験認定の選択科目についても、審議会等で議論されることなく、実態として行政判断で削除がなされた。そもそも、改正省令案のパブリックコメントは、多くの国民が年末年始の休暇をとる時期に設定されており、公務員の場合、実質7日間の勤務日しかない設定となっていた。このような博物館に関する専門家を軽視しているとも受け取ることができる国の姿勢は、今後も同じことが繰り返されないよう記録にとどめておく必要がある。

　なお、先送りされた学芸員養成課程の見直しについては、博物館法改正後の文化審議会第5期博物館部会（任期は一年；2023年度）において、「学芸員制度の在り方に係る制度的検討」を行うこととされていた。ところが、同部会は、結局3回しか開催されず、文化庁は「博物館に関する科目」の科目名と単位数を現状のままとし、そのねらいと内容のみを修正する方針を掲げた。これに対して全国大学博物館学講座協議会は、2023年11月1日に「現状の科目をそのままにして内容だけを見直すのではなく、19単位の枠の中で実習を含めた科目とその内容を見直すべきであり、雇用の拡大と一体化した学芸員資格制度を構築する抜本的な対策が、本来では必要である」との意見書を文化庁に提出した。また、同協議会では、2024年6月に「非正規等学芸員待遇問題対策プロジェクトチーム」を発足させ、検討を進めている。

　しかしながら、2024年度から博物館部会は消滅し、「文化施設部会」が設けられたが、博物館に関する議論は一度も行われておらず、こうした学芸員養成現場からの要請を踏まえた検討はいまだ行われていない。同様に、今後検討す

べき博物館政策上の課題として、全国の博物館の収蔵庫不足やコレクション管理の問題が挙げられ、これまで全国博物館大会等でも再三にわたって問題提起がなされているが、やはり文化庁では新たな施策を講じていない。

　さらに、2021 年に障害者差別解消法が改正され、事業者による障害のある人への合理的配慮の提供が義務化された。これを受けて、国立アートリサーチセンターでは、2024 年に国内の博物館で働く職員や、障害のある方を含む博物館利用者に向けて、「合理的配慮」に関する具体的な事例などを解説した冊子『ミュージアムの事例ケースから知る！学ぶ！合理的配慮のハンドブック』を制作し、公開した。同センターでは、2023 年に（1）で述べた DEAI の理念について調査するとともに博物館のアクセシビリティの基準を底上げするための具体的な方法や要件を検討するため、「DEAI（であい）リサーチラボ」という研究会も発足させている。このような国際的な動向を踏まえた施策は、本来国が博物館政策として推進するべきと思われるが、博物館学の専門的知識・経験がない行政官が、インバウンドやデジタル化推進等の政府の方針に沿うだけの前世代的な感覚で、現場の意見も聞かずに机上で練り上げた政策を行っているようでは、ますます国際的な潮流から取り残されることになるだろう。その結果、各地域ではオーバーツーリズムによって発展途上国のように外国人の入館料を値上げしてはどうかという意見や、博物館には価値のあるものだけ残してそれ以外は廃棄処分することも含め検討せざるを得ないというような議論が生じているとも考えられ、観光政策に追随するだけの博物館政策は、すでに限界にきているのではないだろうか。そうであるならば、日本博物館協会や全国美術館会議、ICOM 日本委員会等、博物館関係団体と専門家が中心になって国や自治体に国際的な動向や学術研究の成果を踏まえた政策提案を行い、真に持続可能な博物館政策を求めていくしかない。その結果として、より望ましい博物館法制の在り方も現実のものとなってくるのではないだろうか。今や博物館の学芸員が自分の専門分野の研究だけをしていればいい時代ではなく、管理職や事務職員とともに財源の獲得を含めた博物館政策の在り方を模索することによって、よりウェルビーイングな博物館環境を作り上げていくことが求められている。

（栗原祐司）

2. 博物館行政と博物館法についての評価

　文科省は、社会教育調査のデータを自治体ごとに集計したものを公開している（出　所：https://www.mext.go.jp/a_menu/shougai/chousa/mext_01704.html）。2018年度の博物館のデータ（筆者集計）によれば、全国1,741の自治体の82.4％にあたる1,434の自治体に5,738の博物館（類似施設を含む）がある。博物館がある1,434の自治体の状況を人口数区分別に集計したものが表1である。人口10万人未満の1,155の自治体に56.6％にあたる3,250館があること、東京23区・人口50万人以上の自治体の入館者が突出して多いことが確認できる。1,434の自治体中、博物館職員が全くいない自治体が11（23万人・14館。なお、以降括弧内は自治体の人口と博物館の合計数）、学芸員が全くいない自治体が446（1,013万人・783館）ある。博物館法が想定している"学芸員を中核とした博物館運営"という理念とはかけ離れた姿が見られる。博物館大国といわれたわが国には"持たざる博物館"が群生している。人口減少が進むと、人口10万人未満の自治体が増える。人口10万人未満の自治体では、博物館の85.1％にあたる2,765館が類似施設で、学芸員が全くいない自治体も434（795万人・762館）にのぼるが、何はともあれ7,787万人の入館者を集めている。

表1　博物館のある自治体の状況（データ出所：2018年度社会教育調査）

人口数区分	博物館のある自治体数	人口数（万人）		博物館数		博物館職員数		学芸員数		学芸員数　雇用形態区分別			
		人数	％	館数	％	人数	％	人数	％	専任	兼任	非常勤	指定管理
10万人未満	1,155	3,367	27.6	3,250	56.6	20,925	41.1	2,802	33.3	1,290	710	426	376
10万人以上	146	2,049	16.8	844	14.7	7,991	15.7	1,290	15.4	702	201	187	200
20万人以上	83	2,699	22.1	816	14.2	9,222	18.1	1,736	20.7	988	161	249	338
50万人以上	27	3,143	25.8	614	10.7	9,138	17.9	1,688	20.1	984	67	186	451
東京23区	23	940	7.7	214	3.7	3,644	7.2	887	10.6	485	49	158	195
総計	1,434	12,197	100.0	5,738	100.0	50,920	100.0	8,403	100.0	4,449	1,188	1,206	1,560

（1）20世紀の博物館行政

1. 戦後の博物館行政―1951年の博物館法制定

　戦前の日本の博物館は、近代国家としての体制を整える施設として運営された。敗戦から6年後、連合国軍占領下の1951年に博物館法が制定され、博物館は、民主国家として再編された新生日本の市民のための施設として運営されることになる。組織の編成原理を博物館法に基づく社会教育施設に転換した博物館が、その後、順調に作動できた訳ではない。博物館法の制定から49年経過した2000年12月、日本博物館協会（以下「日博協」）は『「対話と連携」の博物館－【市民とともに創る新時代博物館】』と題した報告書を刊行した。21世紀まで残り僅かとなった時期においても、日博協は、近代博物館の根本理念である"市民・公共"を軸に、博物館のあり方を論じる必要があった。

2. 1980年・90年代の社会教育行政と博物館

　①社会教育行政の縮減　1980年代の日本は経済大国として繁栄を謳歌したが、官の世界は、行政改革（行革）により縮減が進行した。80年代の初期、文部省（現文科省）社会教育局の末席に名を連ねた筆者は、1981年に設置された第二次臨時行政調査会（臨調）が進める行革への対応に忙殺された。対処方針は、既存の制度や予算を守るために徹底抗戦するというもので、終わりの見えない闘いが続いた。勝敗を決めたのは、大蔵省（現財務省）が予算編成の手法として採用したゼロシーリングやマイナスシーリングであった。中央省庁が政策を進める上でのリソースは法律、予算、組織（定員）、情報である。シーリング制が導入されたことにより予算や組織の縮減が進む。社会教育法等の法律は存続できたが、臨調とその後継の臨時行政改革推進会議の答申・提言により予算の縮減が進み、1997年には博物館を含む社会教育施設の整備費補助金が廃止された。また、1995年に地方分権推進委員会、1996年に行政改革会議が設置され、地方分権の推進と中央省庁等の改革が政府の主要政策になった。一連の改革により国の権限と税源の地方への移譲や規制緩和が進められ、中央省庁のリソースは大きく縮減した。行革は、事業官庁である文科省の政策全般に影響を与えたが、とりわけ特定分野の奨励を目的とする

博物館入館者数（万人）		
人数	％	自治体平均
7,787	25.7	7
3,847	12.7	26
5,780	19.1	70
8,854	29.2	328
4,039	13.3	176
30,307	100.0	21

社会教育行政には大きな影響があった。文部科学行政における行革のインパクトの大きさは、文科省が2022年に刊行した「学制百五十年史」の第4編に「行政改革等」と題された章があることからもわかる。因みに社会教育の扱いを見ると、1992年までは1章が与えられているが、その後は「生涯学習」という章の1節に格下げされている。

　②グローバル資本主義と博物館の拡大　80年代後半からグローバル化、90年代にはデジタル化が本格化し、グローバル資本主義が席巻し、世界は世界市場の形成に向かって大きく転換していく。この転換は、世界の博物館に大きな変化をもたらす。オーウェン・ホプキンズは著書「ザ・ミュージアム」の第5章で、90年代以降の博物館の動向を、啓蒙主義の博物館からグローバル・ミュージアムへの展開と総括し、当時の日本の博物館の状況を"博物館建築の増殖"と論じている（ホプキンズ　2022）。わが国では、1991年度に公共投資10カ年計画が開始される。日米構造協議により実施が決定された同計画は430兆円（最終的には630兆円）という規模で、同計画により多くの公共施設が建設された。行革により公共部門と公共サービスの縮減が進む中、公共事業により経済の浮上を図ろうとして多額の債務が積み上がるという、摩訶不思議なことが起きた。この時期、博物館では類似施設の量的拡大が進んだ（1987年度の1,574館→1999年度の4,064館）。12年間に増加した2,490館のうち73.0％が公立館（1,818館、設置者別内訳：都道府県121、市区617、町863、村216、組合1）であった。

（2）21世紀の博物館行政

1. 2000年代の博物館行政—冬の時代の博物館

　2002年、"地方ができることは地方に"という理念の下、小泉内閣による三位一体の改革が開始され、国庫補助負担金の改革、税源移譲、地方交付税の改革が行われた。権限と役割の増大に見合う税源移譲がなかったこと、不況による税収の落込みや社会保障関連費の増大により、自治体は、財政と職員の不足に陥る。文科省の地方教育費調査のデータで、1988会計年度以降の公立博物館の教育費（都道府県・市町村の合計額）をみると、ピークは1994会計年度の3,203億円で、2022会計年度には1,618億円（1994年度の50.5％）になっ

ている。公共施設の急激な拡大と財政の逼迫は、正規職員の減少と非正規職員の増加、民間委託の推進、事業費の縮小をもたらし、博物館運営に深刻な影響を及ぼす。投資によって生産性を高め、収入を確保することよりも、事業費の縮小と安い労働力の調達によるコストカットが優先された。財政と職員の不足への切り札として指定管理者制度（2003 年度制度化）の導入が進む。2003 年には、規制緩和策の一環で、1973 年（昭和 48 年）に制定された、博物館法第 8 条に根拠を置く公立博物館の設置及び運営に関する基準（以下「48 基準」）が廃止され、公立博物館の設置及び運営上の望ましい基準が告示された。学芸員数、施設の面積、資料数を定量的に示した 48 基準を廃止する規制緩和は、博物館にプラスに作用したとの声を一度も聞いたことはない。1999 年度に独立行政法人制度が創設され、2001 年度に国立の博物館・美術館が独立行政法人に移行した。日本の国公立博物館の市場化が本格的に進んだこの時期に、"博物館冬の時代"という言葉を頻繁に耳にした。

2. 2010 年代の博物館行政—観光と博物館の接近

①文化経済戦略　政府は 2008 年に観光庁を設置し、観光政策に力を入れる。経済の停滞により "安いニッポン" となった日本を訪れる観光客が激増した（2008 年 835 万人→ 2019 年 3,188 万人）。政府は、自然景観、文化や日本食を観光資源・文化資源と位置づけて観光政策を推進する。政策を主導したのは、官邸・経産省であった。2017 年 6 月に経済財政運営と改革の基本方針 2017 が閣議決定された。同方針の第 2 章には「文化経済戦略（仮称）を策定し稼ぐ文化への展開を推進するとともに、政策の総合的推進など新たな政策ニーズ対応のための文化庁の機能強化等を図る」との記載がある。"稼ぐ文化"という文言に、同方針の性格が集約されている。公共財・社会的共通資本として運営されてきた社会教育・文化が、観光産業の領域として市場に組み込まれていく。上記の閣議決定により文化政策と経済戦略は急接近し、同年 12 月に文化経済戦略、翌 2018 年 8 月に文化経済戦略アクションプラン 2018 が策定された。観光産業が経済戦略の中で重みを増す中、観光資源としての文化財、観光施設としての博物館がクローズアップされ、博物館は、お客様（消費者）である訪日観光客の受入れを求められる。お客様の積極的受入れは、市民を対象に社会教育として行われてきた博物館の運営と博物館行政の転換を促す。2020 年 4 月

には、文化観光拠点施設を中核とした地域における文化観光の推進に関する法律（文化観光推進法）が制定（同年 5 月に施行）され、同時に博物館等を中核としたクラスター推進事業（現「文化拠点機能強化・文化観光推進プラン」）が開始される。

　②**地方分権と教育委員会制度**　世紀が変わっても地方分権を推進する施策が実施され、教育委員会制度が見直されていく。文科省は、博物館等の社会教育施設の所管は教育委員会という構図を省の方針として堅持してきた。地方分権の推進という外圧が強まる中、文科省は、方針の修正を余儀なくされ、教育委員会の事務の一部を首長部局で行うことを特例として認めていく。地方教育行政の組織運営法である地方教育行政の組織及び運営に関する法律（地教行法）の第 21 条と第 22 条には、教育委員会と地方公共団体の長（首長）の職務権限が規定されているが、2007 年の同法の改正、2018 年の文化財保護法及び地方教育行政の組織及び運営に関する法律の一部を改正する法律の制定及び 2019 年の第 9 次地方分権一括法による地教行法と博物館法等の改正により、職務権限の特例として、スポーツ、文化、文化財保護に関する事務及び図書館、博物館、公民館その他の社会教育に関する教育機関のうち条例で定めるもの（特定社会教育機関）の設置、管理・廃止に関する事務を、首長が管理・執行することが可能になった（地教行法第 23 条）。さらに、2022 年 4 月に博物館法が改正され、首長部局所管の公立博物館等も、2023 年度から登録博物館の申請が可能になった。文科省は、地方分権の流れの中で教育委員会の本丸ともいうべき学校教育を死守するために、スポーツ、文化、文化財の保護、社会教育機関の運営等を自治体の判断に委ねることを了承したものと思われる。教育委員会制度の発足以降、長年続いてきた国と地方、省庁間、省庁内のバトルが、“学校教育”と“学校教育以外”とで扱いを変えることで、停戦に至ったということであろう。

　③**博物館行政の文化庁への一元化**　2018 年 6 月に文部科学省設置法が改正され（施行は同年 10 月）、博物館行政は文化庁に一元化された。文化庁の任務は、同法第 18 条に「博物館による社会教育の振興を図る」と規定されている。社会教育施設を所管していた社会教育課は廃止され、公民館と図書館は新たに設置された総合教育政策局地域学習推進課の所管となった。文科省の局や課の名称から 100 年使用された社会教育、30 年使用された生涯学習が消えた。

　④稼ぐ文化と社会教育　社会教育施設の根拠法である博物館法には入館料等に関する規定（第 26 条）、図書館法には入館料等の徴収を禁止する規定（第 17 条）がある。これらの規定と国が提唱する稼ぐ文化は、本質的に相容れないものである。博物館法第 26 条が適用される公立博物館にとって稼ぐ文化は何を意味するのか、博物館法の改正により、博物館が社会教育施設であり同時に文化施設になっても、第 26 条は存続している。国は、博物館において"稼ぐ文化"をどのように展開しようとしているのであろうか。

（3）博物館行政と博物館法

1. 博物館法の機能不全と登録博物館の劣化

　①博物館法の機能不全　博物館法は、1951 年 12 月に A. 博物館の事業内容の明確化、登録制度の創設、公立博物館の所管を教育委員会とすること、B. 学芸員制度の創設、C. 博物館協議会の設置、D. 博物館への財政的支援の 4 点を骨子にして制定された。博物館法は、戦災復興期から高度経済成長期には機能したが、その後、機能不全に陥っていく。貝塚健は、日博協の「博物館研究（Vol.51 No.12）」に掲載された論文で、博物館法を「（その役割は）1960 年代に、遅くとも 1970 年代には終わってしまった」「死んだ法律」と明言している（貝塚 2016）。登録制度が支援策の縮小によって形骸化しても、さらに学部卒を要件とする任用資格である学芸員制度が人材の高度化に対応できなくなっても、文科省は博物館法をリセットすることはなかった。

　②登録博物館の劣化　2021 年度の社会教育調査によると、登録博物館 911 館（公立 615 館、私立 296 館）のうち専任の学芸員が 0 人の館が 236 館（公立 172 館、私立 64 館）ある。公立の 172 館には、学芸員の雇用形態が指定管理者に区分されている指定管理館も含まれているであろうが、それでも驚くべき数字である。館のガバナンスを担う館長は、専任 405 人、兼任 206 人、非常勤 230 人、指定管理者 82 人で、非常勤等の多さが際立っている。専任学芸員と館長の配置状況を見ると、登録制度が博物館の底上げに機能していないことがわかる。

2. 改正博物館法と登録博物館制度

2022 年 4 月に制定された改正博物館法の主な改正点は、①博物館法の目的

を、社会教育法に加えて、文化芸術基本法の精神に基づくことを追加したこと、②博物館事業として資料のデジタルアーカイブ化、地域連携及び地域振興への寄与（教育、学術及び文化の振興、文化観光等による寄与）を追加したこと、③登録制度の見直しを行ったことである。今回の法改正は、本格的なリセットではなく、法制定時の積み残しとして長年議論されてきた登録制度の見直しと文化経済戦略に対応した改正といってよい。

①登録制度の見直し　登録博物館の設置者要件が見直され、首長部局所管の公立館を設置する自治体や地方独立行政法人、学校法人、企業等の法人が申請できるようになった。2021年度の社会教育調査によると、公立博物館4,380館の所管（括弧内は博物館法の区分別の館数）は、教育委員会が2,878（登録615、相当55、類似2,208）、首長部局が1,502（相当135、類似1,367）である。首長部局所管の相当（指定）施設が申請する可能性は高いと思われるが、類似施設が申請をする可能性は高くないであろう。改正博物館法の制定にあわせて、様々なコストを負担しても申請したいと思わせるようなインセンティブが用意された訳ではない。社会教育施設や文化施設の中で登録制度があるのは、博物館だけである。国は、登録制度のない劇場・音楽堂等にも財政支援を行っている。固定資産税等の非課税措置は、私立の登録博物館が充実しているが、非課税措置に登録制度が不可欠というのであれば私立限定の登録制度にすればよい。改正博物館法でも国立館は登録対象から除外されたが、税制等の扱いが原則同一といってよい国公立館で、なぜ登録の扱いを別にするのか、理解に苦しむ。

②登録制度の問題点　更新された登録制度には、次のような問題点がある。

a. 審査の公平性が確保できる審査体制であるか

　審査は都道府県・指定都市の教育委員会が行う。審査主体である教育委員会は、博物館の設置者でもある。英国や米国の認定・認証制度には見られない、"審査主体と審査対象の一致"は、審査の公平性を確保する上で問題がある。

b. 不透明な審査基準

　審査基準のうち事業の実施体制、職員の配置、施設設備に関する基準は、国が定める基準を参酌の上教育委員会が定める。職員の配置に関する基準を見ると、学芸員については「学芸員が置かれていること」と定めている例が多く、

人数や専任者・常勤者の配置状況についての言及は全くない。48 基準が機能していた頃には、基準をクリアするために博物館が努力したといわれている。48 基準にあった規範性が、審査基準には見られない。因みに 48 基準では、都道府県・指定都市が設置する博物館では 17 人以上の学芸員又は学芸員補、市町村が設置する博物館では 6 人以上の学芸員又は学芸員補を置くと定められていた。登録制度は、48 基準が廃止されることにより、質の向上を図るもの（規範型）から、財政難でリソースが減少している博物館の現状を追認するもの（現状追認型）に変容している。審査基準には、随所に「○○する体制を整備していること」との記述があるが、整備の水準は明確にされていない。登録制度は、節税効果や財政支援の申請資格を得る等の社会的効果が生じる行政処分である。教育委員会は、公平性・透明性のある基準を定めて、基準に基づいて適正に審査し、審査結果と登録博物館の運営状況を適切に公開する必要がある。

c. 限定的な登録制度の効果

　登録の申請・審査及び登録後の報告等に伴う業務量が、申請側・審査側の双方で増加することが見込まれる。博物館のスタッフは最も貴重なリソースである時間資源を消費することになる。コストを上回るリターンが重要であるが、非課税措置等が適用になる私立館にはリターンがあるが、公立館には確実なリターンがない。国の補助金を申請する場合は、登録館又は相当施設であることが申請要件となっているので、登録館や相当施設になる必要がある。また、登録館のメリットとされる事項は、すべての館種に該当する訳ではない。国は、登録制度によって信用や知名度が向上すると説明しているが、登録博物館の専任学芸員や館長の配置状況からわかるように、"登録博物館は一定のリソースを保有している"という認識を共有することが困難になっており、信用という言葉がむなしい。

3. 改正博物館法と文化観光

　①文化観光が内包する問題　改正博物館法には、博物館の事業を規定している第 3 条に、「博物館は、第一項各号に掲げる事業の成果を活用するとともに、地方公共団体、学校、社会教育施設その他の関係機関及び民間団体と相互に連携を図りながら協力し、当該博物館が所在する地域における教育、学術及び文化の振興、文化観光（有形又は無形の文化的所産その他の文化に関する資源（以

下この項において「文化資源」という。）の観覧、文化資源に関する体験活動その他の活動を通じて文化についての理解を深めることを目的とする観光をいう。）その他の活動の推進を図り、もつて地域の活力の向上に寄与するよう努めるものとする。」という規定が第3項として新たに整備された。同項の文化観光の規定は、文化観光推進法第2条第1項に規定された文化観光の定義と同様であり、文化観光推進法との連続性を意図して整備したものであろう。

　文化観光推進法や改正博物館法の制定に当たって、博物館がこれまで観光に力を入れてこなかったとの言説が見られたが、博物館は観光を軽視してきた訳ではない。地域博物館論を主導した伊藤寿朗は、博物館を「地域志向型」「中央志向型」「観光志向型」の3つに類型化した上で、博物館の利用としては、観光的利用や一般教養的利用が多かったと述べている（伊藤 1993）。敗戦から4年しか経過していない1949年に、日博協は、文部省の後援の下、文化観覧施設講習会、観覧教育講習会を東京都と香川県で開催し、全日本観光連盟関係者の講義を設け、文化観覧施設の観光事業対策を協議事項にする等、観光を視野に入れた博物館運営を志向している。博物館が博物館固有の事業を展開することを通して観光客を含めた国内外の利用者に一人でも多く来館してほしいと努力してきたことは忘却・隠蔽され、博物館運営に責任をもつ博物館の設置者ではなく、現場のスタッフである学芸員を「観光マインドが欠如している」として批判する出来事があったことは記憶に新しい。

　博物館と観光の関係を市場の論理で再編するために、文化観光推進法が制定され、さらに改正博物館法の制定により博物館に文化観光を推進する努力義務が課せられた。このことに伴い、博物館を産業としての観光に組み込む趣旨の支援策が措置されたが、呼び水的な規模に過ぎない。2020年の文化観光推進法案の国会審議においても、博物館の基本的運営に必要なリソースの不足が詳細に指摘（「ないない尽くし」との指摘があった）され、法案成立時には、博物館等を広く下支えする財政的支援等について附帯決議が可決されている。それにもかかわらず、2022年の改正博物館法の制定に当たって財政的支援が強化されることはなかった。文化観光推進法案の国会審議時に、議員からの財政支援を求める趣旨の発言に対して、政府側からは、学芸員の資質向上のための研修事業の充実（2019年度1,300万円→2020年度5,600万円）を措置した旨

の答弁がなされているが、補助の趣旨・金額からして博物館の基本機能の充実や博物館のリソース不足を解消する上での決め手になるものではない。研修事業が、学芸員の観光マインドの高揚に特化することがないように注視する必要もあろう。博物館の職員に、観光客の利用を促進しようとするマインドが欠如しているのではない。多くの博物館が身動きがとれない程疲弊している中で、博物館法に文化観光への取組を努力義務とする規定が整備されたのである。

　②訪日外国人の博物館の利用状況から見えること　新型コロナウイルス感染症が蔓延する前の 2019 年には、訪日観光客が過去最高の 3,188 万人に達した。訪日外国人の博物館の利用状況については、2019 年に文化庁が公立博物館（都道府県立・政令指定都市立の博物館に限定）を対象に実施した調査がある。回答した博物館 153 館のうち、2018 年度の外国人の入館者数を調査・公表している館は 94 館であった。外国人の入場者数を全体の「2 ％未満」であると回答した館を除く 93 館のデータを筆者が集計したところ 93 館の入館者の合計は 2,081 万人で、外国人は 95 万人（内数）であった。入場者に占める外国人の割合は全体で 4.5 ％であり、1 ％未満の館が 47 館、1 ％以上 5 ％未満の館が 29 館、5 ％以上 10 ％未満の館が 12 館、10 ％以上の館が 5 館（20 ％を超えている 3 館：広島城 30.8 ％、東京都江戸東京博物館 30.0 ％、大阪歴史博物館 23.8 ％を含む）であった。

　③訪日外国人が増加する中での博物館入館者数の状況　本稿の冒頭でとりあげた社会教育調査のデータを自治体ごとに集計したデータでは、入館者数が市区町村ごとに集計されている。2007 年度と 2017 年度の博物館（類似施設を含む）の入館者数と 2007 年（1-12 月）と 2017 年（1-12 月）の訪日外国人数は、表 2 のとおりである。

　訪日外国人の博物館利用の全容は明らかになっていないが、2,034 万人増加した訪日外国人が博物館の入館者数の増加要因の一つであることは間違いない。

表 2　博物館入館者数と訪日外国人数の状況― 2007・2017 年（度）―

	2007 年（度）	2017 年（度）	増加数
博物館入館者数（千人）	279,880	303,069	23,189
訪日外国人数（千人）	8,347	28,691	20,344

　以下に、訪日外国人を含めた博物館の入館者の状況を自治体単位で整理する。

　①全国の 1,741 の自治体（市区町村）のうち、2007・2017 年度の両年度に入館者数がない自治体（博物館がない自治体を含む）が 288、2017 年度に入館者が増加した自治体は 625（合計で人口が 120 万人、博物館数が 291 館、入館者が 6,419 万人の増）、入館者が減少した自治体は 820（合計で人口が 38 万人、博物館数が 328 館、入館者が 4,100 万人の減）、入館者数に変化がない自治体が 8 である。2017 年（度）は、2007 年（度）比で、我が国の総人口は 64 万人、訪日外国人は 2,034 万人増加しているが、博物館の入館者については、増加した自治体（35.9 ％）よりも減少した自治体（47.1 ％）が 11.2 ポイント上回っている。

　②入館者が増加した 625 の自治体のうち、100 万人以上増加した自治体が 12（合計で 2,719 万人の増）ある。また、50 万人以上増加した自治体が 31（100 万人以上増加した 12 の自治体を含む）ある（合計で 4,003 万人の増、625 の自治体の増加数全体の 62.4 ％）。このデータから、訪日外国人の大幅な増加があっても、一部の自治体、一部の博物館には入館者増の効果をもたらすが、多くの自治体と博物館にはその効果は見られないことがわかる。因みに、入館者が 100 万人以上増加した 12 の自治体は、表 3 に示した自治体である。これらの自治体は、多数の博物館が集積している大都市や世界遺産の所在する自治体である。

　③都道府県単位で見ると、2017 年度に入館者が増加した都府県は 27（合計で 3,802 万人の増）あり、このうち 80 万人以上増えた都府県が 12 ある（合計で 3,370 万人の増・27 都府県の増加数全体の 88.6 ％）。入館者が減少した道県は 20 ある（合計で 1,482 万人の減）。

　限られたデータによる考察ではあるが、訪日外国人の増大等により日本国内の観光が活性化したとしても、博物館を見ると、すべての地域で入館者が増加するものではないことがわかる。リソースの逼迫に有効な策を講じないまま、国がすべての地域と博物館に文化観光を推進する政策のあやうさがみてとれる。わが国には、バブル期の 1987 年に、地域経済の活性化と国際的な観光競争力の強化を目的に制定された総合保養地域整備法（リゾート法）という失敗事例がある。地域経済の活性化と国際的な観光競争力の強化という目的は、文

表 3　博物館の入館者数が増加した自治体の状況（2007・2017 年度比）

順位	自治体名 市区町村	入場者数（千人）			自治体名 都道府県	入場者数（千人）		
		2007 年度	2017 年度	増加数		2007 年度	2017 年度	増加数
1	大阪市	8,195	14,654	6,459	大阪府	11,738	19,290	7,552
2	東京都台東区	11,091	14,631	3,540	東京都	39,960	47,402	7,442
3	京都市	8,025	11,102	3,077	京都府	9,827	13,568	3,741
4	東京都港区	5,280	7,581	2,301	長崎県	4,347	7,034	2,687
5	佐世保市	535	2,831	2,296	宮城県	3,251	5,369	2,118
6	金沢市	2,351	4,360	2,009	石川県	4,619	6,569	1,950
7	仙台市	1,628	3,472	1,844	福井県	1,873	3,640	1,767
8	岩手県平泉町	310	1,665	1,355	静岡県	10,670	12,399	1,729
9	東京都豊島区	950	2,070	1,120	山梨県	3,316	4,752	1,436
10	大阪府池田市	311	1,420	1,109	岩手県	2,073	3,412	1,339
11	浜松市	2,102	3,155	1,053	山口県	2,370	3,429	1,059
12	山梨県富士吉田市	36	1,063	1,027	沖縄県	8,385	9,261	876
	計	40,814	68,002	27,188	計	102,429	136,125	33,696

化観光推進法と共通する点もある。リソースが不足し、基本機能である資料の収集・保存・調査研究等を実施する体制が崩壊しつつある博物館が、インバウンドや文化観光というブームに翻弄され、博物館への理解が十分ではない政治家やコンサル業者によって主導されて、地域と博物館の特性や住民の意向を無視した事業を行うようなことがあれば、結果的に博物館の公共性を損ない、博物館の持続可能性を失うことになる。稼ぐ文化の重視は、"稼がない文化は不要"という論理と表裏一体であることを決して忘れてはならない。

4. 改正博物館法の制定後の国の博物館関係予算

　2024 年度の国の博物館関係予算をみると、国立館の予算を除くと、文化拠点機能強化・文化観光推進プランと博物館機能強化推進事業（計 21.5 億円）が目立つ程度である。劇場・音楽堂等には新規に 27 億円が計上されている。公立博物館の支出経費の財源に占める国庫補助金は約 58 億円でその割合は3.6 %（出所：文科省の地方教育費調査の 2022 会計年度データ）である。博物館法改正を契機に博物館関係予算が大きく増額することはなかった。

（4）博物館のこれから—経済大国の終焉・人口減少と博物館

　経済大国から転落し、"辺境の地・世界の古都"になりつつあると高野秀行がいう令和のニッポン（朝日新聞 2024）は、これから未だ経験したことのない事態に直面していく。日本の人口は、1868年の3,000万人が2008年に1億3,000万人になり、この年をピークに減少している。森知也は、2120年には3,000万〜5,000万人程度に減少すると予測している（森 2024）。森の予想が的中した場合には、外国人観光客がさらに増加したとしても、博物館が現在の3億人の入館者を確保することは難しい。博物館は入館者の減少と財政の縮小に見舞われ、労働力確保も困難になり、廃館も増えるであろう。人口の少ない自治体が増え、大都市も縮小していく。大都市でマスコミとの共催展により集客に成功してきた大規模館も、インターネットの普及でビジネスモデルが崩壊しつつあるマスコミが展覧会ビジネスから撤退すれば、経営危機に陥る。

　村田麻里子は、「日本において博物館とは、象徴的な意味合いを持ちながら、状況に応じたメッセージをその都度効果的に伝達するメディアとして位置づけられてきた」「日本の国公立博物館は、殖産興業→国体論の喧伝と国威発揚→ファシズム解体と戦後民主主義の徹底と、社会状況に応じて発信するメッセージを容易にかつ機能的に変容させることができた」「（高度経済成長期以降に豊かさの象徴・経済大国の象徴になった後）、博物館はそのメッセージを失い、行政にとって積極的に支える理由をなくした」といっている（村田 2024）。文化観光が、新たなメッセージとなることはできるのであろうか。

　わが国の博物館行政は、登録制度の見直しに時間と労力を費やしてきたが、見直しが終了した段階で、以下のような新たな課題に直面している。

①リソースが不足する博物館の経営基盤の強化策

②博物館経営に精通した人材や博物館の高度化に対応する専門人材の確保策

③各館が自己完結する形態での博物館経営が行き詰まりを見せる中、持続可能な経営形態（例：コレクション・収蔵庫・人材などの共有化）のあり方

　リソースの不足を"現場のがんばり"でなんとか凌いでいる博物館には、やみくもに戦線の拡大（文化観光等の事業の追加）を求めてはいけない。博物館行政に求められているのは、リソースに見合う目標を提示するグランドデザインとリソースを充実するための人材投資・設備投資を後押しする政策である。

参考文献

オーウェン・ホプキンズ　2022『ザ・ミュージアム』河出書房新社

貝塚健　2016『雑感：博物館法をめぐる議論をめぐって』日本博物館協会

伊藤寿朗　1993『市民のなかの博物館』吉川弘文館

森知也　　https://www.mori.kier.kyoto-u.ac.jp/mori-column/introduction/forecast/

村田麻里子　2024『思想としてのミュージアム』（増補新装版）人文書院

朝日新聞　2024『耕論「経済大国日本」その先は（2024.2.16）』

（杉長敬治）

3. 新しい認証博物館制度と学芸員制度
——日本学術会議の立場から——

はじめに—長年にわたる制度の歪み—

　「1951 年博物館法」以来の登録博物館制度の構造的不備や学芸員規定の課題は、「2022 年改正博物館法」においても抜本的な是正はされなかった。設置主体の多様化などの博物館登録制度の一部見直しはされたが、登録制度は一本化されなかった。そして学芸員制度の改正は見送られた。

　日本学術会議は 2017 年に提言『21 世紀の博物館・美術館のあるべき姿—博物館法の改正へ向けて[(1)]』、2020 年に提言『博物館法改正へ向けての更なる提言〜 2017 年提言を踏まえて〜[(2)]』、2023 年に見解『2022 年改正博物館法を受けて今後の博物館制度のあり方について[(3)]』を発出し、博物館制度の一本化と博物館の質の向上のための学芸員制度改正を提言し、筆者は副委員長、委員長として参画した。本稿はそれを紹介するものである[(4)]。

（1）博物館制度の一本化—登録博物館制度から認証博物館制度への転換—

1. 国立博物館〜現状の「実務上」から「これからの博物館」へ

　文化庁は明瞭に「登録博物館の設置者要件が時代にそぐわなくなってきています[(5)]」との認識は持つが「2022 年改正博物館法」においても「登録」と「指定」の枠組みは存続した（第三十一条）。文化審議会の答申『博物館法制度の今後の在り方について』（2021 年 12 月 20 日）にあるように、現状において「国立博物館に係る独立行政法人個別法令等と、公立・私立博物館に係る博物館法が、両輪として体系を構成しているのであり、実務上は、博物館法の登録の対象とする必要は必ずしもないと考えられる[(6)]」のが理由である。しかし同答申に続き「2022 年改正博物館法」の附帯決議でも「国立博物館を中核として設置者の枠を越えた全ての博物館の連携を促進するとともに、地域の多様な主体とのネットワークの形成が円滑に実現するよう」とある。国立博物館が「博物館相当施

設」であり、博物館法において「博物館」でないのは制度の歪みに他ならない。日本の博物館の全体の未来を考えないとならない。

2. 認証博物館制度——一級認証博物館と二級認証博物館——

　現状の登録博物館制度から、日本の博物館全体の機能強化と質向上のために、博物館の制度や運営の実態に精通した第三者機関を実施主体とした一級認証博物館と二級認証博物館から成る認証制度への転換を提言する。

　すべての博物館が満たさなければならない共通の認証基準を設け、これを満たす博物館を「二級認証博物館」とする。「最低基準」を設定し、それにより全国津々浦々の博物館と学芸員の全体の底上げと水準の向上を図るのである。

　また、国立の館や都道府県及び政令指定都市レベル等の指導的立場にある基幹博物館が満たすべき、モデルとなるような高度な特別な認証基準をも設け、これを満たす博物館を「一級認証博物館」とする。国立博物館とそれに準ずるモデルとなる博物館については「高い基準」を示し他館を指導牽引することを期待するのである。すべての「認証博物館」は第三者機関によって認証を受け、「日本の博物館 The Japanese Museum」の名称付与[7]への申請を促す。

　これらの認証基準をどのようなものにするかについては今後早急にしかるべき会議体で検討し策定していく。「二級認証博物館」が満たすべき共通基準の策定に当たっては、たとえば日本博物館協会が 2017 年に提案した改定基準案が参考となる[8]。

　なお、現状の登録博物館の運営や学芸員職務に不利益が生じないように移行措置も講ずる。現行の登録博物館は、認証申請をしなければ移行措置として自動的に二級認証博物館とし、申請すれば一級認証博物館となる選択ができること、とする。

　なお現在の学芸員資格は根拠を博物館法におく国家資格である「任用資格」であるため、登録博物館の学芸員のみがその法的な根拠を有し、博物館相当施設や博物館類似施設に勤務する限りは正規の学芸員になれないという国家資格上の不平等がある。認証博物館制度においては学芸員の認定に合格している全ての職員を学芸員と認定する。

3. 参考としてのイギリスとアメリカの博物館認定（認証）[9]制度

　その新しい認証基準の設定、審査プロセスの徹底、認証の有効期限・更新制

度の導入、認証されるメリットの付加などの制度設計のためには、欧米の博物館認証制度、特にイギリスとアメリカの博物館認定（認証）制度が参考となる。イギリスにおいては1988年発足の博物館登録制度（The Museum Registration scheme）から、スキームを維持しつつ目的をよりよく反映させるため博物館認定（認証）制度（The Museum Accreditation scheme）への改変を2004年に実施した。大英博物館等だけでなく、経営規模が小さくボランティアを中心に運営されている小規模博物館をも視野に入れ、①運営②コレクション③来館者の3点における「最低基準（baseline quality standard）」を認定の基本とし、イングランド芸術会議によって任命されたボランティアの専門家達から構成される審査委員会が認定作業を行うとともに、認定した博物館の質保証の維持のため、5年毎に定期的な再認定を行う。日本が最も参考とすべき制度である。アメリカの博物館認定（認証）基準制度では助言的な博物館診断も行なわれる。各種団体から寄付金を受ける際の税制の恩恵と連邦博物館図書館サービス機構からの補助等を受けることができる。このような恩恵の付与も重要な観点である。

4. **認証審査のレベルと質の保証**—共時的地理的一律性と経時的一貫性の担保としての第三者機関—

「2018年改正文化財保護法」での「文化財保存活用大綱」や「文化財保存活用地域計画」の作成の現状には、都道府県や市町村の財政や人員数による「レベルの差」（「地域の特徴の相違」ではなく）の問題がある。そのような時、「2022年改正博物館法」（第十一条、第十三条第三項、第十六条、第十七条〜第十九条）は都道府県又は指定都市の教育委員会に登録に関わる強い権限と重大な責任を与えるが、地域によるレベル差があってはならない。個別の教育委員会は審査を行う機会が稀にしかなく経験の蓄積も望めない。

認証制度における審査にあたって、多様な設置主体に対応しつつ、全国的な共時的地理的一律性、経験の蓄積に裏打ちされた経時的一貫性と、博物館全体に通底する共通基準と館種ごとの特定基準も保障されなければならない。これに応えて審査し博物館に助言を与える第三者機関の設置が必要である。私見では公益財団法人日本博物館協会が相応しい。

（2）博物館の力の向上のための学芸員制度

1. 学芸員の研究機能の重視―博物館法第四条の改正―

　博物館の質の向上のためにその専門性を伸張する手段は、機関としてのみでなくその構成員にも与えられるべきである。よって学芸員制度の見直しも登録制度の見直しと一体で行うべきである。「博物館活動の基礎は研究」[10]であるならば、博物館の水準の向上のために、博物館を通じて地域と国の活性化に貢献する学芸員の研究機能の充実、研究者としての学芸員の社会的認知の向上といった学芸員制度の改革を図るべきである。

　博物館法では「学芸員は、博物館資料の収集、保管、展示及び調査研究その他これと関連する事業についての専門的事項をつかさどる」（同法第四条第四項）とあり、これにより博物館の「健全な発達を図り、もつて国民の教育、学術及び文化の発展に寄与する」（同法第一条目的）とされる。しかし「博物館資料」を真に調査研究するには、関連する広範で深遠な人類遺産に関わる研究が必要で、それによって初めて「博物館資料」を地域、日本、人類の文化の中に位置づけることが叶う。

　しかし研究者としての学芸員の社会的な位置づけは不安定である。研究者に対して与えられる研究者番号は研究機関指定を受けた機関に限定され、ほとんどの学芸員には競争的資金（科学研究費補助金等）に応募する機会さえない。現行の学芸員制度設計では専門的知識の更新が制約され、その結果、社会への還元も限定される。我が国の文化資本の有意義な活用を妨げる要因となっている。

　よって、博物館の水準の維持向上という文脈の中で、博物館法第四条を改正して学芸員の職務内容を見直し、業務の調査研究の一環として「人類文化の未来に貢献する独創的な研究」にも従事して博物館を通じて地域の活性化に貢献できることとする。研究機関指定の基準、特に博物館の研究予算措置などの基準の柔軟化を進め、一定水準以上の研究能力及び研究実績が認められる博物館は指定し、研究活動を支える為の外部競争的資金の獲得や安定的な研究基盤の確立を図る。以上を提言する。

2. 「2020年文化観光推進法」が期待する高度に専門的な学芸員

　「2020年文化観光推進法」において、博物館を代表的施設とする「文化観光

拠点施設」における文化資源の観覧等を通じて文化についての理解を深める「文化観光」が推進された。文化財政策は、確実な保存と継承を大前提としつつも、文化財の新たな活用と価値の創出に積極的に取組む段階に至った。[11]

学芸員は従来も保存と活用のバランスを取りつつ博物館を機能させてきた。[12] 今後はさらに高度な各種の専門的職能のもとに、高度にバランスの取れた文化資源の保存と活用の推進が期待される。学芸員の重要性がいよいよ高まり益々その高度な専門性が求められる。

3.「2022年改正博物館法」―学芸員の負担増の危惧―

「2022年改正博物館法」では、法律の「目的」として、従来の社会教育法に加えて、「文化芸術基本法の精神に基づき」(第一条)と追加された。かつ他の博物館等との協力や地域の活力向上への寄与が努力義務とされた(第三条第二項及び第三項)。さらに博物館事業に博物館資料のデジタル・アーカイブ化(第三条第一項第三号「博物館資料に係る電磁的記録を作成」)が追加された。

これらの意義と理念に賛同するが、法改正により「博物館の事業」の幅が広がることは学芸員の専門性の高度化だけでなく、さらに負担が増えることを意味する。あわせて学芸員制度も改正されなければならないのである。

4. 学芸員の種別の拡充―専門性の確保―[13]

学芸員がすべての業務を果たすことが求められている現状の改善が必要である。上記のような近年の法の要請に応え、博物館の活性化のために、学芸員の職分として以下のような専門性を明瞭に認め養成することが必要である。

博物館資料等履歴管理担当のレジストラー、保存・修復の担当専門のコンサヴァター、博物館が社会教育施設であるとき、学校教育のみならず生涯教育のためにも、博物館活用の促進や鑑賞教育の充実を図るために教育担当専門のエデュケーターあるいは解説員、科学系の博物館では科学者・技術者と一般の方々を繋げるサイエンス・コミュニケーター、学芸員やレジストラーとは差異化され、基幹博物館に常駐し地域ごとのアーカイヴを整備するアーカイヴ担当専門のアーキビスト、博物館の管理部門を担うミュージアム・アドミニストレーターのような事務職員、等々である。

現況の予算制限の中では当座は、博物館同士のネットワークをつくり、それを利用してその内での専門的職能に関わる博物館機能の相互補完を図るしかな

い。しかし日本の博物館が国際規準に達するためにはこれらの専門的職能の博物館における確保が必須である。

5. 学芸員制度の改正による学芸員の資格区分の設定—専門性、現場経験、チーム力の重視としての「総合学芸員」と「専門学芸員」—

　現行では学芸員資格は「学芸員」という１種類しかない。それを、新規に取得する者については、専門的職員として勤務するための基本となるミニマム・スタンダードを身につけた学部卒により取得できる「総合学芸員」（「2020 年提言」でいう「二種学芸員」、名称の響きから誤解を招いた点を反省し変更）と、さらに高度な専門的知識及び技能を修得するカリキュラムの修士課程修了を要件とする「専門学芸員」（「2020 年提言」での「一種学芸員」）、以上の２種類の学芸員資格に分ける。（複数の専門分野の研修を積んだ患者の心身の状態・症状を全体的に診断する「総合医（総合診療医）」と特定医療領域の専門的な最新の医療知見や技術をもつ「専門医」を想定した区分である。）「総合学芸員」の資格取得後に、実務経験、リカレント研修、インターンシップ等、または大学院修士修了によって、「専門学芸員」としても認定されることとする。なお現行の学芸員資格保有の学芸員は不利益とならぬように勤続年数や学芸員経験年数等を基準に「総合学芸員」または「専門学芸員」とする。その具体的な判断基準は今後しかるべき会議体で検討する。

　学芸員養成課程における高度化と実務経験の充実を図るための大学院における専門教育の必要性は、すでに報告書『新しい時代の博物館制度の在り方について』（2007 年 6 月）等で指摘されるも実現に至っていないが、「専門学芸員」については明確に研究者としても位置づける。議論を積み重ね学芸員を研究職[14]として認定しその研究を振興する具体策として、研究活動を通じ専門性を高めるべく「専門学芸員」には科研の研究者番号を付与し、科研費の取得を認める。

　現状で日本の学芸員の多くは上述の様々な専門的業務をこなす。その専門性を高めるカリキュラムも大学院課程には必須となり、博物館活動の高度化を実現するためにはいわゆる「雑芸員」ではなく専門分化によるチームで担当すべきである。よってカリキュラムによる教育や現場での実務経験に応じ「専門学芸員」については、より専門性を重視した「調査研究」「保存」「教育」といった下位区分を設けることも考えられる。

　「博物館活動の基礎は研究であり、学芸員の研究者としての地位の向上やその意欲の向上を図る観点から、学芸員がより一層研究しやすい環境を整備する[15]」べきである時、専門性の高い自由な研究活動を進める博物館のモデルとなる「一級認証博物館[16]」には「専門学芸員」を最低限 1 名配置することも認証博物館の認証基準とすることを期待する。

　「2020 年提言」が主張したこの 2 種類の資格からなる新たな学芸員制度への転換に対し、現場の学芸員からは、上下関係の設定、現在の職場への上下関係の強要であり、それが現場の信頼関係の歪みを招くと反発する声が多く聞かれた。また日本学術会議他主催のシンポジウム「今後の博物館制度を考える─博物館法改正を見据えて─」（2021 年開催）や文化庁文化審議会博物館部会「法制度の在り方に関するワーキンググループ」でも、社会教育機関という根本に反する等の反対意見が出された[17]。しかしこの 2 種類の学芸員資格から構成される制度は、業務遂行上の専門性の観点に拠る区分に基づくもので、そこに上下関係はない。あくまでも博物館での現場経験と学芸員の高い専門性を重視し、チーム力を向上するという視座からの制度であり、短期間で異動せず博物館の現場勤務の長い経験がある人の重要性をも強く認識するゆえである。

　ただし、学芸員制度の法律による抜本的改正を待つだけではなく、省令や文化庁告示等によって専門技能を証明できる制度を構築すべきである。私見では日本博物館協会が学芸員の専門性に関わる認証を担保し、学芸員の専門性や現場経験を重視した仕組みづくりを実質的に導く体制を構築すべきである[18]。

（3）**最後に**─文化国策の基本としての博物館制度と「文化省」─

　地方分権は国策であり「2018 年改正文化財保護法」、「2020 年文化観光推進法」にもあるように文化政策においても強力に各地域を核として進められている[19]。しかし、一つの文化的な一体性と継続性のある国として、また対外的にも、国の文化政策が必要である。日本国の文化資源の有効活用のために国を挙げての文化政策が必要である。その基本がまさに博物館政策であり、その基本としてのこれからの博物館制度であり、具体策を献策した次第である。

　「2022 年改正博物館法」で文化庁は登録館を増やすべく様々な支援等を行うとし[20]、これを諒とするも、さらに国は国策として博物館のメリットを広く設定

し各博物館の私的便益と国民全体の社会的便益の増大を図るべきである。[21]

　そして、ICOM 京都大会（2019 年）において大会決議として採択された「文化的ハブ」としての博物館の機能強化の促進や「アジア地域の ICOM コミュニティへの融合」の実現、博物館が行政や地方社会と協働する仕組みの導入のために、さらには自然災害等からの文化財保護のための国内外のネットワーク構築等々、博物館の運営改善と機能強化を支援する国家的文化政策を立てるために、文化庁が文化省（仮称）に拡充改編され機能強化されることが望ましい。

註

（1）https://www.scj.go.jp/ja/info/kohyo/pdf/kohyo-23-t243-1.pdf
（2）https://www.scj.go.jp/ja/info/kohyo/pdf/kohyo-24-t294-3.pdf
（3）https://www.scj.go.jp/ja/info/kohyo/pdf/kohyo-25-k230926-5.pdf
（4）日本学術会議が発出する意志の形成には筆者も一員として加わったが、内部の査読を経た上記の『提言』等はあくまで日本学術会議によるものである。そこに意義があり筆者個人によるものではないので本稿で筆者個人の知見を加味することはできない。若干の私見を述べる場合はその旨を明記する。なお旧ソ連圏・欧米での調査やユネスコの特にアジア・太平洋圏での実務を基にした、博物館のあり方とこれからに関する筆者の個人的見解は別稿に譲る。
（5）文化庁は 2022 年 4 月 7 日衆議院文教科学委員会での杉浦久弘・文化庁次長（当時）の答弁で「本法（博物館法）の制定から約七十年が経過する中で、博物館を取り巻く状況は大きく変化し、例えば、地方独立行政法人立や株式会社立の博物館、美術館等が設置されるなど、地方公共団体や社団・財団法人等に限られていた登録博物館の設置者要件が時代にそぐわなくなってきています。今回の法案では、このような背景の下、博物館登録制度の見直しを行い、設置主体となる法人類型にかかわらず、博物館としての事業を行う体制等の基準に適合するかどうかを審査することによりまして、地方独立行政法人立や株式会社立などの博物館も登録ができることとしております」とする。
（https://kokkai.ndl.go.jp/#/detail?minId=120815104X00520220407）
（6）答申『博物館法制度の今後の在り方について』（文化審議会 2021 年 12 月 20 日）Ⅲ.2.（2）設置主体（https://www.bunka.go.jp/seisaku/bunkashingikai/hakubutsukan/pdf/93654601_03.pdf）
（7）「日本の博物館 Japanese Museum」の名称（ラベル、ロゴ）付与は、フランス政府の Appellation « Musée de France »（2002 年 1 月 4 日の法律制定）に倣う。https://www.culture.gouv.fr/Aides-demarches/Protections-labels-et-appellations/Appellation-Musee-de-France; 日本の全博物館の設置形態を勘案すると、フランス

では文化財を所有する博物館となっているところを、文化財等の博物館資料もしく
は資料に関する二次資料や情報を所有し、その保存・公開・普及を行うあらゆる設
置形態の博物館とすることを提案する。この名称付与の仕組みの導入は文化財と博
物館の観光振興政策にも寄与することが期待できる。

（8）「博物館登録制度の在り方に関する調査研究」報告書（2017, 公益財団法人日本
博物館協会）、pp.28-30.

（9）イギリスでは、博物館の質保証の制度として、1988年から文化・メディア・ス
ポーツ省が全額運営費を補助する博物館・図書館・文書館委員会（Museums,
Libraries and Archives Council）によって国家による博物館登録制度（Museum
Registration Scheme）あるいは2004年以降はより目的に沿うように名称変更され
て博物館美術館認定（認証）制度（Accreditation Scheme for Museums and
Galleries in the United Kingdom）が行なわれている。なお、芸術の振興をつかさ
どる非政府部門公共機構（non-departmental public body）で1946年に設立された
グレート・ブリテン芸術会議（Arts Council of Great Britain）は、1994年にはそ
れぞれイングランド（Arts Council of England）、スコットランド（Scottish Arts
Council）、ウェールズ（Arts Council of Wales）の芸術会議に分割されたが、2002
年にはイングランド芸術会議（Arts Council England）のもとに統括された。一方、
上記の博物館・図書館・文書館委員会は、政府系公共機構の縮減政策の一環として
2012年に消滅したが、それに先立つ2011年には、その博物館・図書館に係わる権
能はイングランド芸術会議へと、公文書館に係わる権能は国立公文書館へと委譲さ
れた。したがって、現在ではこのイングランド芸術会議が博物館認定制度を司って
いる。また認定基準も2011年に改定された（イングランド芸術会議ウェブサイト
http://www.artscouncil.org.uk を参照。特に認定（認証）制度については http://
www.artscouncil.org.uk/supporting-museums/accreditation-scheme-0 参照）。

認定を申請できる博物館の基礎資格は以下である。イギリスの博物館協会
（Museums Association）の1998年の博物館の定義「博物館で人々は新知見、学習、
娯楽のためにコレクションを探究することができる。博物館は社会のために、受託
している人工物や自然物を収集し、保管し、利用できるようにしている組織である」
に合致すること。長期間にわたりコレクションを保持していること。公式の組織で
あること。2年間の会計帳簿を有すること。法的、倫理的、安全管理、平等・均等、
環境、計画の諸点の要求を満たすこと。来館者の便益に叶う計画を進める意図を有
すること。

一方で、常置コレクションがない考古学遺跡、歴史的建造物、生物を展示する動
物園・水族館・植物園等、短期の展示場、図書館、公文書館、インターネットでし
かコレクションにアクセスできない施設 配当を配る団体、以上のような組織等は
申請する資格がない。

学校や図書館等の他の公共施設と異なり博物館は多様性に特徴があることを踏ま

え、大英博物館等だけでなく経営規模が小さくボランティアを中心に運営されている小規模博物館をも視野に入れ、①運営②コレクション③来館者の3点において、「最低基準（baseline quality standard）」を認定の基本とする。つまり、①においては、目的、経営主体、運営方法、将来計画、コレクションと建物等の長期占有、財政基盤、十分な数の経験を有する構成員、専門家の知見へのアクセスとそれの方針・決定への反映、防災体制、環境への配慮、②においては、コレクションに対する責任体制、収集方針、記録方針、保存管理方針、記録計画、保存管理計画、記録手続、安全管理に係わる専門家からの評価、③においては、来館者対応方針、来館者の体験、学習体験等において適切であることを認定の基準とする。

　審査委員会は、イングランド芸術会議によって任命された15名ほどのボランティアの専門家達から構成される。審査の結果、「完全認定（full Accreditation）」、「暫定認定（provisional Accreditation）」、「認定延期（deferred decision pending further information）」、閉館、資格喪失、被災、他館との統合、基準に満たない・撤退などによる「認定取消し（removal from the scheme）」、「故意の非遵守による排除（Exclude due to deliberate non-compliance）」のいずれかと決定される。

　質の保証を維持するために、約2～3年の間隔で、定期的に再審査（Accreditation return）が行なわれる。なお、2015年11月から2016年11月の間の再審査を受けた博物館の69.8%が完全認定を受けた。

　このような認定は、社会の福利のためにコレクションを管理し公的支援金を正しく管理する組織としての博物館の信頼を高め、また倫理的基盤、専門職としての基盤を全ての博物館において確かなものとするのである。そして認定は、Performance（業績評価、目標達成、改良の基準の獲得）、Profile（館内における自信と館外における信頼の獲得、博物館に対する広範な認知と理解の獲得）、People（来館者の期待や興味への対応、館員の能力開発への寄与）、Partnership（業務点検を通じた館内あるいは他組織との協働の促進）、Planning（業務や施策の定型化の将来計画策定への貢献）、Patronage（公的認定の取得による公的・私的支援の増加、博物館へのパトロンからの信用度の向上）の6つのPにおいて、大きな恩恵があるとされている。

　多様な博物館を共通の「最低基準」によって評価するこの認定制度により、下から25%ほどの博物館の底上げに寄与したと評価されている。また財源不足ゆえのコレクション売却への異議等により、博物館とその所蔵品を、政治家や行政官から守る役目も果たす。

　一方、アメリカでは1906年にアメリカ博物館協会（AAM:American Association of Museums）が発足した。それが、博物館関係者だけでなく、地域ボランティア、実業家、愛好者などの多様なステークホルダーとの包括的な協働を目的として、2012年にアメリカ博物館同盟（AAM: American Alliance of Museums）へと改組された。博物館認定制度は、旧アメリカ博物館協会時代の1971年から始まり、現

在はこのアメリカ博物館同盟の認定委員会（American Alliance of Museums Accreditation Commission）が実施しており、同時に助言的な博物館診断も行なわれている。（AAM ウェブサイト http://aam-us.org を参照）

しかし、2017 年時点で認定されている博物館は 1,056 館、暫定認定されている博物館は 5 館で、総計 1,061 館である。アメリカの博物館総数は 17,500 館と推計されているので、認定・暫定認定の博物館は全体の 6 ％ほどと僅かである。これは認定に多額の経費と労力を要し、全て自己負担であることによる。

それでも認定を受けるのは、とりわけ、①信用性と責任能力、②明確な目的意識の涵養、③営業レバレッジと経営支援、④継続性ある堅固な組織、の 4 点において有利となるからである。つまり、①投資機関や寄贈者に対する信用性が向上する、②構成員の業務に対する意識が高まる、③地域社会や州政府に対するロビーイングにおいて有用なツールとなる、他館との貸与や巡回展において有利となる、資金繰りへの支援に係わる営業レバレッジとなる、④持続性に富む組織となる、アートに係わる保険においてリスクが低いと判断される、等々の利点がある。（日本博物館協会編『博物館の評価機関等に関するモデル調査研究報告書』2008。博物館基準研究会編『博物館基準に関する基礎研究 イギリスにおける博物館登録制度』1999。日本学術会議史学委員会博物館・美術館等の組織運営に関する分科会（提言）「21 世紀の博物館・美術館のあるべき姿—博物館法の改正へ向けて」2017）

(10)「これからの博物館の在り方に関する検討協力者会議」第 2 次報告書『学芸員養成の充実方策について』2009。

(11) 文化財の活用が重視されると、その保存に支障を来す恐れがあるとする慎重論も強い。但し、文化財の保存と活用は、文化財保護法のみならず博物館法にも基本的使命として記されている。「文化経済戦略」（2017 年 12 月 27 日内閣官房・文化庁）で掲げる「6 つの重点戦略」においては「文化芸術資源（文化財）の保存」が最初に挙げられている。したがって、決して活用偏重の政策が企図されているわけではない。

(12) 金山喜昭編『博物館とコレクション管理：ポスト・コロナ時代の資料の保管と活用』雄山閣 2022（第 5 章「博物館の収蔵資料の公開・活用」）

(13) 日本学術会議言語・文学委員会・哲学委員会・史学委員会・地域研究委員会合同アジア研究・対アジア関係に関する分科会第 23 期提言「新たな情報化時代の人文学的アジア研究に向けて—対外発信の促進と持続可能な研究者養成—」（2017 年 9 月 21 日）においても「公共図書館、文書館、博物館に、専門的知識と高い学術的力量を備えた専門職員を配置する」と提言されている。

(14) 新しい議論として、たとえば金山喜昭「博物館法改正と学芸員養成の在り方について—全国大学博物館学講座協議会のアンケート結果の分析より—」、『全博協研究紀要』25、2023.3：pp.15-31 は、従来の大学における資格認定制度に加えて、新しく「認定試験」を設け、その合格者に、従来の任用資格とは異なる、登録制度か

免許状制度を導入することを提案する。

(15)「これからの博物館の在り方に関する検討協力者会議」第2次報告書『学芸員養成の充実方策について』2009。

(16) 2011年の「博物館の設置及び運営上の望ましい基準」第13条3項に基づく。

(17) 金山喜昭はその理由として博物館のガバナンスの問題、大多数の中小館における現実的な問題、学芸員同士の心理的分断・階層化による信頼関係の歪み、社会教育機関であるという根本等を指摘する。「博物館の未来を考える」刊行会編『博物館の未来を考える』中央公論美術出版社 2021：pp.69-82.

(18) その際には、記録事業における隣接分野での、たとえば独立行政法人国立公文書館の「認証アーキビスト」制度、考古調査士資格認定機構の「考古調査士」制度、一般社団法人国宝修理装潢師連盟の「修理技術者資格制度」等が参考となる。

(19) 日本学術会議博物館・美術館等の組織運営に関する分科会も既に第21期提言「地域主権改革と博物館—成熟社会における貢献をめざして—」（2011年8月3日）において地域主権の観点から博物館の意義と登録基準について言及している。文化財の保護と活用に関する分科会第24期提言「持続的な文化財保護のために—特に埋蔵文化財における喫緊の課題—」（2017年8月31日）でも、地方分権が進展する中で、権限移譲先の文化財行政能力が不十分である場合があることを喫緊の課題であるとして指摘している。

(20) 2022年4月7日参議院文教教科学委員会での末松信介・文部科学大臣（当時）の答弁は以下。「博物館全体の振興を図る立場から申し上げれば、今回の法案成立後は、もう館の大小にかかわらず、基本的要件を満たす博物館はできる限り多く登録博物館になっていただくことが肝要であると。（中略）都道府県教育委員会と連携しながら、最大限の努力はしたいと思います。そのためには、文部科学省として、こうした登録博物館を対象として、各自治体等の創意工夫を生かした取組に追加的な支援を行うことが重要であると考えておりますが、法案が成立した暁には、様々な予算事業を通しまして、各地域の博物館の更なる振興が図られるように努めてまいりたいと思います。限られた確かに予算なんですけれども、そのように考えてございます。」「文化庁としては（中略）登録博物館を始めとしまして、先進的な取組や機能強化、経営改善などを図っています博物館に対し予算上の支援も行っておりまして、令和四年度予算において約二十六億三千万円を計上をいたしております。（中略）このうち、令和四年度の新規事業としましては、社会的、地域的課題への対応に関する先進的な取組、あるいは博物館の経営改善、機能強化の促進、それとデジタル化によります美術館の管理の高度化などを行ってまいりたいと思います。なお（中略）登録博物館に限定した補助につきましては、例えば公立の登録博物館に対して施設整備補助金が、地方分権の観点からは、今申し上げて、調べたいと言いましたのは、平成八年度に一般財源化した経緯もありまして、こうした点も踏まえまして慎重に考えていく必要があるというふうに、そういうふうに認識をいたし

ているところでございます」同日同委員会での杉浦久弘・文化庁次長（当時）の答弁は以下。「文化庁の予算事業においても、登録博物館を中心に措置するなどの取組を行い、登録を受けることによって様々な支援が受けられるようにして」ゆく。「フランスではミュゼ・ド・フランスという認証制度がございまして、約千二百件の公私立の博物館が認証され、様々なメリットを享受していると伺っております。文化庁としては、法案成立後、これらの例も参考にしながら、登録のインセンティブについて更に検討してまいりたい」。「今回の新たな登録制度の理念の一つは、規模の大小にかかわらず、基本的な要件を満たすできる限り多くの博物館に対して振興策を適用し、各館の活動と経営を継続的に改善、向上することにあることから、多くの博物館に登録博物館となっていただけますよう、まずは各地域の声、各館の声を丁寧に聞いて話し合ってまいりたいと考えております」。（https://kokkai.ndl.go.jp/#/detail?minId=120815104X00520220407）このように、今後は 2022 年度予算で新設された「博物館機能強化推進事業」により、博物館が新たに求められる役割に対応するための先進的な取り組みを支援してゆくとされる。

(21) 具体的なインセンティブはたとえば以下である（[博物館部会 WG（2021 年 3 月 5 日）での佐久間大輔氏による提案を元に追記・改変した）。

- 交付金積み増し、税控除（公立博物館・地方独法：地方交付税の算定基準の学芸員配置人数の上積。大学法人・独法：交付金の同程度上積み。私立博物館：税控除による同等措置）
- 寄付の促進（大学法人・地方独法・独法・その他法人立：経常経費にかかわる税負担が緩和され、寄付・寄贈・遺贈なども集めやすくなるよう、各種税制上の特例措置の拡大。公立博物館でも寄付や遺贈を受け入れやすくする支援基金等の仕組みの検討。NPO との連携強化など。地方独法化によって失われた寄付寄贈などの税制上の優遇措置の復活）
- 手続きの省略、簡素化（指定種の譲渡、絶滅危惧種の譲渡、特定外来生物に係る規定等のワシントン条約関連環境省関連規制、動物の飼育等の農水省関連、麻薬等に関わる厚労省関連、銃刀法など規制、褒章関連、文化財展示、公開承認施設の前提としての登録等の文化財保護法、著作権の教育機関特例）
- 各種競争的資金のエントリー（科学研究費については「専門学芸員」に研究者番号を付与。将来は特に一級博物館を「研究をも目的とした機関」と認定。紀要や図録など研究出版物として認定。国立国会図書館「雑誌記事索引」への市町村立の博物館の紀要の採録。文部科学省関連の教育、研究関連資金、芸術文化基本法関連資金、文化観光関連資金へのエントリー資格）
- 文化財デジタル発信のための基盤提供（中小の博物館のデジタル発信を支援するため、博物館向け JAIRO クラウド型の開放）

（芳賀　満）

4. 改正博物館法とコレクション管理をめぐる諸問題
——博物館登録制度の参酌基準の解釈について——

はじめに

　近年、収蔵庫が満杯になっているために、資料を新たに収集することができず、収集を制限せざるを得ない博物館が数多くみられる。また、受入れ資料の台帳への登録（記録化）にあたっても、学芸員が日常的に作業する体制がとられていないため、登録状況が不十分な博物館もみられる。

　このように、多くの博物館では、博物館の持続可能性に支障をきたす問題が生じている。2022年4月に改正された博物館法（以下、法とする）は、このようなコレクション管理の諸問題を解決することにつながるのだろうか。

（1）改正博物館法とコレクション管理

　法改正では、博物館の質の向上をはかるために博物館登録制度が見直された。登録制度の見直しにより、「博物館資料を豊富に収集し、保管」（法第3条第1項第1号）するという博物館の事業に関連する事項が登録の要件に追加された。

　具体的には、「博物館資料の収集、保管及び展示並びに博物館資料に関する調査研究を行う体制」（法第13条第1項第3号）を有することが登録の要件として挙げられ、その具体的な基準は、文部科学省令で定める基準を参酌（法第13条第2項）して、都道府県等教育委員会が定めることとされた。

　博物館法

＜博物館の事業＞
第三条　博物館は、前条第一項に規定する目的を達成するため、おおむね次に掲げる事業を行う。
一　実物、標本、模写、模型、文献、図表、写真、フィルム、レコード等の博物館資料を豊富に収集し、保管し、及び展示すること。

二・三 （略）

<登録の審査>
第十三条 都道府県の教育委員会は、登録の申請に係る博物館が次の各号のいずれにも該当すると認めるときは、当該博物館の登録をしなければならない。

一・二 （略）

三 博物館資料の収集、保管及び展示並びに博物館資料に関する調査研究を行う体制が、第三条第一項各号に掲げる事業を行うために必要なものとして都道府県の教育委員会の定める基準に適合するものであること。

四 （略）

五 施設及び設備が、第三条第一項各号に掲げる事業を行うために必要なものとして都道府県の教育委員会の定める基準に適合するものであること。

六 （略）

2 都道府県の教育委員会が前項第三号から第五号までの基準を定めるに当たつては、文部科学省令で定める基準を参酌するものとする。

3 都道府県の教育委員会は、登録を行うときは、あらかじめ、博物館に関し学識経験を有する者の意見を聴かなければならない。

　そして、法第13条第2項に規定する、博物館の登録の審査基準を定めるにあたって参酌すべき基準（以下、「参酌基準」とする）は、2023年4月に改正された博物館法施行規則（以下、「施行規則」とする）の第3章（第19条〜第21条）に新たに規定された。この参酌の基準は日本博物館協会による『博物館登録制度の在り方に関する調査研究』（公益財団法人日本博物館協会2017）で提起された登録基準案を下敷きに作成されたものと考えられる。

　参酌基準には、「基本的運営方針に基づく博物館資料の収集及び管理の方針を定め、当該方針に基づき、博物館資料を体系的に収集する体制を整備」（施行規則第19条第2号）し、「博物館資料の収集及び管理の方針に基づき、所蔵する博物館資料の目録を作成し、当該博物館資料を適切に管理し、及び活用す

る体制を整備していること」（同第 19 条第 3 号）というように、コレクション管理の基本方針を定め、コレクション管理に関する諸作業を体系的に整備することが定められた。

博物館法施行規則

＜博物館の体制に関する基準を定めるに当たり参酌すべき基準＞

第十九条　法第十三条第二項の文部科学省令で定める基準であつて、同条第一項第三号に規定する博物館資料の収集、保管及び展示並びに博物館資料に関する調査研究を行う体制に係るものは、次の各号に掲げる事項とする。

一　博物館資料の収集、保管及び展示（インターネットの利用その他の方法により博物館資料に係る電磁的記録を公開することを含む。第四号、第二十一条第一号及び第二十四条第一項第二号において同じ。）並びに博物館資料に関する調査研究の実施に関する基本的運営方針を策定し当該方針を公表するとともに、当該方針に基づき、相当の公益性をもつて博物館を運営する体制を整備していること。

二　前号の基本的運営方針に基づく博物館資料の収集及び管理の方針を定め、当該方針に基づき、博物館資料を体系的に収集する体制を整備していること。

三　前号に規定する博物館資料の収集及び管理の方針に基づき、所蔵する博物館資料の目録を作成し、当該博物館資料を適切に管理し、及び活用する体制を整備していること。

　それを具体的にみてゆくことにする。まず、「博物館資料の収集及び管理の方針」とは、自館の基本的運営方針（使命）を受けて、コレクションの管理に関する長期的な指針や方向性を示すものである。それは、「何を（what）」「なぜ（why）」を表明するものである。「博物館資料の収集及び管理の方針」は、コレクション管理のすべての業務（収集、登録、収蔵管理、保存・修復、アクセス・活用など）を相互に関連させ、全体を統合的するための基本文書となる。その具体例として、栃木県立博物館資料の「収集、保管、活用等に関する要綱」を紹介したい。

　本例は、使命（博物館基本構想）の下に、資料の収集、保管、活用、保存、除籍などの作業を簡潔に統括しており、「博物館資料の収集及び管理の方針」、すなわちコレクション管理方針のモデルにほぼなり得る[(1)]。

栃木県立博物館資料の収集、保管、活用等に関する要綱（一部）

> **＜趣旨＞**
> 第1　栃木県立博物館（以下「当館」という。）において、栃木県立博物館条例及び栃木県立博物館管理規則に基づく業務として行う資料の収集、保管等について、栃木県立博物館基本構想（以下「基本構想」という。）を基本として、その具体的な取扱を定めるため、栃木県立博物館資料の収集、保管、活用等に関する要網（以下「要綱」という。）を策定する。
>
> **＜対象とする業務＞**
> 第2　この要綱では、次の業務に関しての必要事項を規定する。
> (1)資料の収集　(2)資料の保管　(3)資料の活用　(4)資料の保存状態の確認　(5)資料の除籍　(6)資料の全体量の把握
>
> **＜基本的な考え方＞**
> 第3　資料の収集、保管、活用等にあたっては、次の考え方を基本とする。
> (1)基本構想の「館の基本的性格」及び「館の機能」の定めに基づき、栃木県の姿を理解するために必要な資料の収集及び適切な保管に努める。
> (2)資料の収集にあたっては、収蔵スペースを強く意識し、収集の必要性を十分に検討した上で収集する。
> (3)資料の保管にあたっては、永久的保管を目的とし、資料の保管に関する技術的研究を行い、収蔵品の保管に万全を期する。
> (4)収集、保管した資料については、当館の調査研究、展示、教育普及業務等や、他館への貸出、学術利用等により、十分な活用に努める。
> (5)資料の貸出については、基本構想に定める県内の博物館等の中心的施設としての役割を踏まえ、積極的に行う。
> (6)保管中の資料については、定期的に確認を行い、資料の価値が失われる

など保存の意義が消失した場合、又は、他施設等への移管により一層有効な活用が期待できる場合等には、適正な手続きを経て、除籍できることとする。

　その方針に基づき、「博物館資料を体系的に収集する体制を整備していること」が求められている。つまり自館の使命を達成するために適した収集方針を策定した上で、収集を下支えするもの、例えば収集する方針や手続きなどに関する文書（規程）の作成や、必要なスタッフの配置や確保、収集にあたり必要な予算（購入費など）の確保などが必要となる。

　次いで、参酌基準においては、「博物館資料の目録を作成し、当該博物館資料を適切に管理し、及び活用する」ための体制を整備することが求められている。ここでいうところの「目録」とは、川口が指摘するように、狭義のカタログ（catalogue）ではなく、インベントリー（inventory＝資料台帳、資料登録原簿等）のことである（川口 2023）。「博物館資料を適切に管理し、及び活用する」こととは、所蔵資料の収蔵管理、保存・修復やデジタル公開、収蔵庫公開、アウトリーチ、資料閲覧、貸出し、学習教材利用などを行うことである。その体制整備とは、目録（登録）も含めて、収蔵管理、資料の保存・修復、アクセス・活用について、それぞれの方針や具体的な手続きを簡潔に文書化することや、業務に必要となるスタッフの配置や確保、仕組み、施設や設備、さらには予算などの財政面の措置を講じる意味だと考えられる。

　博物館が収集する資料とは、基本的に以上のプロセスを踏むことにより、学術的および教育的な価値が生み出されて博物館資料となり得るのである。したがって、施行規則の第19条第4〜6号に規定される「展示」「調査研究」「学習機会の提供」「説明その他の教育活動」のすべては、先述のプロセスを経ることを前提条件に成り立つと考えられる。

博物館法施行規則

四　一般公衆に対して、所蔵する博物館資料の展示を行い、又は特定の主題に基づき、所蔵する博物館資料若しくは借用した博物館資料による展示を行う体制を整備していること。

五　単独で又は他の博物館若しくは法第三条第一項第十二号に掲げる学術若しくは文化に関する諸施設と共同で、博物館資料に関する<u>調査研究</u>を行い、その成果を活用する体制を整備していること。

六　博物館資料を用いた<u>学習機会の提供</u>、利用者に対する博物館資料の<u>説明その他の教育活動</u>を行う体制を整備していること。

（2）参酌基準の解釈について

　文化庁は、都道府県の教育委員会等が登録事務を行えるように、その解釈を提示している。それは、「登録審査の観点と確認事項」（以下、「審査基準」とする）として、都道府県等の教育委員会や登録審査の助言者となる有識者等に示されている。[(2)]

　しかしながら、その解釈には、次のような問題がある。「審査基準」のうち、体制に関する基準を規定している施行規則第19条第2号及び3号に関する部分、具体的には「博物館資料の収集及び管理の方針を定め、博物館資料を体系的に収集する体制を整備していること」（施行規則第19条第2号）を確認するための審査の参考書類として、「定款や設置条例等のほか、館が発行している報告書や冊子類、webで公表しているものを出力したもの等」が明示されている点が挙げられる。本来、「博物館資料の収集及び管理の方針」とは、先に述べたようにコレクション管理の諸作業を総括する拠り所になるべき文書（例：栃木県立博物館資料の収集、保管、活用等に関する要綱）であり、定款や設置条例等とは意図や性格が異なるものである。登録博物館には、スタッフがコレクション管理についての目的や意義等を共有するために簡潔な文書（規程）を作成することが求められる。ところが、都道府県等の教育委員会では、この「審査基準」に従って審査することになるため、「博物館資料の収集及び管理の方針」を作成するという施行規則の規定が実効性を持たないことになりかねないという問題が生じる。

　次いで、「博物館資料の収集及び管理の方針に基づき、所蔵する博物館資料の目録を作成し、当該博物館資料を適切に管理し、及び活用する体制を整備していること。」（施行規則第19条第3号）については、「審査基準」における審

査の参考書類として「博物館資料の目録（台帳）等」が明示されているのみで、「博物館資料を適切に管理し、及び活用する体制」については全く触れられておらず、それでは資料の管理や活用について措置を講じる必要がないものと解釈されてしまう。「審査基準」においては審査の観点も示されているが、それについても同様の問題がある。

　その結果、例えば、某県教育委員会が作成した登録基準では、「博物館資料の収集及び管理の方針」（施行規則第 19 条第 2 号）については、「審査基準」が示す例示の通り、主に条例、定款、館則などを書類審査の対象としている。また、「博物館資料の目録を作成し、当該博物館資料を適切に管理し、及び活用する体制を整備していること」（施行規則第 19 条第 3 号）は、やはり例示の通りに目録（台帳）作成を対象にするのみで、資料の管理や活用に関する書類は審査の対象から外されている。[3]

　また、「審査基準」に、しばしば出てくる「体制の整備」という文言については、「他項で確認」と記されているものの、それがどこの項にあたるのかは指示がなく、他項にあたっても該当する箇所を確認することができない。本来、コレクション管理に係る「体制の整備」とは、コレクション管理業務に従事する学芸員の配置、収蔵庫等の施設や設備、関連予算などが挙げられる。しかしながら、他項には「職員に関する基準」や「施設・設備に関する基準」という項目があるとはいえ、それぞれの＜審査の観点＞には、「博物館の事業（またはそれに類する事業）を実施するために必要な基礎・専門的知識を持った学芸員（指定施設の場合は学芸員に相当する職員）が配置されているか」や「所蔵資料を安定的に保管し、展示することができる保管・展示環境を備えているか」と記されており、＜審査参考資料＞にも学芸員のキャリアを示す書類や、建物及び土地に関する図面や保有形態などの記載があるだけである。それらは必ずしもコレクション管理の体制整備を確認できるものではない。

　つまり、文化庁が都道府県等の教育委員会に示す「審査基準」は、参酌基準との間に著しい齟齬が生じる内容になってしまい、法改正の趣旨に照らし合わせてコレクション管理上の諸問題を解決するためには不十分である。それにもかかわらず、すでに各教育委員会では、この「登審査基準」をもとにして登録に関する規定を定めて登録審査が行われており、残念ながら法改正は冒頭で述

べたように、コレクション管理上の問題を解決するための機会を逸したといえる。参酌基準では、コレクション管理の体系化に向けた理念が規定されたにもかかわらず、それがほとんど反映されない結果になってしまった。

そのことは、都道府県の教育委員会が登録事務を進めていく中で、コレクション管理に関する審査基準を策定するにあたり適切な判断ができず、コレクション管理の正常化に向けた筋道をつけることができないことを意味する。そればかりか設置者や所管部局に誤った理解や判断を促すことも懸念される。本来、登録博物館の参酌基準が公共性や公益性を有する博物館としての最低基準（ミニマム・スタンダード）であることからすれば、少なくとも参酌基準を曖昧に取り扱うことなく、都道府県の定める基準に適切に反映させることが必要である。

（3）残された課題

そもそも新登録制度の目的は、博物館の質や公益性を担保するためのものであった。その背景には、登録博物館数の少なさが従来から課題になっていたこともある。登録博物館911館，相当施設394館に対して，類似施設4,466館（令和3年10月現在）というように博物館法に依らない類似施設の突出した館数から見ると、文化庁が登録博物館を増加させようとする意向を理解することはできる。新登録制度によって登録博物館が増えることは望ましいことである。しかし、参酌基準の解釈を曖昧にするなどして、当初の理念を伴わずに登録館数を増やすこと自体を目的化することがあってはならない。そうなれば博物館の使命を達成するための条件整備にならないばかりでなく、登録制度の社会的信用を損ねることにもなりかねない。

改正博物館法では、博物館の登録を行う際には、学識経験者による現地調査や教育委員会等への助言が義務化された（法第13条第3項）が、あくまでも参考意見として取り扱われるだけで、実効性をもつとは考えられない。登録制度は更新制度が設けられておらず、学識経験者の助言が博物館の質の向上を促し、改善されるかどうかは不透明である。

とはいえ、「審査基準」に付された＜学識経験等による助言の視点＞には、「長期的視野に立ったコレクションの収集と管理を行うため、館独自の方針を策定・充実させていく重要性を助言」、「収集保存の公益的意義の確認と公共財的

性格の認識について助言」とあるように、学識経験者の助言によって、博物館やステークホルダーが、コレクション管理の実情に危機感を持ち、その解決に取り組む体制を主体的に整備するならば、コレクション管理に係る問題の解決をはかることが期待できる。そのためには、文化庁等が学識経験者にコレクション管理についての考え方や方法等の知見を理解し、実際に助言できるように研修をすることも欠かせない。

　博物館法施行規則に規定されたコレクション管理の適正化の方向性を今後とも生かすためには、その適切な運用基準の見直しや人材の育成等が必要である。

註
（1）「台帳登録」などのドキュメンテーションに関する方針が示されておらず、それを補足する必要がある。
（2）その内容は文化庁ウェブサイトの「博物館総合サイト」の博物館関係者向けに限定公開しているが、一般には非公開扱いとなっている。https://museum.bunka. go.jp/　文化庁が限定公開（2024年7月19日現在）している「審査基準」は、法改正が適正に運用されているかどうかを誰もが点検できるように情報公開することが必要である。
（3）日本博物館協会主催「令和5年度 フォーラム「新登録制度の拡充による博物館の充実に向けて」2024年2月29日

参考文献
公益財団法人日本博物館協会 2017『「博物館登録制度の在り方に関する調査研究」報告書』
川口雅子 2023「「電磁的記録の作成・公開」は「デジタル・アーカイブ化」と同義か？」全国博物館フォーラム「改正博物館法を現場の運営に活かす」（2023年11月15日）発表レジュメ

（金山喜昭）

5. 文化施設としての博物館
——文化芸術基本法との関係から——

はじめに

　2022年4月、「博物館法の一部を改正する法律」（以下、「改正博物館法」と表記）が公布された。1951年12月に博物館法が制定されてから70年余、この間に20回を超える改正が重ねられてきたとはいえ、単独で、かつ大規模な改正としては今回がおよそ初めてといってよい。その背景にあるとされたのは、文化庁が出した「博物館法の一部を改正する法律の公布について」（以下、「文化庁通知」と表記）の文言を借りれば、「博物館を取り巻く状況が大きく変化する中で、博物館に求められる役割や機能は多様化・高度化して」きたことであった。具体的にどのような状況のもとで、どのような役割や機能が新たに博物館に求められるようになったのかについては、本書の第一部で包括的に論じられているところであるが、ここでは、今般改正された部分のなかでももっとも注目されているポイントのひとつである同法の第一条（目的）に焦点を当て、その意味するところや今後の博物館のありかたにおよぼす影響などについて考えてみたい。

　詳しくは後述するが、改正博物館法の第一条においては、博物館が拠って立つところのものとして、これまでの「社会教育法」に加えて「文化芸術基本法」が新たに掲げられた。先に触れた文化庁通知を再び引くならば、それによって、「これまで博物館が果たしてきた資料の収集・保管、展示・教育、調査・研究という基本的な役割・機能を今後とも引き続き果たしながら、博物館が社会教育施設と文化施設の双方の役割・機能を担う」ことになったのである。そもそも博物館は、（旧）教育基本法（1947年制定）の精神に則って1949年に制定された社会教育法に基づき、図書館とともに「社会教育のための機関」（同法第九条）に位置づけられてきた。そこに、比較的最近（2017年）成立した文化芸術基本法（改正前の文化芸術振興基本法は2001年制定）が同等の重みを

もって併置されたことで、従来の社会教育施設に、文化施設という新たな顔が付け加えられたのである。この並立が実際のところなにを意味するのかをめぐっては、小さからぬ疑問や混乱が生じている。以下本章では、社会教育施設としてすでに長い歴史をもつ博物館に、文化施設としての役割や機能が付加されるとはどういうことかについて、改めて概観・整理していくことにしたい。

（1）文化芸術基本法の理念

　改正博物館法の第一条では、同法の目的を次のように定めている。

　　この法律は、社会教育法（昭和二十四年法律第二百七号）及び文化芸術基本法（平成十三年法律第百四十八号）の精神に基づき、博物館の設置及び運営に関して必要な事項を定め、その健全な発達を図り、もつて国民の教育、学術及び文化の発展に寄与することを目的とする。

ここでいう「文化芸術基本法の精神」とは、さしあたりこの基本法の第一条（目的）に含まれている、以下の部分に集約されているものを指すと考えてよいだろう。

　　［この法律は］文化芸術に関する活動（以下「文化芸術活動」という。）を行う者（文化芸術活動を行う団体を含む。以下同じ。）の自主的な活動の促進を旨として、文化芸術に関する施策の総合的かつ計画的な推進を図り、もって心豊かな国民生活及び活力ある社会の実現に寄与することを目的とする（以下、傍点は筆者）。

この条文は、文化芸術基本法の前身である文化芸術振興基本法の第一条をおおむね踏襲している。もっとも、上で傍点を付した部分をはじめ、この新法においては、旧法で「文化芸術の振興」と表記されていた部分がことごとく「文化芸術に関する施策（の推進）」へと改められている。一見、ささやかな変更に過ぎないようにも思えるが、それは文化芸術基本法の目指すものが、（文化芸術振興基本法における）「文化芸術の振興」というシンプルかつストレートなものから、「文化芸術に関する」あれこれをも含む施策の推進へと、相当に拡大・多角化されたことを示している。

　文化芸術基本法におけるそのような変容は、同法の公布に合わせて提示された「改正の趣旨」のなかで、以下の2点にまとめられている。

① 文化芸術の固有の意義と価値を尊重しつつ、文化芸術そのものの振興に
とどまらず、観光、まちづくり、国際交流、福祉、教育、産業その他の
関連分野における施策を本法の範囲に取り込むこと

② 文化芸術により生み出される様々な価値を文化芸術の継承、発展及び創
造に活用すること

これらの方針は、実のところかなりのフリクションを引き起こしたといってよ
い。まず、①に関しては、観光やまちづくり、福祉や産業といった「関連分野」
をも施策の射程内に組み入れることにより、「文化芸術の振興」という本来の
目的が希薄化ないし後退してしまうのではないかという危惧につながった。ま
た、②をめぐっては、文化芸術が生み出す「様々な価値」のなかでも、とりわ
け経済的価値が重視され、その追求が優先されることになるのではないかとい
う懸念が示された。

そのような反応が起こったのは、故なきことではない。たとえば、文化芸術
基本法への改正が行われたのと同じ 2017 年 6 月に閣議決定された「経済財政
運営と改革の基本方針（骨太方針）」では、「新たな有望成長市場の創出・拡大」
の一環として「文化芸術立国」を掲げ、「『文化経済戦略（仮称）』を策定し稼
ぐ文化への展開を推進」し、「文化による国家ブランド戦略の構築と文化産業
の経済規模（文化 GDP）の拡大に向け取組を推進する」ことが提唱された。
これを受けて同年 12 月に内閣官房と文化庁が共同で策定した「文化経済戦略」
においても、「文化に対する戦略的な投資は経済成長の起爆剤にもなり得ると
の認識の下、従来の文化振興を越えて、文化芸術を核とした『成長と分配の好
循環の拡大』による文化芸術振興と経済成長の実現を目指すことが重要である」
と述べられている。このように、文化芸術基本法の成立とほぼ同じころに、周
囲では「稼ぐ文化」への期待がかつてないほど声高に唱えられていたことから、
同法にもそうした力学がなんらかのかたちで働き、「文化芸術の振興」という
根幹を揺さぶりかねないのではと憂慮されたのは、むしろ当然のことであった
といえるだろう。[1]

（2）文化施設と社会教育施設

文化芸術基本法においては、その「基本的施策」のひとつとして、第二十六

条（美術館、博物館、図書館等の充実）に次のように記されている。

　　国は、美術館、博物館、図書館等の充実を図るため、これらの施設に関し、
　　自らの設置等に係る施設の整備、展示等への支援、芸術家等の配置等への
　　支援、文化芸術に関する作品等の記録及び保存への支援その他の必要な施
　　策を講ずるものとする。

この条文自体は、（しばしば文化芸術基本法への改正時に新たに加えられたも
ののように受けとめられているが）もとの文化芸術振興基本法の二十六条から
変わってはいない。いうまでもなく、ここで美術館や博物館、図書館等の社会
教育施設に触れられているからこそ、(社会教育法に加えて)文化芸術基本法が、
改正博物館法に結びつけられることになったのである。とはいえ注意しておき
たいのは、文化芸術基本法と改正博物館法との関係は、この二十六条のみに限
られるわけではないということである。前章の冒頭で見たとおり、「文化芸術
基本法の精神」そのものが改正博物館法の基盤をなしているのであり、それは
すなわち、文化芸術基本法において示されている理念が、そのまま改正博物館
法へも投影されているということなのである。

　ところで、この二十六条では社会教育施設を対象としているのに対して、す
ぐ前の第二十五条（劇場、音楽堂等の充実）では、実演芸術のための文化施設
である劇場や音楽堂が取り上げられられている。一方、本条に続く第二十七条
（地域における文化芸術活動の場の充実）においては、両方の施設を取り込んで、
「文化施設、学校施設、社会教育施設等」の利用の促進がうたわれている。ち
なみに、これらの条文はすべて、文化芸術振興基本法の文言をそのまま受け継
いでいる。要するに、これまでずっと、文化施設と社会教育施設は、ともに文
化の振興を担うものとして、これらの法律のなかで並置されてきたといことで
ある。しかしながら、前に引いた文化庁通知が示すように、博物館法の改正に
際して、「博物館が社会教育施設と文化施設の双方の役割・機能を担う」こと
が強調されたことにより、にわかに「文化施設としての博物館」という側面に
関心が向けられるようになった。もう少し詳しくいうならば、社会教育施設で
ある博物館が、文化施設としての「役割・機能」をも引き受けることに対して、
警戒感ともいうべきものが生じてきたのである。

　ここで確認しておきたいのは、そもそも「文化施設」とはなにかについて決

まった定義はなく、いわんやその役割や機能が明確に既定されているわけでもないということである。おそらくは、先にも挙げた劇場や音楽堂、あるいは（区分上は社会教育施設に含まれるが）美術館などをまとめて指すもの、といったあたりが、おおむね文化施設に対する一般の認識であろう。伊藤（2003）はもう少し踏み込んで、文化施設が意味するものを以下のように分析している。

> それは「美術や音楽、演劇といった芸術文化活動を行うための場、あるいはそれらを鑑賞するための場」といった表面的な捉え方ではなく、むしろ機能面から、「美術や音楽、演劇といった芸術文化活動を通して、人びとの精神的な営みを促進し、個人の創造性・自己表現を育むと同時に、そうした文化的成果の共有と蓄積を通して、個性ある社会——人びとの心のつながりやアイデンティティの形成を推し進める」という「文化振興」を担うべき機関（システム）だということができよう。

　場（＝ハコモノ）それ自体を指すにしろ、伊藤のいうように機関（システム）と捉えるにしろ、確実にいえることは、文化施設に求められているのは、つまるところ「文化振興を担う」ことだということである。その点においては、社会教育施設とも大きく異なるわけではないことは、上に見たように、文化芸術基本法のなかで文化施設と社会教育施設が並置されていることからも明らかである。さらにいえば、（前出のとおり）改正博物館法の第一条においても、「文化の発展に寄与すること」が目的に掲げられているし、実際、文化施設に関するさまざまな文献のなかには、美術館だけでなく博物館全般をこのカテゴリーに含めている例も少なからずある。このように、社会教育施設と文化施設は、少なくとも「文化の振興」を目指す点において大きな違いはない。とすれば、改正博物館法において新たに注目を集めることになった「文化施設としての役割・機能」とは、なにか別のものを指していると考えることができるだろう。

（3）文化施設の役割・機能をめぐって

　実のところ、改正博物館法の条文そのものには「文化施設」という表現は見当たらず、（すでに何度か触れてきた）文化庁通知のなかで用いられているにすぎない。にもかかわらず、「文化施設としての博物館」という認識が、あたかも独り歩きを始めたかのようにクローズアップされ、大きな関心を集めるよ

うになったのはなぜだろうか⁽³⁾。

　それはおそらく、前に「改正の趣旨」でも見たように、改正博物館法の拠り
どころである文化芸術基本法において、「文化芸術に関する」施策のおよぶ範
囲が著しく拡大・多角化したことが関係しているだろう。改めて当該部分を示
しておくならば、文化芸術基本法の第二条（基本理念）のなかに新設された第
十項に以下のようにある。

　　　文化芸術に関する施策の推進に当たっては、文化芸術により生み出される
　　　様々な価値を文化芸術の継承、発展及び創造に活用することが重要である
　　　ことに鑑み、文化芸術の固有の意義と価値を尊重しつつ、観光、まちづく
　　　り、国際交流、福祉、教育、産業その他の関連分野における施策との有機
　　　的な連携が図られるよう配慮されなければならない。

この第十項で示されている方針が、改正博物館法へもダイレクトに伝えられて
いることは、文化庁通知のなかで、ほぼ同じ表現を採用しつつ、「博物館には、
まちづくりや国際交流、観光・産業、福祉・教育等の関連機関と連携した文化
施設としての役割が求められるようになってきました」と述べられていること
からも明白である。注目したいのは、まちづくりをはじめ多様な分野と連携す
ることが、ここでは「文化施設」の役割と捉えられていることである。前にも
引いたようにこの文化庁通知では、「社会教育施設」としての博物館については、
「資料の収集・保管、展示・教育、調査・研究という基本的な役割・機能」を
果たすものと記されている。それと対応させてみれば、次のような図式になる
だろう。

　　●社会教育施設としての博物館：資料の収集・保管、展示・教育、調査・研
　　　　　　　　　　究を行うもの
　　●文化施設としての博物館：まちづくりや国際交流、観光・産業、福祉・教
　　　　　　　　　　育等の関連機関と連携するもの

つまり、改正博物館法を通して「文化施設としての博物館」に新たに加えられ
た「役割・機能」とは、まちづくりや観光、福祉などの分野と連携することに
ほかならないということができるのである。

　ところで、上に見た文化庁通知とは異なり、改正博物館法それ自体において
は、文化芸術基本法に示されている「観光、まちづくり、国際交流、福祉、教

育、産業その他」の関連分野が逐一なぞられているわけではない。代りに第三条（博物館の事業）に新設された第三項には次のようにある。

> 博物館は、第一項各号に掲げる事業の成果を活用するとともに、地方公共団体、学校、社会教育施設その他の関係機関及び民間団体と相互に連携を図りながら協力し、当該博物館が所在する地域における教育、学術及び文化の振興、文化観光（有形又は無形の文化的所産その他の文化に関する資源（以下この項において「文化資源」という。）の観覧、文化資源に関する体験活動その他の活動を通じて文化についての理解を深めることを目的とする観光をいう。）その他の活動の推進を図り、もつて地域の活力の向上に寄与するよう努めるものとする。

ここで目を引くのは、博物館に求められるものとして、（改正博物館法の「目的」にも掲げられている）「教育、学術及び文化」の振興に加えて、「文化観光その他の活動」の推進が挙げられていることである。前者は、いうまでもなく博物館の根本をなすものであり、それに対して後者は、その外側で展開されるものを対象としている。いいかえればこれらは、それぞれ「社会教育施設としての博物館」と「文化施設としての博物館」に求められるものを表していると解釈できるのである。そのように考えると、「文化観光その他の活動」には、（文化芸術基本法に記された）「観光、まちづくり、国際交流、福祉、教育、産業その他」が包摂されていると見なすことができるだろう。ここでは、「文化観光」という、いささか特殊な用語だけが明記されているため、これのみが注目され、「その他の活動」の部分は看過されがちである。[4] しかしながら、文化施設としての博物館に付与された「役割・機能」は、文化観光にとどまるものでなく、「その他の活動」も含めた幅広い分野との連携なのである。

＊

　文化芸術基本法において、観光をはじめとする関連分野との連携が強く唱えられたことにより、「文化芸術の振興」という本質的な部分が希薄化ないし後退し、あまつさえ、そうした連携を通して生み出される経済的価値が優先されかねないという懸念が生じたことは、すでに本稿の第 1 章で指摘した。文化芸術基本法と改正博物館法との緊密な呼応関係を考えれば、同様のことは博物館についても起こりうるだろう。すなわち、（文化芸術基本法に裏打ちされた）「文

化施設としての博物館」という側面を押し出すことで、（社会教育法を基盤とする）「社会教育施設としての博物館」が後景に退くかもしれないという懸念である。そのような可能性をはらんでいるからこそ、「文化施設としての博物館」が広く関心を集め、「博物館が社会教育施設と文化施設の双方の役割・機能を担う」ことに対する、ある種の抵抗感を呼び覚ますことになったといえるだろう。

　はたして博物館が、これらの役割・機能をうまく使いこなし、改正博物館法（および文化芸術基本法）によって引き起こされたさまざまな懸念を振り払うことができるのかどうかは、むろん現時点ではまだ判断することはできない。いかにして博物館が、社会教育施設と文化施設というふたつの顔を両立させるかについては、おのおのの博物館がそなえている条件によっても異なり、なにか決定的な解法があるわけでもない。とすればわれわれに課せられているのは、今後も博物館をめぐる状況を注視し続け、真摯かつ多面的な議論を重ねていくことであろう。

　　註
（１）　実際、本文で触れた「文化経済戦略」のなかでも、同年に成立した文化振興基本法に言及し、その内容をさまざまな箇所に反映させている。たとえば戦略をめぐっては次のように述べられている。「文化芸術を基軸として、国が掲げる成長戦略や観光ビジョン等をはじめ、まちづくりや国際交流、福祉、教育、産業等関連分野の施策とも積極的に連携させていくとともに、国と地方自治体、文化芸術団体、NPO、民間事業者等関係者が相互に連携・協働することにより、さまざまな主体の創意工夫が発揮され、多様な文化創造活動が展開できる環境を醸成する」。加えてこの「文化経済戦略」においては、のちの文化観光法（後出）や、さらには改正博物館法を予告するような記述も散見される。たとえば新たな取組の例として以下が挙げられている。「地域の美術館・歴史博物館を中核とした文化クラスターを創出し、地域の文化財の魅力発信、観光振興、多言語化による国際発信、ユニークベニューの促進など、地域文化資源の面的・一体的整備を推進する」。
（２）　たとえば国土交通省の「国土数値情報」においては、「文化施設」を、「全国の文化的に価値のある作品や生き物を収集・保存・展示し、またそれらの文化に関する教育・普及・研究を行う施設」と規定し、「美術館、資料館、記念館、博物館、科学館、図書館、水族館、動植物園、スポーツ施設」をこれに含めている。https://nlftp.mlit.go.jp/ksj/gml/datalist/KsjTmplt-P27.html（2024 年 7 月 31 日閲覧）
（３）　そのような反応を想定して、博物館法の改正に関わった有志からなる博物館法

令研究会が編纂した『改正博物館法詳説・Q&A』のなかでも「文化施設としての博物館」という小見出しを設け、その意図するところを解説している。同書24-26頁（書誌データは参考文献を参照）。

（4）「文化観光」については、改正博物館法に先立って成立し、文化観光という用語が注目される契機となった、「文化観光拠点施設を中核とした地域における文化観光の推進に関する法律」（2020年制定。以下、「文化観光推進法」と表記）における博物館の役割をめぐって、さまざまな議論が起きている。ここでは同法の分析に立ち入ることはしないが、その第三項に示されている「文化観光推進努力義務」に焦点を当てて詳細に論じたものとして、以下を挙げておく。渡部友一郎「博物館法の一部を改正する法律（令和4年法律第24号）の法的考察－博物館の文化観光推進努力義務を新設した第3条第3項のソフトローとしての影響－」『観光研究』Vol. 34, No. 1, 2022年9月、59-64頁。

参考文献

伊藤裕夫　2003年「文化におけるインターメディアリとしての地域文化施設」『地域文化施設に活力を―これからの運営のあり方を考える―（（財）地域創造 平成15年度調査報告書）』所収　35-39頁

河村建夫・伊藤信太郎 編著　2018年『文化芸術基本法の成立と文化政策 真の文化芸術立国に向けて』水曜社

博物館法令研究会 編著　2023年『改正博物館法詳説・Q&A』水曜社

ウェブサイト

文化庁「博物館法の一部を改正する法律の公布について（通知）」（「文化庁通知」）
https://www.bunka.go.jp/seisaku/bijutsukan_hakubutsukan/shinko/kankei_horei/pdf/93697301_04.pdf（2024年7月31日閲覧）

文化庁「文化芸術基本法 3.改正の趣旨」
https://www.bunka.go.jp/seisaku/bunka_gyosei/shokan_horei/kihon/geijutsu_shinko/index.html（2024年7月31日閲覧）

内閣府「経済財政運営と改革の基本方針2017」　https://www5.cao.go.jp/keizai-shimon/kaigi/cabinet/honebuto/2017/2017_basicpolicies_ja.pdf（2024年7月31日閲覧）

文化庁「文化経済戦略」　https://www.bunka.go.jp/seisaku/bunkashingikai/kondankaito/bunkakeizaisenryaku/pdf/r1408461_01.pdf（2024年7月31日閲覧）

（荒川裕子）

第 3 章

学芸員養成制度の成り立ちと課題

1. "学芸員"の制度成立経緯とその理解

　2006年に設置された「これからの博物館の在り方に関する検討協力者会議」は、専門職員の資質向上を図る学芸員養成制度の見直しが必要と指摘し、2009年公布の施行規則の一部改正では、大学で修得すべき博物館に関する科目の拡充がおこなわれた。以後も、養成教育の質の保証やニーズの高度化に応じた対応など、資格のあり方を含めた制度の見直しが課題とされてきた。2023年4月に施行された博物館法の一部改正では学芸員制度の大きな変更はなかったが、公布通知などには中長期的な課題として継続的に検討する方針が明示されている。

　この学芸員制度のあり方を考える切り口として、小稿では制度成立までの議論を追うことにより、学芸員の職制が博物館の役割とのかかわりの中でどのような理解で位置づけられ、何を担うことを意図していたのかを確認する。そのうえで望むべく学芸員資格制度について若干の展望を示したい。

（1）学芸員職に内包された当初の意図

　学芸員を博物館の職名として提示・説明し、検討の端緒を開いたのは棚橋源太郎である。『眼に訴へる教育機関』（棚橋1930）の「研究機関としての博物館」の章に「キューレーター（学芸員）」とあり、欧米のCuratorを見据えて学芸員の名称が充てられている。その職務は「絶えず増加する博物館蒐集品を適当に整理保管することは、殆ど研究と異ならない、研究を以てキューレーターの責務だとしても怪しむに足らない」と述べ、「学芸研究」のように学芸の語を研究と連ねた使用が随所にある。つまり、学芸員は学術研究に務めるものと位置づけ、具体的な内容に蒐集品目録の作成・管理や説明札の作成、専門家の研究上の相談、職工技手の指揮をあげ、博物館を主導する役割をみている。

　また、館長の下にある学芸員以外の博物館従業員として、技術者・職工、博物館説明者、博物館教師をあげている。技術者・職工は、陳列と蒐集品の保存

修理装釘、はく製や絵画図表と模型陳列用具の製作、石膏類模型の細工、写真撮影、製本が職務である。博物館説明者は米英の Museum Guide や Guide Demonstrator を例に、専門的な学識と教育上の経験のもとで観覧者への説明を担うとし、博物館教師は学校教育と児童生徒の対応にあたり教育上相当経験をもつ教授者とする。これらの博物館従業員について欧米の大学や専門学校等での教授を例に、日本も大学に博物館学（museology）の科目を設け専門的資格教育での養成を展望している。

　遡って 1924 年に、文部省の東京博物館は学芸官、学芸官補、書記、嘱託の官制を設けていた（東京博物館 1925）。館長は棚橋で、ここの経験も踏まえて上記の学芸員像を描いたのであろう。職名の学芸官は、仏語の Personnel Scientifique と独語の Wissenschaftliche Beamte を科学の博物館や美術館にも共通するように訳したもので、図書館では官立を司書官、公私立を司書とする先例から、公私立の博物館は学芸員の名称が妥当と考えたという（棚橋 1942・1944）。東京博物館の学芸官は「社会教育上必要ナル物品ノ蒐集陳列及其ノ研究ヲ掌ル」とあり、『眼に訴へる教育機関』に示された学芸員の職務と近似するが、書記と嘱託は庶務が主であり、専門的・技術的業務は学芸官（2 名）が担い、学芸官補（3 名）が助力したようである。そこに無理があったため、学芸員とは別に技術者・職工、および博物館説明者や博物館教師の配置を棚橋は後著で提起したとみられる。

　なお、宮内省の帝室博物館も同年に官制を改めて鑑査官、鑑査官補、属、技手とあり、鑑査官は 9 人の奏任で、「美術品ノ鑑査解説陳列及保存ノ事ヲ分掌」となっている（帝室博物館 1938）。

　学芸員の職名の実例は、1932 年の日本赤十字付属赤十字博物館から始まる。館長はここも棚橋で、学芸員 3 名、司書 1 名、書記と技手若干名の職員体制であった（日本赤十字社 1957）。学芸員は「資料の蒐集、陳列及説明を掌る」とあり、博物館説明者や博物館教師の職務が包括されていた。経営規模の状況から分置は難しかったのであろう。他に早稲田大学演劇博物館が学芸員の職名を各係の主任にあてたらしいが（棚橋 1942）、これらも含めて戦前期に専門職を配置することはほとんどなかった。

（2）法令制定に向けた博物館職制の議論

　1930年代後半になると博物館の法令制定の機運が高まり、職制の議論もその検討とともに進む。日本博物館協会は1939年の全国博物館大会で、「博物館法令の制定に就き具申」と博物館員養成の設置に関する「建議」を決議し（日本博物館協会 1940）、文部省に提出した。協会常務理事として棚橋もかかわった。具申では博物館の目的を「学芸に関する資料の蒐集保管陳列及研究をなし且つ一般の観覧実験に供し以て公衆の教養学校の教育並に学術の研究に資する」と示し、博物館員については「館長並に相当数の学芸主事、書記、技手を置くこと」と、「博物館に専門委員を置き大学専門学校の教職員その他の専門家に之を委嘱し得ること」とした。ここでは「学芸に関する資料の蒐集保管陳列及研究」を学芸主事と技手が担い、「一般の観覧実験に供し以て公衆の教養学校の教育並に学術の研究」を、大学や専門学校の教職員などを専門委員に委嘱してあたることを意図している。つまり、資料の研究をもとに博物館の役割を推し進める学芸主事と、展示を通した教養・教育とその研究に努める専門委員、この二者と技手が博物館の専門的事項を掌るとしたのである。あわせて、帝国図書館内常設の図書館員講習所を例に、博物館員養成施設の設置を政府に求めている。その養成は、博物館事業経営にかかわる「専門知識ト教養」を眼目とするものであった。

　そして1940年、文部省は翌年4月施行の計画で博物館令（勅令案）を起案した。[1] 博物館の目的は、「博物館ハ教育学芸ニ関スル資料ヲ蒐集保存シテ公衆ノ観覧ニ供シ併セテ之ニ関連スル研究及事業ヲ行ヒ以テ国民ノ教養並ニ学術研究ニ資スルヲ目的トス　博物館ハ社会教育ニ関シ附帯施設ヲ為スコトヲ得」（第1条）とあり、人員体制は「博物館ニハ館長並ニ相当員数ノ学芸員及書記ヲ置クベシ」（第9条）と規定している。日本博物館協会の具申にあった技手や専門委員は置かれていない。書記は「庶務ニ従事ス」としており、目的に示す博物館の主要業務を担うのは学芸員だけとなるが、「相当数ノ学芸員」とあり、帝室博物館の鑑査官のように資料の専門に沿った分掌が想定される。

　この学芸員の職務は、公立博物館職員令（勅令案）で「館長ノ指揮ヲ承ケ資料ノ蒐集保存展覧並ニ之ニ関連セル研究及事業ヲ掌ル」（第3条）としている。奏任官と判任官の館長および学芸員は、「大学令ニ依ル大学ノ学部ニ於テ其ノ

従事スル事務ニ必要ナル学科ヲ修メ学士ト称スルコトヲ得ル者」を任用の基本とし、専門学校で必要な学科を修めた者にも道を開いていた。博物館令案は1933年改正施行の図書館令、公立博物館職員令案も同年施行の公立図書館職員令の条文に倣っている。公立博物館職員令案の第3条で規定する学芸員の職掌は、博物館令案の博物館の目的に示された活動のすべてとなる。

　公立博物館職員令案で示された任用要件は、戦前の高等教育機関である大学と専門学校で「必要ナル学科」を修得した卒業者を基本としている（第5・6条）。必要な学科の修得は学芸員の専門性への対応とみられるが、戦前に博物館学の科目を開設した大学はみあたらず、人文や自然科学の学問分野を想定したか、あるいは博物館学の科目開設を大学や専門学校に求める意図も推察される。なお、司書では「司書検定試験制度」を定めていたが学芸員には設けていない。司書検定試験合格者が、直ちに司書に任用される保証がないなどの問題点が指摘されていたため、この制度を持ち込まなかったのであろう。

　博物館令と関連法は成立にいたらなかったが、戦況の逼迫下にあって棚橋は博物館職員の充実方策を提起している（棚橋 1944）。学芸員については館の規模に応じて若干名を配置し、蒐集研究や整理保存、展示、観覧者案内説明、研究者指導の任を、「陳列場の或区割陳列品研究資料の或分類」で分担するとした。学問分野で区分した学芸員の配置を想定したものである。それであっても学芸員の職務が過重なため、他職に就く専門家への委任や、当該地方の篤志者から無報酬で学芸員事務を分担する適任者への委嘱、さらに学芸員の担任事務の補佐（学芸員補・嘱託などの名称）の配置も示している。加えて若干名の技手を置き、蒐集標品の加工・模型の製作、蒐集品の保存修理、陳列室の照明・動力応用の展示・観覧者実験用機械の運転装置等の監視、小破修理、活動写真の実写等にあたるとする。技手の主たる職務は資料を基盤にした博物館の職能を担うものであり、学芸員指導の下に置かれる。学芸員の多様な採用方法や技手の職務の詳述は、博物館令案で示された職員体制への不安と危機感の反映と推察される。

　戦前から戦中の博物館専門職の議論と動向を概観すると、棚橋がそれを牽引し、中心にあった。博物館経営の経験も活かして、資料を基に研究を担う学芸員を博物館の核に据え、博物館説明者や博物館教師および技手などが展示等を

通して一般への教養・教育を担うものとし、それぞれ博物館にかかわる専門を
分かつ従業員と位置づけて提起していた。やがて、博物館の職制の構築が法整
備のもとで図られることとなり、博物館令案では掌るべき専門事項が学芸員の
みに負託するものとなっていた。つまり、資料に基づく研究の専門性だけでな
く、教養・教育や技術的な専門性も学芸員の職務とされたのである。学芸員は
相当数を置くことで、役割の分担を想定したのであろう。けれども、責任を持
つべき職務内容は曖昧で漠然とした感となり、とりわけ教養・教育に関する役
割は認識し難くなった。

　ところで、戦前の東京博物館（東京科学博物館）における官制の変遷を検討
した犬塚康博は、その教育機能は博物館にとって外在的なものとして始まり、
1940年の改正にいたって研究と教育の機能が博物館と学芸官に一体的に内在
化されたと分析している（犬塚 1996）。文部省所管の博物館の動向が博覧館令
案の学芸員制度のあり方に強く反映したとみられ、それは棚橋らの専門的な職
員体制を重層的に規定する議論を斟酌するものではなかった。

（3）博物館法と学芸員制度

　戦後、日本国憲法下で博物館法が1951年に成立した。博物館令案や関連法
を下地にしたことが相互の比較からわかる。制定までの検討の推移は、1946年
の日本博物館協会の「博物館並類似施設に関する法律案要綱」①、1950年の
文部省による「博物館法案要綱案」②・「博物館法草案」③と、日本博物館協
会の「博物館法草案に対する修正案」④、1951年の文部省による「博物館法
草案（1.8）」⑤・「博物館法案（2.9）」⑥・「同（最終決定案4.3）」⑦で追える。[(2)]

　博物館職員について、①は「博物館及び類似施設は、その規模の大小に応じ、
総長館長、園長、事務官相当数の学芸員、学芸員補、技師、技手、司書、書記、
監視員等を置くことを要する」とし、加えて「若干名の商議員及び学芸専門委
員等を委嘱することが出来る」とする。戦中に棚橋が提起した学芸員像の具現
化とみられ（棚橋 1942）、重層的な職務に則した人員配置の意図がうかがえる。

　これに対して、文部省が示した②と③では専門的職員を学芸員および学芸員
補と規定し、「学芸員は、博物館の種類に応じ、それぞれの博物館資料に関す
る専門的技術的な指導助言及び調査研究を行うもの」「学芸員補は、学芸員の

職務を助ける」と職責を示した。戦前の博物館令案にはなかった学芸員補を加えているが、技師や技手という専門的技能者の位置づけはない。博物館の専門的職員は学芸員と学芸員補だけであり、なおかつ学芸員の専門性は「それぞれの博物館資料に関する」と示し、各学術分野に向けられている。

　一方、日本博物館協会は④の修正案を示し、学芸員の職務の「専門的技術的な指導助言及び調査研究を行う」を、「専門的技術的な処理、指導、助言及び調査研究を行う」へと変更を求めた。「処理」の語が入ったのは必要とされる技師・技手的職務への対応と推察され、博物館の多面的な機能を欠くことのないように、その仕事を学芸員に加えたのである。この一部を文部省は⑤の草案に反映し、⑥と⑦では学芸員の職務を「学芸員は、博物館資料の収集、保管及び展示並びにこれに関連する調査研究その他の専門的事項をつかさどり、博物館の利用者に対する専門的、技術的な指導助言を行うものとする」とした。「技術的」の語句は消えて「専門的事項」にそれを包括させ、さらに「利用者に対する」の一文を加えて教育的役割を職務に内在させている。また、学芸員の資格は「学士の称号を有するもので大学において学芸員の種類毎に文部省令で定める専門科目の単位及び博物館に関する科目の単位を修得したもの」が筆頭に掲げられた。

　そして公布された博物館法において、職制は以下の規定となった。

　　第四条　博物館に、館長を置く。

　　2　館長は、館務を掌理し、所属職員を監督して、博物館の任務の達成に努める。

　　3　博物館に、専門的職員として学芸員を置く。

　　4　学芸員は、博物館資料の収集、保管、展示及び調査研究その他これと関連する事業についての専門的事項をつかさどる。

　　5　学芸員は、そのつかさどる専門的事項の区分に従い、人文科学学芸員又は自然科学学芸員と称する。

　　6　博物館に、館長及び学芸員のほか、学芸員補その他の職員を置くことができる。

　　7　学芸員補は、学芸員の職務を助ける。

　ここにおいて学芸員の職責は、博物館の目的すなわち機能のすべてにおける

専門的事項を担うものとされた。ただし、専門的事項の区分として学芸員を人文科学と自然科学に分けているように、その専門は博物館資料に基づく学問分野である。また、⑦の最終決定案にあった「博物館の利用者に対する専門的、技術的な指導助言を行う」が省かれており、この点からも学芸員がつかさどる専門的事項は基盤学問を見据えた感が強く、教育や技術・技能の役割が捉え難い。加えて、その他の職員を置くことができるとあることから、教育や技術・技能の職務はこの職員が担うとも捉えられ、この点も学芸員の専門的事項に博物館機能に関する事がらを認識し辛くしている。また、学芸員を補佐する学芸員補は大学に入学できる者が有資格であることから、基本的に博物館の資料および機能に対する専門性も求めてはいない。

　法の成立に至る上記の流れからすると、学芸員の職務は資料の研究とともに博物館の機能にかかわる専門性の包括も意図していた。ゆえに、学芸員の資格のために修得すべき専門的事項として「博物館に関する科目」が示すのは、博物館学、教育原理、社会教育、視聴覚教育なのである。その一方で、当初に学芸員の姿を描いた棚橋などの認識は資料研究を中心に活動するものであった。このような背景もあって専門的事項の理解が複雑化し、学芸員の職務の根幹が博物館資料の研究にあるのか、多様な機能の遂行に置かれるべきなのかを曖昧にすることとなった。なお、学芸員の人文科学と自然科学の区分は、1955 年 7 月の一部改正で廃された。基盤とする学問分野での区分が、学芸員の専門的事項の性格に相応するものではなかったのである。

（4）学芸員養成教育への若干の展望

　戦前・戦中の職員体制の言説をリードした棚橋は、博物館の中心的な役割を担う専門的な従業員として学芸員を位置づけた。この学芸員の職務について、博物館は資料を収集・保存・管理（展示）して運営されるのであり、その活動は資料の研究をもとにおこなわれるため、おもに学術研究に務めるものとした。一方で、運営には資料研究以外の実務的な技術や能力が入用なため、技術者や職工、さらに博物館教師や博物館説明者という専門的な技能者の配置も求めたのである。とくに、児童生徒や一般への教育・教養を担う博物館教師や博物館説明者は、高度な専門性が必要な職員と捉えていた。棚橋の主張は欧米のミュー

ジアムを参考に、収集と保存、さらに展示をもとにした教育の活動を十分に遂行すべく、博物館を構成する人員の望むべきあり方を示すものであった。

　ところが、博物館の法令制定が目指され職員規定の検討が進むと、研究を主務とする学芸員のみが専門職員として位置づけられ、さらに、「学芸ニ関スル資料ヲ蒐集保存シテ公衆ノ観覧ニ供シ併セテ之ニ関連スル研究及事業」（博物館令案第1条）などの他の専門性の高い職務も学芸員に負託する動向となる。戦前の文部省の『教育的観覧施設一覧』をみると、動植物園と水族館を除くと大部分の職員総数は1〜4名でしかなく、予算規模は総じて小さいこともあり、専門性に即した重層的な人員配置は困難であった。棚橋が館長を務め、財政規模が比較的大きい文部省の東京博物館や日本赤十字社参考館であっても職員数は抑制されていた。ともあれ、学芸研究を主とするものに位置づけられた学芸員の職掌に、教育的な役割や実務的な技能など個別に専門性の高い職務も加える議論へと向かった。博物館法制定に至って「その他の職員」を加え学芸員の職掌の緩和が図られたが、これを専門的職員に位置づけていないため、職務の扱いが曖昧になっているのである。

　今日の博物館に求められる役割や機能の多様化・高度化を背景に、冒頭で記したように、学芸員の養成段階における資質の向上、つまり専門的スキルを高めることへの要請が学芸員制度の課題の一つとされる。そのため、大学養成課程での履修単位増や館園実習の長期化、大学院教育における養成への転換も提案されている。しかし、重層的に専門性を包括する現状の学芸員にそのすべての高度化を求めるのは、博物館の資料と機能の全体に対するスキルの向上を要するものとなり、現実とのギャップがさらに生じてしまう。修得の単位増や大学院教育への転換であってもこれを満たすのは難しい。専門性や技量の向上という観点に立てば専門的職員を学芸員の一つに集約せず、複数の職制に基づく資格制度を設けるべきである。

　けれども、予算規模の小さな博物館が多い実態を顧みるならば、各専門職の重層的な配置は現実的ではない。博物館機能を幅広く包括したスキルをもつ専門的職員が必要とされるこの現状から、資料の研究を基盤に博物館機能の概括的な知識と技術を修得したものとして学芸員を規定し、これを専門的職員の基礎資格と位置づけ、そのうえで博物館機能にかかわる専門性をより特化した資

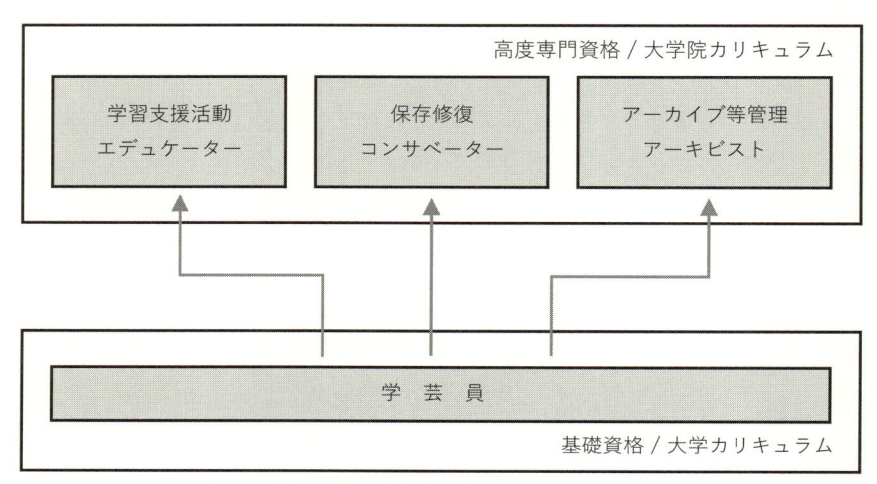

図1　基礎資格と高度専門資格による学芸員養成

格を学芸員に付与する制度が適切と考える（図1）。これは大学院修士課程のカリキュラムでの教育を想定するもので、博物館の多面的な職務に対応した高い専門的スキルを活かす仕組みとなり、中・大規模館では博物館機能の高度化を牽引する職員として期待できる。現状で必要とされる分野は学習支援活動や保存修復、アーカイブも含めたデータ資料管理などがあげられ、欧米の職名を用いるならばエデュケーター、コンサベーター、アーキビストに相当しよう。

　つまり、学芸員資格を土台に、現行の「その他の職員」を明確にして高度な専門性を博物館の職制に具現化し、専門的職員のそれぞれの活動を保障して円滑にするのである。このような職員体制が、博物館の機能や役割の多様化と高度化に適うものになるはずと考える。

註
（1）昭和 15 年 10 月 7 日の文部省主催「博物館令制定ニ関スル協議会」資料（日本社会教育学会社会教育法制研究会 1972）。博物館令（勅令案）、博物館令施行規則（省令案）、博物館ノ設備及経営ニ関スル事項（告示案）、公立博物館職員令（勅令案）がある。
（2）①は（日本博物館協会 1946）、②〜⑦は（日本社会教育学会社会教育法制研究会 1972 pp.27-57）による。

参考文献

犬塚康博　1996「制度における学芸員概念―形成過程と問題構造―」『名古屋市博物館研究紀要』19、名古屋市博物館、39-58 頁

棚橋源太郎　1930『眼に訴へる教育機関』寶文館

棚橋源太郎　1942「博物館学芸員の重要性」『博物館研究』15-12、3-4 頁

棚橋源太郎　1944「博物館従業員の問題」『博物館研究』17-6･7、1-3 頁

帝室博物館　1938『帝室博物館略史』

東京博物館　1925『東京博物館一覧』

日本社会教育学会社会教育法制研究会　1972『社会教育法制研究資料』ⅩⅣ

日本赤十字社　1957「第 7 章 赤十字博物館」『日本赤十字社史続稿』4

日本博物館協会　1940「本會記事 文部省へ具申並に建議」『博物館研究』13-1、6-7 頁

日本博物館協会　1946「博物館並類似施設に関する法律案要綱」『博物館研究』復興1-1、4 頁

（駒見和夫）

2. 学芸員養成と大学院における博物館学の学びについて
——國學院大學大学院における実践を踏まえた提言——

はじめに

　2023年4月1日から施行された改正博物館法において博物館登録制度の見直しと指定施設の規定、デジタルアーカイブの作成と公開、学芸員補の資格要件の見直しなどが盛り込まれ、かねてから懸案となっていた学芸員資格の高度化に関する内容が先送りとなったことは周知の事実である。1997年以降、大学院における博物館学の専門教育を実施してきた國學院大學（以下、本学とする）においても大学院教育における博物館学の学びについて再考すべき時期にきていることから、これまでの議論を整理した上で、今後の大学院教育の在り方についてのディプロマ・ポリシーを明らかにしたいと思う。

（1）学芸員資格の再検討にかかる議論の整理

　2007年4月2日、文部科学省生涯学習政策局長決定によって「これからの博物館の在り方に関する検討協力者会議」が設置され、その調査研究事項に、○博物館法の博物館について、○博物館登録制度の在り方等、博物館評価について、○学芸員資格制度の在り方についての3項目が挙げられ、検討が行われることとなった。同年6月1日に検討協力者会議から提出された『新しい時代の博物館制度の在り方について（報告）』では、博物館登録制度改善の方向性の中で新しい登録制度の考え方が示され、2022年の博物館法改正による登録博物館制度の基本となった。学芸員資格制度の在り方についても、大学における学芸員養成課程においては資格そのものの取得が比較的容易であること、各大学の養成内容に差があること（単位数、実習期間等）、博物館実務の基本的な知識・実践技術を十分に身につけていないこと、現代社会のニーズに応じた高度化・専門化が必要であることを挙げ、カリキュラムの改善、充実を課題としている。さらに「学芸員の高度な専門性を評価する上位資格の創設について」

が盛り込まれ、「上級学芸員の資格については、将来の実現に向けて早急に関係者による具体的な検討が行われることが望ましい」と結んだ。

　前者の課題解決策として、2009 年 2 月 18 日に「これからの博物館の在り方に関する検討協力者会議」第 2 次報告書として『学芸員養成の充実方策について』が出され、大学において習得すべき「博物館に関する科目」の見直しを行い、学芸員資格に要する単位を 12 単位から 19 単位に拡充することが決定したのである。つまり、学芸員資格の高度化・専門化を、科目の追加と単位数の引き上げによって目標の具体化をはかったのである。その後、後者の上級学芸員に関する議論は継続するものの特に大きな動きがないままであったが、2017 年 7 月 20 日、日本学術会議による提言「21 世紀の博物館・美術館のあるべき姿—博物館法改正へ向けて」が出され、博物館法の改正による新たな登録制度への一本化と博物館の水準を向上させる新登録制度設計と研究機能の充実が提言された。この時、学芸員に関しては、学芸員資格制度の問題と研究をとりまく学芸員の社会的位置づけについて議論されただけであった。他方で同年 4 月には山本幸三地方創生相（当時）が滋賀県大津市で開かれた地方創生に関するセミナーで、観光振興をめぐって「一番のがんは文化学芸員と言われる人たちだ。観光マインドが全くない。一掃しなければ駄目だ」と発言し、波紋を広げたことも記憶に新しい。

　一方、2019 年 4 月 1 日より施行された改正文化財保護法によって、地域における文化財の総合的な保存、活用と個々の文化財の確実な継承に向けた保存活用の見直しが図られ、「地方教育行政の組織及び運営に関する法律」の一部改正によって、地方公共団体における文化財保護の事務は教育委員会所管とされていたが、条例によって首長が担当できるようになった。同法改正の主たる点は、以下の 4 点に集約できる。（1）都道府県が策定する文化財の保存及び活用に関する総合的な施策である「文化財保存活用大綱」、および市町村が策定する文化財の保存および活用に関する総合的な計画「文化財保存活用地域計画」の法定化（2）文化財ごとの「保存活用計画」の法定化、（3）民間団体を「文化財保存活用支援団体」（支援団体）として指定、（4）文化財行政の首長部局への移管、この 4 点によって、文化財の「保護」から「活用」への具体的方策が盛り込まれ、これまでとは異なる方向へ大きく舵が切られたのである。

　このような中、2019年度には、文化審議会令（2000年6月7日政令第281号）第6条第1項、および文化審議会運営規則（2011年6月1日文化審議会決定）第4条第1項の規定に基づき、博物館の振興に関する事項について調査審議を行うため、文化審議会に博物館部会が創設され、2008年の改正博物館法のフォローアップと、それを踏まえた課題の整理や2019年のICOM（国際博物館会議）京都大会を契機として議論すべき課題の整理、その他博物館の振興施策に関する審議が検討事項として示された。

　第1期第1回の博物館部会（2019年11月1日）では「検討を要する事項（案）」として制度面（登録制度など）や学芸員に関することが盛り込まれ、第2回の部会では学芸員養成課程の再検討や学びなおしの仕組みの創出、学芸員の資質向上を支える環境整備等について検討を行い、「博物館の機能強化」に資する取組の方向性について検討を行うことを目的とするといった内容が文化庁から提示された。第3回（2020年1月17日）では、学芸員養成制度の見直しが議論の中心となっており、この時、浜田弘明委員（当時）からは、具体的な学芸員養成の実態の整理と課題が抽出され「日本型学芸員制度への私案」として、修了レベルによる学芸員の階層化が提示されている。

　また、2020年5月に施行された「文化観光拠点施設を中核とした地域における文化観光の推進に関する法律」（文化観光推進法）によって、文化資源保存活用施設（博物館・美術館・社寺・城郭等）を中核として地域における文化観光の推進を強化することとされた。この法律の施行に伴い、文化庁は「博物館を中核とした文化クラスター推進事業」として予算措置し、博物館や美術館、社寺、城郭などを「文化観光拠点施設」と定義、DMO（観光地域づくり法人）や旅行会社などと連携しながらこれらを中核とした観光振興に取り組む事業計画を主務大臣（文部科学大臣・国土交通大臣）が認定し支援することとなり、今後は国・地方自治体・博物館などによる助言や、国際観光推進機構による海外宣伝などの支援が受けられるようになった。このような政府の観光振興に拍車をかけたのは、2020年から約1年続いた菅義偉内閣の成長戦略会議のブレーンとして登用されたデービッド・アトキンソン氏の観光戦略であった。

　2020年度に実施された第2期の博物館部会では、博物館の振興に関する事項を中心に、コロナ禍における博物館対応や委員による個別の博物館振興にか

かる課題などが中心に議論されており、2021 年 1 月 13 日に行われた第 5 回の審議では、博物館登録制度を中心にした議論がなされている。そして第 6 回の審議で博物館部会に「法制度の在り方に関するワーキンググループ」が設けられ、第 7 回の審議によって『登録制度を中心とした博物館法制度の今後の在り方について（中間報告)』が提出され、新たな登録制度を中心とした指針が固められたのである。しかしながら学芸員制度の在り方については、「学芸員制度については、資格取得者の数に対して、実際に学芸員として採用される者の人数が極端に少ないことをはじめとして、さまざまな課題が指摘されている。学芸員制度の今後の在り方については、ワーキンググループでは議論を開始した段階であり、今後、さらに議論を深める必要がある。ここまでの議論では、学芸員として活躍する者を支援し、その活動を充実していくことの重要性は論を俟たないところであるが、その手法については、拙速な議論を避け、一定の時間をかけた慎重かつ包括的な検討が必要であるとの意見が多く出された。」とのみ記され、問題は先送りにされたのである。

　2020 年 8 月、日本学術会議は、2017 年の提言『21 世紀の博物館・美術館のあるべき姿─博物館法改正へ向けて』をベースとした提言『博物館法改正へ向けての更なる提言─ 2017 年提言を踏まえて─』を発表し、（1）登録博物館制度から認証博物館制度への転換、（2）学芸員資格制度の改革および研究者としての学芸員の社会的認知の向上、（3）博物館の運営改善と機能強化が盛り込まれ、学芸員制度に関して「学芸員の専門能力の養成・向上という課題の解決に向けて、学部学生向けの学芸員養成課程を維持しつつ、大学院生向けの養成課程・講座の設置およびリカレント教育等、学芸員のスキルアップを図る制度の拡充が望ましい。そのために、学部卒により取得できる「二種学芸員」と、修士課程修了等を要件とする「一種学芸員」の二種類からなる新たな学芸員制度を提案する」といった学芸員資格の階層化が提案されている。

　一方、2021 年度に実施された第 3 期の博物館部会における学芸員制度に関しての議論は、2021 年 5 月 28 日の第 1 回部会の「博物館法制度の今後の在り方について（中間取りまとめ（案)」で、短期大学における学芸員補の位置付けや「博物館士」の提案、上位資格の創設などの議論も認められたが、「学芸員制度の今後の在り方については、上記の課題を踏まえて、学芸員に求められ

る専門的な能力を再定義しつつ、大学の設置する養成課程の状況や博物館現場におけるニーズを総合的に検討する必要があることから拙速な議論を避け、実態の把握を行いながら、中長期的な課題として、引き続き本部会において検討してゆく必要がある」とし、学芸員資格制度に関する議論は基本的に先送りされた。しかしながら、太下義之委員（当時）が、「学芸員」の資格に「より上位の制度」を設定するなど取得段階での資格のあり方を検討するだけではなく、むしろ取得後の資格のあり方を重点的に議論すべきではないかと考えると述べている点などは、これまでにない視点といえる。最終的に中間取りまとめ（案）は、同年12月8日の第3回部会の「博物館法制度の今後の在り方について（答申）案」としてまとめられたのである。かくして、2022年4月15日に「博物館法の一部を改正する法律」が公布され、2023年4月1日に施行されたのである。その主な改正点は、新たな博物館登録制度への移行と学芸員補の資格を短期大学における単位取得者とした点であり、その一方で学芸員資格制度に関する議論は2022年5月20日より実施された第4期第1回の博物館部会に持ち越されることとなった。中でも、「博物館部会における当面の検討事項」の6つの要件のうち、学芸員資格制度に関しては　5.博物館の業務を担う人材の確保や資質の向上について（学芸員補の資格を与えるべき者（第6条第2号）の要件を含む）、6.その他、学芸員の資格要件の在り方など、「博物館制度の今後のあり方について」（文化審議会答申）において中長期的な課題とされた事項等について、が盛り込まれている。同年7月29日の第3回部会では、「学芸員の養成・認定・研修に関する今後のあり方（案）」が提示され、主に学芸員資格認定試験のあり方について選択科目の廃止や学芸員の資質向上に向けた文化庁認定研修などが検討されている。これを受けて、文化庁から学芸員資格認定を「少なくとも2年に1回」とすることや「選択科目の削除」が盛り込まれた「博物館法施行規則の一部改正案」が示され、同年12月27日〜2023年1月11日というきわめて短期間でのパブリックコメントが求められたのである。これに対し同年1月10日付けで、全国大学博物館学講座協議会（全博協）が質問状を文化庁に提出したことは記憶に新しい。その後、2023年2月13日の第4回の博物館部会においても、学芸員の資質向上に向けた具体的な文化庁認定による研修体系が示されている。

　2023年8月25日の第5期第1回の博物館部会ではメンバーが一新され、「博物館部会における当面の検討事項」として、2.学芸員制度の在り方に係る制度的検討が盛り込まれた。特に、学芸員養成の観点から「学芸員養成の充実方策について」「博物館実習ガイドライン」の改定、審査認定の見直し、学芸員資格活用の観点から優れた資質を有する学芸員の認証のあり方と博物館に関する各種のスキルを有する学芸員を登録する人材バンクの設置が検討されている。2024年1月11日の第2回の博物館部会では、学芸員の在り方について検討され、同年3月6日には「学芸員課程カリキュラムポリシー」改訂案、「博物館実習ガイドライン」改訂案が全博協に示されたことから、全博協常任委員会において検討、3月14日に「学芸員課程カリキュラムポリシーの改訂案（Ver.1.0）に対する意見」として文化庁に提出されている。その内容には、「現状の19単位以上を維持したうえで、科目名と科目内容の再編成（講義・実習・演習を含めて）が必要と考えます」と示されている。この意見書を受けて、同月25日に第3回博物館部会が開催され、「学芸員養成課程の科目内容・博物館実習ガイドライン案」が示されたのである。そして、6月25日に文化庁企画調整課博物館振興室から全国博物館関係団体宛に「学芸員養成課程の科目のねらいと内容」（3月25日の第5期第3回博物館部会案）と「博物館実習ガイドラインの改訂について」が通知されたのである。この早急な国の対応については、ここで詳細に触れるつもりはないが、多様な教育現場の実情を把握、分析せぬまま理想論だけで決定してしまってよいのだろうか。このように2007年から議論されてきた社会のニーズに応じた学芸員課程におけるカリキュラムの改善、充実を課題としてきた内容は、国としては一応の体裁を整えたのであろうが、かねてからの課題であった「学芸員の高度な専門性を評価する上位資格の創設について」に関しては、引き続き先送りされたまま今日にいたっている。

（2）國學院大學大学院における博物館学コースの創設

　このように学芸員資格をめぐる昨今の情勢は、さまざまな議論がなされながらも具体的には学芸員養成課程における新たなカリキュラムポリシーの提示と館園実習について長期実践型の類型を追加することによる総体的なスキルアップを目指すところで一区切りをつけた段階である。これまでの議論の中で、学

芸員の資質向上の上で大学院教育における専門教育の必要性も確認されてきたところであるが、1997年以降、実際に大学院における専門教育を実践してきた本学の実例を紹介し、直面する課題について明らかにすることによって今後の参考にしていただきたい。

　本学においては、樋口清之によって文学部に博物館学講座が開講されたのは1957年のことである。当時の開講科目は、博物館学概論、分類目録法、収集保管法、展示法、博物館学実習、教育原理、社会教育概論、視聴覚教育であり、当時の法定12単位を上回る16単位で運用されていた（樋口ほか1987）。同年には、学芸員養成課程を開講する大学間の連絡組織として「全国大学博物館学講座協議会」が、1973年には、学としての博物館学の振興・普及を目的とした学術組織として「全日本博物館学会」が創設され、いずれも本学を拠点に樋口清之がその創設に携わっており、初代の委員長、会長に選出されている。その後、1966年に本学に着任した加藤有次によって、長らく博物館学講座の運営がなされ、1997年大学院文学研究科史学専攻考古学コースの中に博物館学の科目群を開設し、教育を進めてきた。このように本学においては、学部・大学院において博物館学教育を先駆的に展開してきた経緯がある。

　2002年には大学院高度博物館学教育プログラムの構想が2009年度文部科学省「組織的な大学院教育改革推進プログラム」に「高度博物館学教育プログラム―体系的な知識と技能を備えた博物館学研究者と上級学芸員の養成―」（以降、博物館GPと表記）として採択され、同時に、研究開発推進機構研究開発推進センター内に博物館学教育情報研究センターを開設し、大学院文学研究科史学専攻に博物館学コースを開設したのである。

　博物館学コースによって運用された博物館GPの目的は、「博物館学に関する大学教育に携わることができる研究教育者、ならびに高度な博物館学の知識・技能を有することができる上級学芸員の養成を目的としています」とあるように、博物館学を講じる教員養成と上級学芸員の養成を謳うもので、カリキュラムには国内外におけるインターンシップ制度や國學院大學独自の資格として「國學院ミュージアム・アドミニストレーター」「國學院ミュージアム・キュレーター」が取得できるという特色を有するものであった。開設当初のカリキュラムは表1に示した通りであり、一部改変はあるが基本的には現在も本カリ

キュラムが踏襲されている。博物館 GP 運用期間中は、専任教員（教授・准教授・助手）3 名に加え、学内取組実施担当者として大学院文学研究科専任教員（教授）9 名がその任に就き、博物館学教育情報研究センターにも 1 名の担当教員（特任助教）とポスドク研究員 1 名、リサーチアシスタント 2 名の計 15 名による組織によって運用

表1　大学院博物館学コースのカリキュラム変遷

	科目名	
	2009	2024
修士	論文指導演習	論文指導演習
	資料保存展示論研究	資料保存展示論研究 AI・BI
		資料保存展示論研究 AII・BII
	地域博物館論研究	地域博物館論研究 A・B
	博物館史特論	博物館史特論
	博物館学史特論	博物館学史特論
	欧米博物館史特論	欧米博物館史特論
	博物館関係法規特論	博物館関係法規特論
	博物館資料論特論 A I	博物館資料論特論 AI
	博物館資料論特論 A II	博物館資料論特論 AII
	博物館資料論特論 B I	博物館資料論特論 BI
	博物館資料論特論 B II	博物館資料論特論 BII
	博物館経営特論	博物館経営特論
	博物館教育活動特論	博物館教育活動特論
	展示工学特論	展示工学特論
	博物館学専門実習	博物館学専門実習 AI・BI
		博物館学専門実習 AII・BII

博士	論文指導演習	論文指導演習
	資料保存展示論特殊研究	資料保存展示論特殊研究 AI・BI
		資料保存展示論特殊研究 AII・BII
	地域博物館論特殊研究	地域博物館論特殊研究 A・B
	博物館学特殊実習	博物館学特殊実習 AI・BI
		博物館学特殊実習 AII・BII

されたのである。運用期間中の大学院生は、大韓民国釜山広域市立博物館、中華人民共和国西安市于右任故居記念館、東京国立博物館、丹青研究所など、国内外の博物館・研究機関でのインターシップや、イギリス、フランス、ドイツ、アメリカ、トルコ、韓国をはじめとした海外博物館調査旅費補助など恵まれた学習環境の下、研究活動を推進することができたのである。また、同 GP の研究成果として学位としては、博士（歴史学）1 名、修士（歴史学）25 名と独自資格である國學院ミュージアム・アドミニストレーター 16 名、國學院ミュージアム・キュレーター 1 名を授与している。博物館 GP 終了後も制度的には高度博物館学教育プログラム後継事業が継続しており、現在においても先に示したカリキュラムの下に運用されている状況である。

（3）大学院博物館学コースの現状と課題

　博物館 GP によって整えられた体制は、運用期間終了後の博物館学教育情報

研究センターの解体に伴う人員の整理があったものの、学部の博物館学課程、大学院博物館学コースの専任教員として3名体制が維持されていたが、2014年に専任教員1名が退任し、その補填として2015年に客員教授1名が着任（2021年退任）、2018年にも客員教授1名が着任（2020年退任）し、2020年には、博物館学コースを牽引してきた専任教員1名が定年退職となった。つまり筆者は、博物館GPの設置段階から博物館学コースの運営に携わってきた専任教員が定年退職したためその後任として着任し、博物館GP後継事業として継続する本コースの運営を任されることとなった。すでに開設当初からのカリキュラムを継続するかたちで、引き継いだ在校学生に加え新たな学生を募集し、コースの運営を軌道に乗せ、紆余曲折を経て今日にいたっている。

　さて、博物館学コースの現状と課題について整理しておくと、國學院大學においては学部に博物館学の専門コースが設置されていない中での大学院での学びはハードルの高いものとなっている。つまり修士課程に入学し、わずか2年で博物館学の基礎を身につけた上で修士論文を執筆しなければならないからである。ただし卒業論文段階で大学院での博物館学の学びに紐付けされるテーマを有して入学を希望している院生も多く、学部における専門分野によっては博物館学の修士論文のテーマとして十分に成立得ることもある。例えば、2024年度入学者のうち他大学の地域振興系学部で「博物館における体験型展示の役割」、または言語系学部で「パリ工芸博物館の教育普及活動」と題した卒業論文を提出した院生は、当該研究を深化させる方向性で修士論文に取り組む予定である。また、2023年度修了生の一人は学部で近代文学を専攻し、大学院では「〈文学〉を展示する―歴史・価値・可能性―」と題して修士論文を執筆し、優秀な成績を収め、学芸員として県立文学館への就職を決めている。つまり一貫した近代文学の専門性と大学院での文学館をテーマとした博物館学の学びが上手く連動したことで、専門職への道が開けたのである。このように、比較的順風に修士論文提出まで到達できる院生がいる一方、大学院入学後も確たるテーマ設定ができずに中途退学を余儀なくされる事例も経験した。このような現状を鑑み、大学院入学希望者の選抜は、基礎学力はもとより修士論文としてまとめられる独自のテーマを有していることを前提として行なっている。

　一方、課題として今回の博物館法改正で棚上げとなった学芸員制度の議論に

も上がった大学院における博物館学の位置づけに関して、2022 年に全国大学博物館学講座協議会（委員長大学：明治大学）によって加盟 177 大学に対して出された要望と提言の中に、

> 大学院設置大学では、博物館諸活動に関するより高度な知識と専門的な能力を身につけた学芸員養成を目的に、大学院において高度博物館人養成のカリキュラムづくりを進めます。

> 大学院で取り組むべき高度職業人養成は、学芸員資格取得者を前提にした専門的なスキルの修得が目的で、現職学芸員の学び直しも見据えるものです。学芸員資格に 1 級や上級などを設けて階層化するものではありません。

> カリキュラムは、高度化する博物館のニーズに対応できるように、各大学院の特色を生かして開設されます。例えば、マネージメントや調査研究、教育、展示、修復、アーカイブ、文化観光など、博物館の各機能に応じた内容が想定するところです。各大学院の規模により難しい場合もありますが、可能性を探り推進していきます。

とあるように、大学院教育における、より高度な専門的スキルの提供と現職学芸員の博物館学の学び直しを眼目とした改革を推奨しており、この方向性が正鵠を射たものと確信している。大学院の各専攻分野で学芸員を志す学生と博物館学そのものを専攻する学生にとって、より充実したカリキュラムへの改定が必要と考えるところである。この点に関しては、浜田弘明が現状を踏まえた制度設計に言及している（浜田 2008）。

　本学に即して言及すれば、学問としての博物館学を専修する「博物館学専門コース」と、博物館の副専攻としての「学芸員専門養成コース」の二つの体制を設けるのが理想である。「博物館学コース」では、現状のコース運営を継続する。ただし、問題は他専攻と異なり学部での専攻がない点であり、隣接諸科学との学際性によって成立する博物館学が、そもそも学部に専攻そのものが成り立つのかという議論も発生するだろう。ただし、先に触れたように学部での専攻分野から博物館学への問題意識をもって門戸を叩く人材もあり、修士論文を斯界の水準に達する内容で書き上げ、さらに博士課程後期への進学を志す院生も存在する。もっとも、現状日本の博物館学を支えるのは現場の学芸員であ

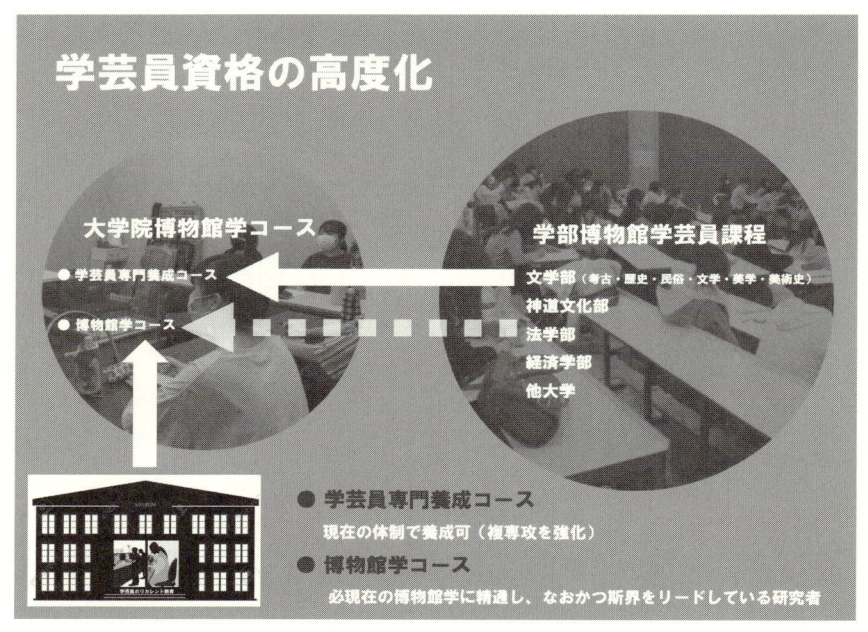

図1　大学院博物館学コースの理想的な位置づけ

る。社会人学生として彼らの学術的向上心を高めるためのリカレント教育としての博物館学コースを目指すことも重要な点であろう。

　一方、「学芸員専門養成コース」は先の博物館 GP プログラムで「複専修制度」と位置づけられた制度と近いものといえるが、大きな違いは本大学院の他専攻・他分野の院生に博物館学コースが「國學院ミュージアム・アドミニストレーター」等の独自資格を与えることで担保するものではなく、学部で学芸員資格を取得していることを条件に高度専門職業人養成を目的とする博物館専門科目を一定単位履修した者に単位修得を証明することによって成立する点にある。もっとも本学の院生には、学芸員を志す者も多いことからすでに取得後の学芸員資格に上乗せするかたちで、専門職への就職を優位にする方策である。例えば、本大学院文学研究科史学専攻の考古学コース専攻生を例にあげれば、学部で履修した9科目19単位の学芸員資格をベースに大学院において博物館学に関する専門的な科目を履修する事で、上位の専門的な知識と技術を着実に

取得することが可能となる。これまでのような「國學院ミュージアム・アドミニストレーター」等のようなあくまで本学独自でしかない資格で証明するのではなく、「学芸員専門養成コース」修了として履修科目を修了証明書ないしは所定単位修得退学証明書に明記することで、院生が取得した専門的知識と技術を「見せる化」することが重要である。

（4）博物館学コースにおける新カリキュラム案

　本学では、博物館をめぐる昨今の社会情勢の変化と大学院における博物館GP後継事業としての高度博物館学教育プログラムの見直しを計画している。もっとも上記の「博物館学コース」や「学芸員専門養成コース」を運用するにあたっては、その基盤整備のブラッシュアップが必要となる。具体的には、前述したとおり博物館学コースにおける現行カリキュラム（表1）を大幅に改訂し、内容をさらにアップデートさせていく予定で、現時点での新カリキュラム案は下記の通りである。

博士課程前期　新カリキュラム（案）

科目名	区分	内容
論文指導演習	演習	演習・修士論文の指導
理論博物館学研究 A・B	演習	演習・博物館学の理論や国内の博物館史、博物館学史
臨床博物館学研究 A・B	演習	演習・地域博物館における実践・実習事業として展開
博物館史研究 A・B	演習	博物館の歴史
理論博物館学特論 A・B	講義	ミュージアム・エデュケーション理論
公共博物館学特論 A・B	講義	博物館関係法規・博物館制度
文化政策学特論 A・B	講義	文化政策全般
博物館特論 AI（考古）	講義	考古系博物館におけるコレクション・マネージメント
博物館特論 AII（歴史）	講義	歴史系博物館におけるコレクション・マネージメント
博物館特論 BI（民俗）	講義	民俗系博物館におけるコレクション・マネージメント
博物館特論 BII（美術）	講義	美術系博物館におけるコレクション・マネージメント
博物館工学特論 AI（保存）	講義	文化財学・文化財防災関係
博物館工学特論 AII（展示）	講義	展示・キュレーション関係
博物館工学特論 BI（教育）	講義	教育・ラーニング・コミュニケーション関係
博物館工学特論 BII（情報）	講義	情報・メディア・デジタル関係
博物館実務実習 A・B	実習	國學院大學博物館における実務実習

博士課程後期 新カリキュラム（案）

科目名	時期	内容
論文指導演習	演習	演習・博士論文の指導
理論博物館学特殊研究 A・B	演習	博物館学の理論や国内の博物館史・学史
臨床博物館学特殊研究 A・B	演習	地域博物館における実践・実習事業として展開
博物館史特殊研究 A・B	演習	博物館の歴史
博物館特殊実習 A	実習	國學院大學博物館での実習
博物館特殊実習 B	実習	佐渡国小木民俗博物館での実習

　上記の新カリキュラム（案）では、国家資格としての学芸員資格の取得を目的とする学芸員課程科目との線引きを図り、かつ学としての博物館学の基礎（ミュゼオロジー・ミュゼオグラフィ）を修得し、研究の深化を図ることを目的とすることから、資料保存論、展示論、経営論、教育論といった名称をできるだけ用いず、博物館学をベースとした科目名と内容にしている点が特徴といえる。

　基本方針としては、本学における大学院教育の軸となる講義科目・演習科目・実習科目を柱に、国内外の博物館・博物館学史、海外のミュージアム論、グローバル・メディア・社会関係論、ミュージアム・マネジメント理論、ミュージアム・エデュケーション理論、博物館関係法規・博物館制度、文化政策一般、本学が得意とする人文系分野別のコレクション・マネージメント、文化財学・文化財防災関係、教育・ラーニング・コミュニケーション関係、情報・メディア・デジタル関係、デジタルリテラシーを含む実務実習などを網羅したカリキュラム構成とすることで、可能な範囲で博物館学の基礎ともいうべき理論としてのミュゼオロジーと実践としてのミュゼオグラフィをバランスよく配置することで、博物館学の基礎的研究に並行して博物館界に資する人材の養成を目指している点にある。

おわりに

　以上、学芸員資格制度をめぐる昨今の動向と博物館学コースを有する國學院大學大学院を事例に、博物館学の新たな学びの方向性を示した。本学に博物館学コースがある以上は、斯界の期待に添えるよう、時代のニーズに応えたより

高度な専門的スキルの提供を眼目としたさらなるアップデートが必要である。そのため、大学院の博物館学以外の各専攻分野で学芸員を志す学生と博物館学そのものを専攻する学生の双方にとって、より充実したカリキュラムへの改定が必要不可欠なものとなっている点を踏まえ、さらなる熟考、良案を加味しながら推進する予定である。

参考文献

これからの博物館の在り方に関する検討協力者会議　2007『新しい時代の博物館制度の在り方について（報告）』

これからの博物館の在り方に関する検討協力者会議　2009『学芸員養成の充実方策について（これからの博物館の在り方に関する検討協力者会議」第 2 次報告書）』

浜田弘明　2008「大学院における博物館学専攻プログラム」『高度専門職学芸員の養成：大学院における養成プログラムの提言（神奈川大学 21 世紀 COE プログラム「人類文化研究のための非文字資料の体系化」研究成果報告書）』神奈川大学 21 世紀 COE プログラム「人類文化研究のための非文字資料の体系化」研究推進会議

國學院大學研究開発推進機構・博物館学教育開発情報センター　2012『高度博物館学教育プログラム最終報告』

日本学術会議史学委員会博物館・美術館等の組織運営に関する分科会　2017『21 世紀の博物館・美術館のあるべき姿 ―博物館法の改正へ向けて』

日本学術会議史学委員会博物館・美術館等の組織運営に関する分科会　2020『博物館法改正へ向けての更なる提言― 2017 年提言を踏まえて』

樋口清之・川崎 繁・下津谷達男・加藤有次　1987「博物館学講座開講三十周年を迎えて：開講期から未来への展望を求めて」『國學院大學博物館學紀要』第 11 輯

文化審議会　2021『博物館制度の今後のあり方について』（答申）

ウェブサイト

文化庁文化審議会博物館部会　https://www.bunka.go.jp/seisaku/bunkashingikai/hakubutsukan/

（内川隆志）

3. 地域博物館と大学の連携
──資料整理と広報、実習分野における教育と実践──

はじめに

　およそ 20 年間勤めた東京都江戸東京博物館を退職して、静岡文化芸術大学の学芸員養成課程の教員となり、理論と実践の往還を旨として 2024 年度で 5 年目を迎える。大学と博物館の関係は、講義と実習というように対義語でとらえられがちだが、理論と実践を往復することで、可能な限り実体験を通じて学芸員に求められる知識や技能を学生の頭と身体に落とし込んでもらうことを目指してきた。

　博物館の現場にいると目先の忙しさに追われて、館の設置目的や使命といった大計を見失いがちになる。さらに、博物館が存在する意義や社会的な役割について俯瞰して見ることができなくなってしまう傾向にある。一方、教科書の理論ばかりで頭でっかちになってしまうと、博物館の現場で仕事が進まなくなる。何事も中庸が肝心であるが、その実践は容易ではない。

　「多様な主体との連携」や「地域社会との連携」と書くのはたやすい。だが、それほど容易ではなく、まさに「言うは易く行うは難し」の一言に尽きる。本稿では試行錯誤を重ねつつ、地域の博物館と大学が連携した 3 つの実践プロジェクトを紹介したい。単なる事例紹介で終わるのではなく、その課題も提示することで、実践と連携を模索する大学と博物館にとって課題解決の一助となれば幸いである。

　3 つのプロジェクトの内、第 1 は浜松市博物館（登録博物館）×静岡文化芸術大学「染色型紙」プロジェクトである。これは大学の「博物館資料論」に該当する。第 2 は上原美術館（登録博物館）×静岡文化芸術大学「博物館実習」連携プロジェクト。第 3 は、浜松市楽器博物館（指定施設）×静岡文化芸術大学「おんせん♪プロジェクト」、これは「博物館・情報メディア論」の一環に位置づけられる。

（1）議論の背景　実践教育は何のためにあるのか

　大学に入学して1年生で履修することになる「博物館学概論」において、2020年度から4年間、学芸員資格取得の理由を尋ねるアンケートを実施してきた（図1）。大学入学以前のミュージアム体験をきっかけとする学生が35％で一番多く、次いで美術が好きだったからが23％、何か資格を取っておきたかったという消極的な意見が19％、学芸員の仕事に興味があったから16％となっている。注目すべきは学芸員の仕事自体に魅力を感じていた学生が16％しかいないことにある。学芸員の認知度向上が叫ばれて久しいが、まだ道半ばである。

　2022年4月の博物館法改正に伴い『博物館実習のガイドライン』（2024年6月）が新たに文化庁から示された。改定された『博物館実習ガイドライン』を読むと2009年度版と比べて「実践」に係る文言の記載にさほど変わりはなく、大学で学芸員資格取得に必要な科目を理論的・体系的に学ぶことだけではなく「知識・技術や理論を生かして現場で博物館資料を取り扱ったり、利用者に対応するなどの実践的な経験や訓練を積むことが必要」と「はじめに」で謳われている。さらに「博物館実習」は学芸員養成課程の総仕上げと位置づけているが「その準備段階として早期から館園見学や学内での実務実習等を通じて博物館の仕事や役割に関する理解を深めていくこと」が望ましく、「ねらい」も新

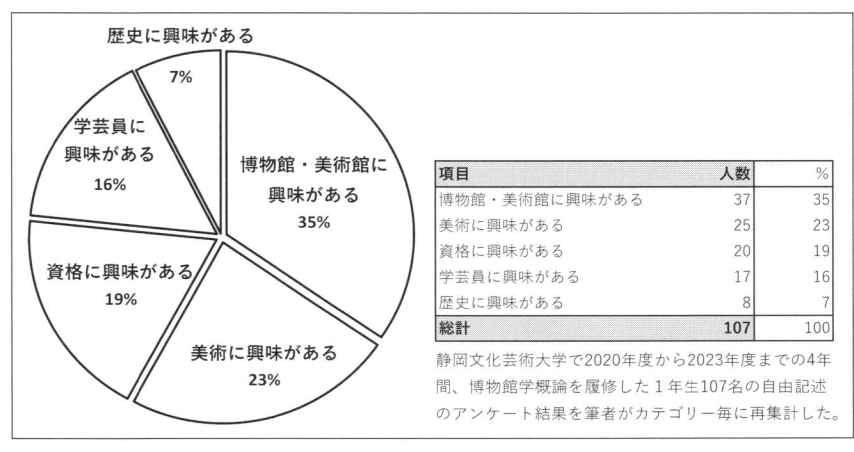

項目	人数	％
博物館・美術館に興味がある	37	35
美術に興味がある	25	23
資格に興味がある	20	19
学芸員に興味がある	17	16
歴史に興味がある	8	7
総計	107	100

静岡文化芸術大学で2020年度から2023年度までの4年間、博物館学概論を履修した1年生107名の自由記述のアンケート結果を筆者がカテゴリー毎に再集計した。

図1　学芸員資格取得の理由

旧の『博物館実習ガイドライン』で大きな変更はない。

2009年版文部科学省の『博物館実習ガイドライン』を遵守しているわけではないだろうが、実物資料を用いた実践教育に重きをおいている大学がある。「東京女子大学学芸員課程では、実践性を重視するという視点から、実際に博物館で用いられる水準の実物資料を教材として用いるところに特色がある。(中略)古文書・書籍・巻子・掛軸・屏風・焼き物類・柄鏡など多種多様な実物資料の取扱い方やそれを活用した展示設営や解説等の実習を行っている」(高橋2022年)。実物資料や作品が極めて少ない本学はうらやましい限りである。

私が勤務する静岡文化芸術大学に附属美術館はなく、実物資料や作品が乏しい。大学の基本理念として、①実務型の人材を養成する大学「豊かな人間性と的確な時代認識や社会認識を持ち、国際社会のさまざまな分野で活躍できる人材を養成する」、②社会に貢献する大学「地域、国際、世代が教育研究の場で幅広く融合する"開かれた大学"として地域社会および国際社会の発展に貢献する」を掲げている。しかし、学芸員養成課程に限っていえば、実務型教育を実践する環境が整っていない。①東京女子大学のようなコレクションや実物資料は極めて限られている。②施設が充実していない。展示室(ギャラリー)はあっても、温湿度を一定に保つ24時間空調はなく、ギャラリーは全面ガラスで紫外線カットのフィルターを貼っていないため直射日光が差し込む。ギャラリーで退色の恐れがある資料は展示ができない。③北海道大学や東京大学のような附属博物館が設置されておらず、充分な学内実習を組むことができない、という課題がある。

上記の課題がある中、館園実習を受け入れている現場は大学側に実践教育を求めている。全国を対象としたアンケート調査結果から、大学側で養成してほしい知識や技能として「資料の取り扱い」を望む館が多く、大学教育と実習を受入れる館でギャップが存在していることが明らかになっている(江水、浜田、井上2022年)

この原稿を執筆している最中、「大学における学芸員養成課程の科目のねらいと内容について」(文化庁、2024年)が公表された。その中で「新たに求められる学芸員の資質」について、①経営の視点を持ち利用者の満足度を高め、新たな層に働きかけることのできる人材、②多様な主体との連携等により新た

な価値を共創できる人材、③デジタル・アーカイブ化、文化観光、地域の活性化に対応できる人材、という３点が新たに示された。

　文化庁の提示した「新たに求められる学芸員の資質」や「改訂の方向性」に示された、「多様な主体との連携」や「新しい情報メディアやデジタル・アーカイブ」の活用による魅力発信の重要性は否定しないが、予算や人員不足で疲弊する地方ミュージアムの現場で、どれだけ「新たに求められる学芸員の資質」や「改訂の方向性」が実現可能なのか。大学で学んだ知識を現場で体験することで現実的に何ができて、何ができないのか、まずは博物館の現状を把握してもらうためにも、以下３つのプロジェクトが有効ではないだろうか。

（2）浜松市博物館（登録博物館）×静岡文化芸術大学「染色型紙プロジェクト」

　浜松市と周辺の遠州地域は綿花の産地であり、綿織物が盛んでそれは遠州織物として名高い。豊田佐吉（現トヨタ）が小幅動力織機を発明し産業として発展するきっかけをつくり、鈴木道雄（現スズキ）も広幅力織機の開発からスタートして近代産業発展の礎を築いた。そんな文化的な土壌がある地の旧相曽型染から浜松市博物館に約 18,000 点に及ぶ染色型紙と関係資料が寄贈された。地場産業の歴史を語る上で欠かせない資料であることは間違いないが、博物館は一括で寄贈受け入れを決め、資料整理に着手する時間、人手、予算は潤沢ではなく、収蔵庫で眠る日が続いた。

　静岡文化芸術大学の立入正之教授が 2017 年静岡文化芸術大学と浜松市で染色型紙のデザインと資料に関する共同研究という位置づけで覚書を締結して、博物館から資料を大学に運び込んだ。毎週水曜日に学芸員養成課程の学生を中心にボランティアで資料整理を開始。年間約 4,500 点の調査と注記を行う。３つの連携プロジェクトの中で一番歴史が古いのが、この染色型紙プロジェクトである。以下、概略を時系列で紹介しておく。

　2018 年大学の西ギャラリーで中間報告の展示を実施。浜松市民ミュージアム浜北で巡回展示、同年 12 月に研究報告の展覧会図録「浜松の染色の型紙─機械染色の型紙を中心として─」を刊行。2019 年 1 月浜松市博物館で「浜松の機械染色の型紙」を開催した。同年 2 月大学の講堂でシンポジウムを開催。コロナ禍の活動停止をはさみ、2021 年 4 月から修復活動を開始する。2021 年

12月型紙修復報告展を大学1階中央エントランスホールで実施。2022年9月から「浜松の機械染色型紙紹介と修復報告展」を浜松市博物館分館の水窪、春野、細江で実施するなど積極的な発信に努めた。

2023年度に立入正之教授から筆者が同プロジェクトを引き継ぎ、「博物館資料論」の一環として学生たちには資料整理に従事してもらっている。資料整理の指導は、浜松市博物館元館長で学芸員の栗原雅也氏が担ってくれている。資料のクリーニング（図2）→注記（図3）→計測（図4）→資料カードの作成（図5）→台帳の作成と博物館が資料を受入れてから収蔵資料になるまでの一連の流れを、学生は「博物館資料論」の座学で学びつつ、博物館が所蔵する実物資料を使って体験することができる。

以下、2023年度に資料整理に係わった学生たちの振り返りを読むと、こちらの意図したことが伝わっていたことが見てとれる。

- 「資料を動かすときはきちんと持ち上げたりなどの資料を扱う際の注意点

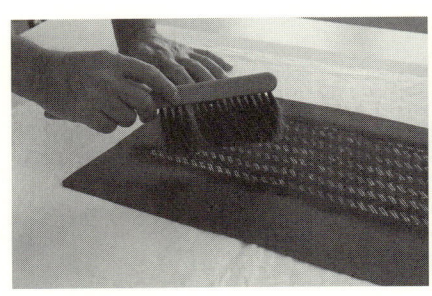

図2 資料のクリーニング

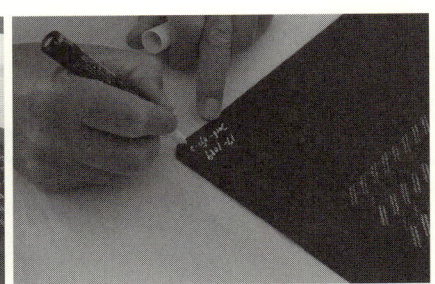

図3 注記

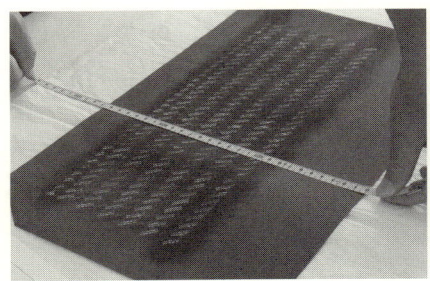

図4 計測

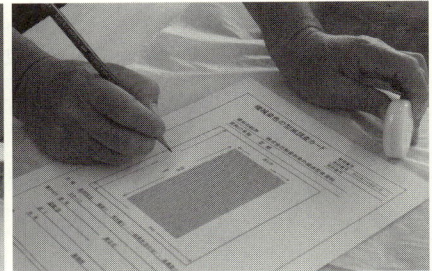

図5 資料カードの作成　© 高橋悠花

が、実際に作業をすることによって無意識にできるようになりました。今回は型紙の整理でしたが、博物館実習に行く際はまた異なる資料を扱うことになると思うため、今回身についたことを忘れないように活動していきたい」（Aさん：当時2年生）

- 「資料を扱う緊張と精密さ、新鮮さをこの時間に学びました」（Oさん：当時2年生）
- 「実際に博物館が所蔵している資料を扱うことで、理論を実践に置き換えて体感的に学ぶことができた」（Kさん：当時2年生）
- 「学生の間に実習以外で本物の博物館の資料に触れて、博物館の主要な作業の一部に関われることは滅多にないのでとても貴重な体験でした」（Hさん：当時2年生）
- 「授業で話を聞いているだけではあまり想像ができませんでしたが、実際にやってみることである程度理解することができました。資料は思っていた以上に繊細で扱うのが怖かった」（Mさん：当時2年生）
- 「資料論を学ぶ前は、沢山の型紙が全て同じに見えていたし『これが何の研究に役立って、展示などができるのだろうか』と考えていましたが、資料論を学んでいく中で、何の資料がいつ価値ある物となるかは分からないと理解し、型紙の一枚一枚がとても価値ある物に感じてきました（M・Hさん：当時2年生）

　大学の座学で伝えた内容が、身体を通じて獲得されていく過程が、学生のコメントからも如実に現れている。

（3）上原美術館×静岡文化芸術大学　博物館実習 連携プロジェクト

　上原美術館と静岡文化芸術大学の「連携」のきっかけは、静岡県が伊豆半島の南に位置する賀茂地域1市5町（下田市、東伊豆町、河津町、南伊豆町、松崎町、西伊豆町）に賀茂キャンパス（賀茂地域大学交流拠点）を設置したことに始まる。それは、静岡県が静岡大学、静岡県立大学、静岡文化芸術大学と賀茂地域1市5町の教育の質向上や地域課題の解決をはかるため、静岡県下田総合庁舎別館2階に設けた交流拠点が「賀茂キャンパス」である。静岡文化芸術大学の森俊太副学長から博物館実習の受け入れに係わる「連携」ができないか

と提案があり、担当教員である筆者が、上原美術館学芸員の田島整氏と土森智典氏を訪ねて事情を説明。学生の実習の優先的な受け入れと、賀茂キャンパスを使った地元高校生との交流事業について話し合った。2024年現在、同キャンパスを利用した交流は実現していないが、実習生の優先的な受入と大学でゲスト講師としてレクチャーを実施する連携が始まった。

　まず事前学習として、「博物館資料論」（2年生で履修）にゲスト講師としてご出講いただき、美術館の概要とコレクションの形成についてのレクチャーしてもらっている。2020年度に、上原美術館主任学芸員の田島整氏、2021年度は、上原美術館主任学芸員の土森智典氏、その後は2022年度田島氏、2023年度土森氏と毎年2人で交互にご出講いただいている。3年生または4年生で上原美術館を実習先として希望した学生は、2021年度8名、2022年度6名、2023年度4名、2024年度3名と、4年間で21名となった。本学で最終年度の「博物館実習」まで進む学生は、過去21年間で平均すると約10名である。上原美術館には4年間で平均5.25人を受け入れていただいた計算になり、実習先を探す苦労を知っている身としては、感謝の念に堪えない。館務実習は募集が若干名の上に選考がある、あるいは1大学1名までといった制限を設けている館もある。さらに落選した後に実習先を新たに探すのは困難を極める。

　通常、実習のプログラムは実習館にお任せだが、大学側としての要望も伝えて、できる限りの配慮をしてもらっている。例えば、実物の美術品や作品は可能な限り所蔵作品を扱う配慮をしてほしいことや、写真撮影が館内実習で足りなかった年は、美術館で教えてもらうなど、お互いコミュニケーションを取りながら進めている。大学の学内実習（前期）では複製を使った資料の取扱いの基礎を学び、夏の館務実習では実際の作品を使った扱いを体験させてもらっている（図6・図7）。

　筆者は上原美術館で夏休みに伊豆下田に逗留して、5日間の実習を学生と一緒に受けるようにしている。理由は、優先的に多くの学生を受け入れてくれる美術館にすべてお任せというわけにはいかないこと、美術館に一番近い宿である千代田屋旅館は市街地から離れており、学生の食料調達等で足が必要になるため、大学の公用車で送迎をしなければならないという事情がある。教員の負担はあるが、通常業務で忙しい中、多くの学生を受け入れてくれる上原美術館

図6　大学で複製を使った学内実習

図7　上原美術館で実物を使った実習

の負担に比べれば、大した労力ではない。

　以下、私の拙い文で解説するよりも、2020年度に上原美術館で実習を終え
た学生たちの声に耳を傾けたい。

- 取扱い方法は、本物の作品に触れることで作品そのものの繊細さや歴史が
  伝わってくる。緊張感を持ちながら作品と対峙することができる。「博物
  館実習」で実物の作品を取り扱ったことで、より作品の魅力を肌で感じる
  ことができた（高辻悠佳：当時4年生）
- 掛軸や巻物の取り扱いなど、これまで授業で経験したことも、本物の作品
  を前にすると手が震えそうになるほど緊張し、いつも通りにできなかった。
  本物に触れるという機会は私にとってすごく良い刺激となった。今までぼ
  んやりしていた学芸員という仕事に対する理解をより深めることができた
  （塚越史香：当時4年生）
- 間近で作品を点検したり、直接作品を手に取ったりした経験は、この資格
  課程を履修しなければ経験できなかった（文原明日香：当時4年生）

- 上原美術館の作品を使った展覧会作りは、本物の作品と触れ合うことができる貴重な体験。一生忘れられない思い出（松下奈乃華：当時4年生）
- 本物の作品に沢山触れたり、展示や文化財の保護に対する学芸員の方の想いを聞いたり、想像していたよりもずっと充実した日々を過ごすことができた（弘原海 潮：当時4年生）（『博学』、2022年）。

2020年度、連携を始めた最初の年に参加した8名の努力と実習に臨む姿勢が認められて、次年度以降も上原美術館との交流が継続することになった。

（4）浜松市楽器博物館（指定施設）×静岡文化芸術大学おんせん♪プロジェクト

このプロジェクトは私のゼミに所属する4年生Mさんの何気ない発言がきっかけだった。浜松に4年間住み、大学で学芸員養成課程を履修しているにもかかわらず、大学から一番近い徒歩10分以内の公立博物館を訪れたことがないというのである。

このことに衝撃を受けた私は早速、浜松市楽器博物館の鶴田館長にこの事実を伝えたところ同じく危機感を募らせ、意気投合。一番身近な大学の学生に博物館の魅力が届いていない可能性が高く、学芸員課程の学生を巻き込んで、原因の究明と広報発信を大学生自身に担ってもらうプロジェクトを2023年度に立ち上げた。

プロジェクト名は「おんせん♪プロジェクト」と名付けた。「温泉？」と思って意外性を感じてもらえればしめたもの。「おんせん」は音楽（おん）を宣伝（せん）するという意味と、千人（せん）に届けようという2つの意味が込められている。音楽（おん）を、学生ひとりひとりが千人（せん）に宣伝（せん）する。本学のような小規模な大学は学生総数が1,484人（2023年3月31日現在）しかいない。その学生全員に届けることを目標にし、そこからさらに千人の学生の友人、家族と広がることを願ってつけたプロジェクト名である。

浜松市楽器博物館は国内唯一の公立楽器博物館で世界の楽器を平等に展示、コレクションや事業活動は評価が高い一方、事業の周知と集客、情報発信には課題を抱えていた。同博物館の公式ＳＮＳを使って、大学生の目線で同世代に向けた館の魅力を発信することを目指し、2023年度に「博物館情報・メディ

ア論」を履修していた学生22名をTwitter班、Instagram班、YouTube班、Facebook班の4グループに分かれて博物館の課題を分析、ＳＮＳの改善提案を作って館長以下職員向けにプレゼンを行った。

　もう一つの特徴は、特別展の展示作業を現場で学びながら広報するスタイルを取ることにしたことにある。単に学生が取材に行くだけではなく、展示作業の実務を知った上で、発信する。2023年6月28日（水）休館日に学生メンバー14名が特別展の作業を手伝いつつ取材内容を投稿した（図8、図9）。学生たちが取材をしている様子を新聞社に取材してもらい、それが記事になった（静岡新聞2023，中日新聞2023、朝日新聞2023）。博物館の認知度を高める広報につながり、学生自身もメディアの取材や広報の実態を現場で学ぶ貴重な機会を得た。

図8　浜松市楽器博物館
　　　公式Instagram

　2024年度はX（旧Twitter）に対象を絞って実施することにした。さらに行政の課題解決を目的に浜松市が公募した民間専門人材のプロジェクトマネージャー小林梨沙氏を「博物館・情報メディア論」のゲスト講師に招くことができた。「"音楽"の都浜松の楽器博物館ＰＲプランナー」に就任したＩＣＴ関係企業で金融系ウェブメディアの運営を担当していた小林氏はＰＲの専門家である。浜松市楽器博物館のＰＲ戦略からブランドコンセプト、ＳＮＳを運用する上での目標設定（ＫＰＩ）、ターゲットを絞りブレない広報をするために必要なペルソナの設定などを座学で学び、それを浜松市楽器博物館の公式ＳＮＳを使って学生が実践してみるという試みである。

　投稿内容については博物館の職員が確認し、最終的に館長が承認したものを館の公式ＳＮＳにアップロードする流れになっている。

　博物館の情報発信やＰＲ活動をする上でＳＮＳの運用は欠かせない。ただし、

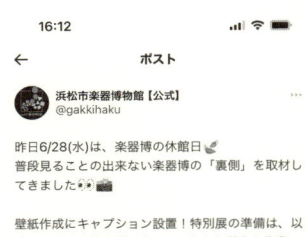

図９　浜松市楽器博物館
　　　公式 X（旧 Twitter）

炎上事例や個人情報の保護など情報発信について留意すべきことを座学で学びつつ、館の公式ＳＮＳで実践する。学生の取材の受入れや画像・動画の貸出し、投稿文の添削など浜松市楽器博物館の全面的な協力という名のご負担を負っていただいている。大学と博物館の相互に利益があり、持続可能な事業になるよう実施方法を模索しながら進めている。

（5）おわりに

　博物館と大学の連携では、お互いの組織で足りないリソースを補完し合い、可能な限り相乗効果が期待できることに留意してきた。市区町村立で中小規模の博物館は慢性的な予算、人員不足に悩まされている。一方大学は、座学が中心で現場の経験値が圧倒的に不足している。すべてではないが博物館は極めて少ない学芸員と狭い組織によるある種の閉塞感が漂う。そこに学生が入ることで、若者目線の新しい発想を博物館は取り入れることができる。大学で足りない実物資料、作品や備品が博物館の現場にはすべてそろっているなど、相互扶助の関係にある。さらに共通目標もある。地域（市民）に開かれた博物館を標榜しているところは多く、実は「地域連携」も大学の基本理念と一致している。

　今回紹介したプロジェクトは人に恵まれた。「おんせん♪プロジェクト」は館長と意気投合して一気呵成にプロジェクトを立ち上げることができたが、ひとえに鶴田館長あってこそのことである。栗原元館長や田島学芸員、土森学芸員のような理解のある方ばかりではない。大学側の学芸員養成課程の意図や姿勢を理解して、協力体制を構築できなければ何一つ実現しなかった。それは裏を返せば、人事異動、担当者の変更や退職などでプロジェクトが終了する可能性があることを意味する。従って、属人的な関係ではなく、組織同士の協定（覚

書）を締結することで、持続可能な事業の担保が求められる。

　次に実践教育の効果も問われよう。学芸員に対する意識・姿勢の向上、スキルアップにつながったのは、学生の振り返りからも明らかだが、それが学芸職または関連の業界への就職へ繋がったのか否か、転職をして博物館業界に再就職する可能性もあり、時間はかかるが定量的な評価は今後の課題である。

　そして、実践教育で学芸職に目覚めたとしても、就職先がないという現実問題が立ちはだかる。募集があっても民間に比べて時期が遅く、さらに非常勤（会計年度任用職員）が多い現状を打破する方策を早急に検討する必要がある。

　3つの連携プロジェクトを実践する過程で、大学の教育だけではなく、地域の博物館と協働して学生を育てる「共育」になっていることに気がついた。意図したわけではないが結果的に「博学連携」になっていたのである。何より浜松市博物館の元館長栗原雅也氏の献身的な学生指導、上原美術館の田島整学芸員、土森智典学芸員を始めとする学芸スタッフの全力かつ惜しみのない指導、浜松市楽器博物館の鶴田雅之館長以下、石井紗和子学芸員や坪内香澄さん等、職員の全面的な協力なくしてプロジェクトは実現しなかった。事前準備や連絡調整で博物館の現場と教員の負担は増す。その負担を厭わず実施するのは、それを上回る教育効果が得られるからという一点に尽きる。一見すると組織と組織の連携のように感じるかもしれないが、人と人とのつながりで成り立っている。お互い汗を流し、信頼関係を築かなければどんなプロジェクトも実現せず、絵にかいた餅で終わってしまう。

参考文献

朝日新聞　2023年7月15日「博物館の舞台裏、学芸員をめざす静岡文化芸大生が発信おんせん♪ＰＴ」

江水是仁、浜田弘明、井上由佳　2022年「館園実習担当者からみた大学における学芸員養成教育の課題」『博物館学雑誌』第47号第2号（通巻76号）、1-14頁

静岡新聞　2023年7月4日「静岡文化芸大生特別展を取材、発信へ　浜松市楽器博物館ＳＮＳでＰＲ」

静岡文化芸術大学博物館学芸員養成課程　2022年3月『博学』6-9頁

高橋　修　2022年2月「江戸幕府御用絵師　狩野景信（狩野宗益）筆「四季耕作図屏風」との対話（『教職・学芸員課程研究第3号　東京女子大学　教職課程・学芸員課程』所収）、62頁

中日新聞　2023 年 6 月 30 日「＃楽器博物館いいね！静岡文化芸大生がＳＮＳで催しなど発信」

浜松市博物館特別展　2019 年『浜松の染色の型紙　―機械染色の型紙を中心として―』浜松市博物館。

ウェブサイト

文化庁　2024 年 6 月「博物館実習ガイドライン」1 頁、文化庁ホームページ（2024 年 6 月 25 日閲覧）　https://www.bunka.go.jp/seisaku/bijutsukan_hakubutsukan/shinko/about/94070202.html

文化庁　令和 6 年 3 月 25 日「大学における学芸員養成課程の科目のねらいと内容について」文化庁ホームページ（2024 年 6 月 25 日閲覧）　https://www.bunka.go.jp/seisaku/bijutsukan_hakubutsukan/shinko/about/94070201.html

本稿は全日本博物館学会第 49 回研究大会、2023 年 7 月 2 日（日）於國學院大學の口頭発表「大学と地域に根ざした美術館・博物館における実践教育と連携について」を文章化したものである。

（田中裕二）

第4章

文化財保護法改正の現状と課題

1. 文化財保護法改正の経緯と展望

はじめに

　戦後の博物館の歴史を考える時、第1に挙げなければならないのが、1951年の博物館法の制定であろう。博物館事業促進会、日本博物館協会を組織した棚橋源太郎が、戦前昭和期を通じて博物館令の制定に力を尽くしたが、これは実現しなかった。しかし、戦後の教育制度の見直しの中で、教育基本法の制定に続き、教育関係法規の見直しと整備が行われ、その一環として博物館法が制定されることとなった。

　ところが、その法案作成過程において博物館法にとっては不幸な出来事が起きた。制定準備が進み法の原案がほぼまとまった頃に、1949年1月、法隆寺金堂の火災による壁画の消失という事件が起こり、これを契機として文化財保護法が参議院緑風会の山本有三らによる議員立法で1950年に採択され、その実務機関として国立博物館が組み込まれることとなってしまう。このことで、博物館法から国立の博物館を除外せざるを得なくなってしまうのである。もとより、博物館法の原案は国立博物館も含んだ包括法案であった。このことの弊害は今日まで尾を引いており、日本の博物館の発展に様々なゆがみをもたらしてきたといえる。

　その文化財保護法が公布されたのは1950年5月30日である。これにより、戦前期の文化財の保護に関わる国宝保存法、史跡名勝天然記念物保存法、重要美術品等の保存に関する法律は廃止されたが、経過規定をもってその指定や認定は引き継がれた。

（1）文化財保護法の改正の歴史

　1950年制定の文化財保護法において無形文化財が規定されたが、この属人的な技といったものを文化財として認定するという規定は、きわめて先進的なもので、当時、世界に類を見ないものであった。1954年改正で無形文化財に

ついての指定制度が創設され、重要無形文化財、いわゆる人間国宝が誕生した。また、国のみならず、各自治体において、文化財保護法と同様な枠組みで指定保存することができる法制化が行われた。つまり、国指定の文化財の他に、都道府県指定や市町村指定の文化財があるわけである。

　1960年代後半以降、池田内閣の所得倍増計画、田中内閣の列島改造論等、日本経済の伸長、経済成長にあわせて大都市圏とその周辺での宅地や工業団地の開発及び大都市圏を連絡する交通整備といった大規模な国土開発事業が進展した。このために各地で開発による遺跡の破壊の危機が起こり、文化財保護法上の遺跡の取り扱いが議論となった。当初の規定ではこうした開発行為による遺跡の破壊はほとんど想定されておらず、明確な学術目的を持たないような乱掘を防止する規定にとどまっていたわけで、全国各地で遺跡の保存運動が持ち上がる事態となった。また、こうした経済成長に伴う都市の膨張、産業構造の変化、生産様式の変化などから、伝統的な建造物や街並みの改廃や変化、地域コミュニティーの変化や崩壊による伝統芸能や伝統工芸技術の衰退が進んだ。

　こうした中で、1968年、文化財保護行政を進めるには行政委員会としての文化財保護委員会では困難があるなどのことから文化庁が創設されることとなる。

　1975年には大規模な法改正が行われ、国土開発と遺跡保存の問題に関しては、種々の開発事業と埋蔵文化財の保護保存に関して大幅な規定の整備が行われた。同様に、保存や伝承の危機にある民俗資料についても、民俗文化財として規定しなおし、重要民俗資料は重要有形民俗文化財とし、新たに無形民俗資料についても重要無形民俗文化財の指定制度が設けられた。また、伝統的建造物群という規定を設け、面的に歴史的風致を形成している伝統的建造物群とその地域を伝統的建造物群保存地区として保護する制度を新設した。さらに、文化財の保存修復等のために欠かせない伝統的な技術の保存に関して、選定保存技術の選定を行う制度も加わった。

　1996年改正では、特に近代における建造物の保存のために、指定保存の候補となるようなものについて登録有形文化財とすることができる制度が設けられ、2004年改正では、建造物以外の有形文化財、有形民俗文化財、記念物も登録可能となった。同時に、この改正で重要文化的景観という新たな規定が設けられた。

　こうした文化財保護法の拡大は、国内的な諸要因もさることながら、1992年に、先進国としては最後となる125番目でようやく批准するに至った世界遺産条約（1972年のユネスコ総会で採択）などがある。

　その一方、1999年、地方分権一括法が成立し、翌年、改正地方分権推進法が成立し、文化庁の行ってきた文化財保護行政事務の多くが都道府県の機関委任事務となり、2023年に及ぶ13次の地方分権一括法制定に伴って、権限移譲が進められ、現状では、文化財保護行政の多くが都道府県の自治事務へと移管されている。

　このことにより、もっとも危惧されているのが、自治体間における格差が生じ、国としての一定のレベル維持が困難になる恐れである。文化庁による指導による文化財の保護保存のレベルの維持が、後退する恐れはないかということである。

　最近の大きな法改正は2018年改正である。博物館に関する事務が文部科学省から文化庁に移管された年でもある。その背景としては、長期にわたる日本経済の低迷から、2020年の東京五輪に向け、「観光立国」宣言を出すなど内需や外需に対応する観光推進戦略がとられたことがある。こうした観光推進のキーワードが「日本文化」──「和食」「おもてなし」等々である。それまでの「富士山」「芸者」「歌舞伎」といったイメージを改め、本格的な日本文化の発信に向かおうとする戦略自体は理解できるものの、ある種のなりふり構わぬ経済行為としての観光推進には、眉に唾したくなる気分がなくもない。

　2017年の文化芸術基本法の制定は、文化芸術そのものの振興から、観光やまちづくりなどの施策も取り込むような形で、「活用」推進を目指した法となっている。ここには、観光推進を中核とした総合化とでもいうべき性格が見える。文化財保護法の改正も、博物館法の改正も、この観光立国推進という文脈の中で、「文化で稼ぐ」ための方策として推進されたというべきである。それまでの文化財の「保護・保存」という色彩から、「活用」が最重点であるかのような色彩を帯びてくることになる。確かに何のために文化財を保護・保存するのかと問われれば、将来にわたってその文化財を人類のために活用することにあるというのは紛れもない。しかし、過活用ともいうべき事態を危惧する専門家の意見を無視するかのような政治家の発言が物議をかもすなど、法の精神が歪

められかねない危惧を抱かせる。2020 年には文化観光推進法も制定され、より強力な国の支援が行われる局面にある。

　一方、都道府県レベルでの文化財保存活用大綱の制定や、市町村における文化財保存活用地域計画の策定を求めるなど、登録文化財制度も活用した未指定文化財を含む文化財保護の積極的な推進を求める法整備の方向も示された。大都市への人口集中、地方の過疎化の進行、産業構造の急速な変化や地域経済の疲弊などの中で、地域の文化財をどのように保護保存し継承していくのかが、まさに待ったなしの地域課題であることからみれば、こうした方針や計画策定が望まれることはいうまでもない。しかしながら、現状では市町村レベルにおいての文化財保存活用地域計画の策定は、専門担当者の不足や財政状態などの要因があり、それほど進んではいない。

　2021 年の文化財保護法の一部改正では無形文化財や無形民俗文化財に登録制度を拡大し、地方自治体においても登録文化財制度を置くことができることを規定した。文化財保存活用大綱、文化財保存活用地域計画策定を進めるための一連の法整備とみることができる。

　このことには、先に述べた、それ以前から進められていた民営化推進、地方分権推進がこれに重なっていることにも注意しなければならない。2018 年の文化財保護法の改正に連動し、地方教育行政の組織及び運営に関する法律の一部が改正され、教育委員会が所管していた文化財保護行政を首長部局が所管することを可能としたものである。首長部局に置かれることにより、予算獲得などを含め、教育委員会所管時より動きやすくなったことはあるかもしれないが、政治主導の行政的な動きによって、文化財の保護への思わぬ影響が生ずる懸念も払拭できない。

（２）現状での文化財保護の課題

　現状での文化財保護の課題はすでに法改正の歴史の中でも触れたが、文化財保護法が適切かつ効果的に運用されているかどうかというところにある。

　1960 年代後半から 2000 年代にかけて、全国各地で大規模な国土開発が進行し、埋蔵文化財の保護に関して危機的な状況が続発した。1975 年改正により、また文化庁の指導による地方自治体での考古学の専門職員の任用推進、埋蔵文

化財センターの設置などによって、開発に伴う行政発掘調査の体制整備が進められたことにより、なお問題は残るとはいうものの、むやみな遺跡破壊といったことは生じなくなっている。残されている課題としては、開発工事などに伴う緊急発掘調査費用負担の明確な制度化、中小自治体における専門職員の不足とその技術的能力の不足（民間事業者、いわゆる発掘会社の利用による調査の質的な低下が当初は心配されたが、現状ではかえってこうした事業者の方が機器を揃え、調査技量の質が向上している半面、そうした機器設備や技術研修などの予算獲得が厳しい中小自治体の方が調査技量が低下しているという指摘がある）、開発行為に対する文化財保護の方策がいわば定式化し、遺跡の個性に対応した保護の取り扱いがともすると後追いになり、遺跡の処理行政とでもいうような傾向が生じていることなどがあげられる。

　埋蔵文化財の問題に限らず、地方分権下での自治体による保護行政の質的なばらつきは、今も指摘され続けている。特に市町村レベルにおける文化財関係の専門職員の欠落や不足（考古学分野に限らず）はかなり深刻である。平成の合併以後、新自治体の総員計画の中で、退職した専門職員の不補充などにより、拡大した対象領域を減員のままで見なければならない状況がよくみられる。博物館の統廃合の場合にも同様な問題が生じている。各種の文化財の調査や評価に関しては、専門的な能力を持った職員が必要とされるが、この問題に関しては、国や都道府県の支援や指導がなお不足していると感じている。

　観光推進下での文化財の活用と保護の問題では、いわゆる「過活用」による文化財への負担増が懸念される。各地の博物館で開催される特別展などを見ると、活用にあたっての一部の資料への偏りが散見され、度重なる移動に伴う文化財への負担増、劣化リスク増が懸念される。2018年、国宝・重要文化財に関しては、その公開に関する取扱要綱が改訂され、公開のための移動回数や期間、留意事項などが定められた。

　文化財保護法を活用し、より豊かな国と地域を実現していくためには、国公私立の博物館と関係行政組織の人材の充実が何よりも重要な課題ではないかと思われる。各種の調整や管理・運用をコントロールする人材もさることながら、文化財に関わる専門の人材、つまり、各種の文化財の調査や評価を行える専門人材の充実が図られなければならない。早くいえば、現場の専門家の充実が何

よりも喫緊の課題ではないかと思われる。このことは、文化財の防災問題にもいえることで、阪神淡路大震災、東日本大震災を経て、文化財レスキュー、文化財防災体制の整備が進んできたが、近年の災害の多様化を見ると、多様な各種の文化財に関する専門家、保存科学の専門家、修復技術者をそろえたより充実したナショナルセンターが必要であると思われる。

　日本学術会議史学委員会の文化財の保護と活用に関する分科会も、2023 年 9 月に『地域社会の継承・発展を支える文化財保護の在り方について』という「見解」を発表しているが、文化財保護の将来を担う専門人材育成の強化を含めて、ここに掲げたような課題がそれぞれ指摘されている。

（3）文化財保護法と博物館

　文化財保護法には、博物館に対する規定としては、国立博物館を除きほとんど言及されていない。唯一、第 53 条で、「重要文化財の所有者及び管理団体以外の者がその主催する展覧会その他の催しにおいて重要文化財を公衆の観覧に供しようとするときは、文化庁長官の許可を受けなければならない」とし、ただし「公開承認施設」での場合はこの限りではない、という条項である。この「公開承認施設」は、文化庁の定める各種の基準をクリアーした施設が認定されるもので、必ずしも博物館とは限らないが、多くの地域博物館が、国宝・重要文化財の展示も視野に入れた施設づくりを行って、「公開承認施設」となっている。

　一方、博物館法には、文化財の保護に関する明確な規定はなく、第 3 条の 8 で「当該博物館の所在地またはその周辺にある文化財保護法の適用を受ける文化財について、解説書または目録を作成するなど一般公衆の当該文化財の利用の便を図ること」というのが唯一の規定である。この「文化財保護法の適用を受ける文化財」は、いわゆる指定文化財を指していたものであるが、文化財保護法の度重なる改正による変化に全く対応しておらず、文化財の登録制度が拡充され、地域における文化財の活用計画の策定が求められている現状では、博物館が地域の文化財とどのようにかかわるべきものであるかを、より明確に規定する必要がある。博物館法制定時に国立博物館が除外されたことが関わっているとも思えるが、博物館法には国宝や重要文化財の取扱いに関する規定はな

いし、実際の文化財保護に関して、公私立の博物館の立場や位置づけがきわめてあいまいである。1970年代以降充実が図られてきた地域博物館が、実際にこれまでも地域の文化財保護に果たしてきた役割は大きなものがある。人文系にせよ自然系にせよ各地の博物館は、この間の社会的な変化に対応し、地域の文化財や自然史資料の保護・保存にとり組み、結果として多数の収蔵品を抱え込んで、収蔵庫不足が深刻な事態となっている。

現行法の大規定では、博物館は「社会教育機関」であるとし、また文化芸術基本法では「文化施設」とされている。この規定に誤りはないものの、博物館は「資料保存機関」でありかつ「調査研究機関」でなければならないとも博物館法では規定されているのである。この「資料保存機関」「調査研究機関」という規定に対する行政の対応や支援は必ずしも十分とはいえないのが現状ではないだろうか。

登録博物館制度と学芸員制度を骨格とする博物館法の抜本改正が求められながら、2022年の博物館法改正では、登録博物館の要件であった教育委員会所管が、公立博物館のかなりの部分が首長部局所管である実情に合わないことから設置主体の限定が撤廃されたにとどまり、登録制度や学芸員制度について多くの提言があったにもかかわらずこれらは採り入れられず、抜本改正は、またしても先送りされてしまった。

2018年に、博物館行政が文化庁へ移管されたことにより、文化芸術基本法、文化財保護法、博物館法の相互の整合的な調整が行える環境は整ったというべきであり、必要な調整と法改正、様々な支援が早急に行われることを期待する。

参考文献
日本学術会議史学委員会文化財の保護と活用に関する分科会　2023『見解　地域社会の継承・発展を支える文化財保護の在り方について』日本学術会議
文化庁　2001『文化財保護法50年史』ぎょうせい
ウェブサイト
文化財保護法及び地方教育行政の組織及び運営に関する法律の一部を改正する法律等について　https://www.bunka.go.jp/seisaku/bunkazai/1402097.html

（矢島國雄）

2. 文化財保護法改正と首都圏の文化財保護行政の実情
——板橋区の事例から——

はじめに

　筆者は1985年、東京都特別区の一つ板橋区の教育委員会文化財保護担当学芸員として採用され、板橋区立郷土資料館内に置かれた社会教育課文化財係学芸員として埋蔵文化財を主務しつつ、文化財保護全般と郷土資料館展示等を担当した。1989年、新たに郷土資料館を改築した際には文化財係から分離組織し、学芸員も文化財3名、郷土資料館2名を配置した。筆者は1989年から2013年まで郷土資料館勤務となり館長職まで務めた後、2014年から2016年まで文化財係長を拝命し2017年3月定年を迎えた。文化財保護法を根幹とする文化財と、博物館法の郷土資料館とでは学芸員の仕事や役割が異なるものの、一般事務職と相違して学芸員間の接触は比較的密で交流も長期にわたる。つまり学芸員には文化財保護行政を担う者と博物館に在籍する者とがいて、地域行政の文化政策を推進する重要な役割を担う一方で、各学芸員の専門性ゆえに組織間をまたぐ人事交流が難しい側面を持つ。これは相互異動について事務職に見られる定期異動等の年季制を設定していればよいが、不定期、随意となると学芸員同士の不信感を生みかねない。文化財保護行政に専任したい学芸員がいる一方で、博物館での展示活動を好む学芸員が突然文化財への異動となれば、博物館経験値が長いだけに異動先の文化財で何をやるのかという不満を生じかねない。筆者の経験からするとすべての学芸員に納得のいく解決策を見出すことは難しいが、組織間の相互異動は学芸員キャリア上、重要な経験値を与えてくれるものと考える。

　さて、地域行政における学芸員の所謂機能論については本稿の趣旨でないので省くが、行政組織に多様さがあるように学芸員も同様の多彩さを有している。学芸員という職種では思っている以上に柔軟な発想と行動力を保持しているから、今回の文化財保護法の改正が論議される前に先進的文化財保護活動で行動

的な学芸員も存在する。要は事務方の動きよりも学芸員の行動様式が文化財行政に深く関わっているかによって雰囲気も変わるのではあるまいか。

（1）首都圏における文化財保護行政とは

　本稿で紹介する板橋区は、東京都特別区23区の一つである。特別区の西側のJR東日本中央線にそった区域が武蔵野多摩となる。板橋区は東京城北に位置し、この区域に文京区・豊島区・北区・豊島区・荒川区・足立区を含む。しかし、実態としては豊島区・練馬区・北区との地域連携が強く、文化財や博物館を含めた学芸員同士の連携や情報交換も盛んで（ただし関連しないこともある）、この4区は地形的には豊島台地の高台に位置した関係上、江戸・明治時代の北豊島郡の風土と村落を受け継ぐ地理的な近似性を有する。荒川区や足立区は低地帯に位置して郡域も相違し、また文京区は学園区としてのエリアであり千代田区・中央区と近い経済商業圏として位置づけられる。

　板橋区における文化財行政を考えると江戸時代の成り立ちが重要となる。東京は江戸城下の御府内、御府外と呼ばれた江戸市中とその近郊とで構成され、明治の近代化以降も区域的な枠を外れることなく歴史的な地域相を現在に残す。また、江戸時代の主要街道としての四往還の一つ中山道は日本橋を起点として、文京区・豊島区を経て板橋区（中山道板橋宿）から埼玉、群馬県を経て木曽街道の長野県から京都に至り、脇往還としての川越街道も板橋宿平尾の中山道から分離して練馬区から埼玉県川越市に至る道として知られる。このように板橋区は江戸から明治近代以降、江戸郊外の農村域にありながら中山道、川越街道の主要街道の通じる交通の要衝として成り立ち、自然と歴史的な事象の蓄積が厚く文化財的な資源を比較的豊富に残す地域となったのである。それでも近年は都市圏の拡大に伴う商業の膨張と住宅需要の増加とが相まって、かつての江戸東京近郊の農村域という様相を失いつつある。このことは板橋区の文化財行政施策に影を落とす要因ともなっており、ちなみに2024年4月時点の人口数575,000人。1872年の約11,000人、1925年50,000人、1945年終戦時170,000人と1943年と比べ約2万人の減少を除くとほぼ増加の一途をたどり、板橋区は首都圏域の人口増が顕著な自治体として発展した（板橋区1992）。

1. 学芸職と文化財管理

板橋区教育員会生涯学習課文化財係は学芸員6名（考古2名、歴史民俗各1名、近代化遺産2名）を擁し、郷土資料館学芸員4名を加えると10名となり、これは東京都特別区23区の中では突出した数字となる。筆者が板橋区を定年退職した時点では文化財4名、郷土資料館2名であったから7年ほどで4名増員理由として、国史跡陸軍板橋火薬製造所跡用地取得と整備計画のための近代化遺産2名と共に次代を担う民俗、歴史系分野2名を採用した。ジェンダー比較では男性学芸員4名、女性学芸員6名と昨今の自治体における女性学芸員採用の傾向と軌を一にし、年齢的にも30歳前後が7割を占め若い。本来なら学芸員の年齢構成は年齢幅を広げておくことが理想で、急激な採用増による若年層への偏りを懸念材料と残している。

　文化財保護行政は学芸員と事務方との連携に加え、郷土資料館学芸員も適宜応援する形をとる。また、文化財係は管理施設として民俗伝承の区立郷土芸能伝承館や都指定有形文化財粕谷家住宅、国史跡陸軍板橋火薬製造所跡の維持整備、中山道板橋宿資料公開コーナー展示と埋蔵文化財整理室、文化財整理室、埋蔵文化財収蔵庫を複数の小学校教室に保管するなど各種施設維持管理も膨大で、係長級組織とはいえ地方の課長級並みの構成である。

2. 文化財調査と保護

以上の施設に加え、文化財調査・保護として年間数件の登録・指定文化財を文化財保護審議会に諮る。1983年に板橋区文化財保護条例を制定して以降、2023年度までの登録数は192件に上る（表1）。有形と無形との文化財のうち、

表1　板橋区登録文化財一覧（令和5年度末時点）

文化財区分	件数	備考
有形文化財	107件	徳川将軍朱印状、若木稲荷神社四季農耕図絵馬、大堂銅鐘ほか
有形民俗文化財	26件	富士永田講関係祭具一括、御嶽神社の狛犬、渡邊学園裁縫雛形コレクションほか
無形民俗文化財	10件	徳丸北野神社・赤塚諏訪神社田遊びほか
記念物	40件	志村一里塚、茂呂遺跡、圧磨機圧輪記念碑ほか
無形文化財	9件	説経浄瑠璃、象牙彫刻、手描友禅ほか
合計	192件	

有形文化財は今後も資料増加の見込みがある一方で、旧村の名残を伝える徳丸北野神社田遊び（国指定無形文化財）等の無形民俗文化財や芸能工芸等の無形文化財については、都市化の波に洗われて世代交代や伝承者育成の面で困難な側面がある。この点について2022年度文化財保護法改正の分析と絡めて後述したい。

　板橋区は文化財とした指定・登録資料保持者には維持管理費の名目で毎年一定額の謝礼金を支払っており、現状で年間約250万円弱に上る。年々増加する文化財謝礼金のあり方について、事務及び学芸員の間では一定の上限が必要との意見も出ているが、発足時の理念を勘案すると中々削減も難しく、かといって実際に文化財の修復修繕（寺社等）が生じた場合に、追加で区からの助成金を出せないだけに現状では広く浅く文化財保護を維持するため継続している。区の財政以外からの助成金及び補助金を望むなら東京都、国への文化財昇格を目指す他ないが、これは簡単なことではない。板橋区を含む東京23区の自治体は富裕行政団体であり国からの地方交付金助成対象でないことも影響している。

　次に文化財調査として登録指定文化財への悉皆調査（随時）や、国史跡陸軍板橋火薬製造所跡地の維持整備に加え、周辺域の国史跡指定地内の建造物等の保護指導が含まれる。この史跡については2029年度の公開に向けた整備を段階的に進めていく予定で、これは文化財係だけでなく区全体の目玉事業として進捗性に注目が集まっている。

　埋蔵文化財としての遺跡包蔵地は区内全域にまたがる。開発と遺跡調査に関わる例示として、1980年〜1990年代半ばでの板橋区の建築確認申請は年間2,000件ほどで、うち、文化財保護法57条・58条による発掘調査（試掘・立合・本調査）等の対象100件程度、本調査に及ぶものとして5件程度あった。この当時は開発規模も大きく調査期間が1カ月から1年に及ぶものも少なくなかった。次に2003年度で見てみると建築確認申請3,836件とほぼ倍増し、法57条・58条による調査は90件に達した。一部集合住宅を含むも圧倒的に個人住宅が調査対象となる一方で、規模の大きい発掘調査が減少しつつある。

3. 文化財公開と普及

　この分野では区立郷土芸能伝承館の維持公開事業が主となり、ここで指定登

録文化財保持団体及び個人の伝統芸能を披露する機会を設けている。公開規模の拡大を狙った大規模会場を使用した郷土芸能大会も秋口に開催するほか、毎年複数の小学校で郷土芸能の鑑賞と芸能体験学習を実施して積極的な芸能文化普及に努めている。他に芸能伝承館利用団体による各種の自発的な芸能公開にも取り組んでいるが、これらの団体は無形文化財としての位置づけにあるわけではない。都内でこのような施設を保有し民俗芸能を積極に援用公開をしているのは首都圏域において板橋区ぐらいであろう。それ故に過去に文化庁の支援事業「いたばしふるさと文化再興事業」（2002 ～ 2004 年、板橋区教育委員会2005）で区内民俗芸能 11 団体の人材育成や積極的な公開支援を広げてきた経緯もあり、板橋区として民俗芸能等の無形文化財への比較的厚みのある取り組みをしており、今回の文化財保護法改正の中で重点施策とされた民俗芸能文財への取り組みを積極的に行ってきた。併行して工芸分野でも同様に工芸技術体験や販売等を通して公開普及の機会を設けてきたが、民俗芸能分野に比べ工芸分野での無形文化財を生業的な意味で将来像を描くのは難しい。

（2）文化財保護法改正と首都圏行政の文化財保護対応について

　文化庁による文化財保護法（以下保護法）の一部改正に関わる事案は、過去10 年を見ても 2 回行われている。それに対して板橋区を含む首都圏域での保護法対応を具体的に対処している事例を聞かない。このことは端的に各行政における保護法改正が緊急性を要していない背景もあるからで、よくいえば現状維持で手一杯というのが実態である。

1. 文化財まちづくりと広域構想

　2019 年 4 月に文化庁が提示した保護法 183 条とその各項による「地域における文化財の総合的な保存・活用」の改正指針では、「過疎化・少子高齢化などを背景に、文化財の滅失や散逸等の防止が緊急の課題であり、未指定を含めた文化財のまちづくりに活かしつつ、地域社会そうがかりで、その継承に取組んでいくことが必要。このため、地域における文化財の計画的な保存・活用の促進や、地方文化財保護行政の推進力を図る」とあり、板橋区を含む市町村において「文化財保存活用地域計画」を作成し、それを実行する主体としての任意「文化財保存活用支援団体」（保護法 192 条）を指定し、行政文化財との一

体化を図り連携する組織構築の考えを提示した。つまり文化財行政を保管する新たな組織を文化財保護の一環として認知するというもので、文化財という行政組織の人員を含めた肥大化を抑えるか、あるいは組織的柔軟性を持たせるかとのことかもしれないが、少なくとも板橋区の文化財行政からするとこうした関与団体の立ち上げは時期尚早の感がある。これとは別の教育委員会所轄の文化財保護審議会（保護法190条）を、首長部局が新たに設定する場合は条例を制定すれば可能とする、文化財保護審議会の二部構成の在り方も板橋区の行政施策では現実性を帯びない。仮に教育委員会所管文化財行政の権限が弱い場合にはとにかく首長部局の方が予算や権限の面で強いのが一般的であるから、総体的な文化財保護を視座にすればこの選択も可能とする解釈だと思うが首都圏域自治体では現実的でない。

　ところで「地域における文化財の総合的な保存・活用」の「文化財保存活用地域計画」について、仮の構想として私の勝手なイメージであるが、2017年度に国の史跡となった板橋区東部の人口稠密地帯にある「陸軍板橋火薬製造所跡」（板橋区 2020）は、隣接する北区と陸軍の造兵廠が一体化しているのであり、建造物を中心とした共通の文化財保護保存と活用及び交流の可能性を考えると俎上に上げやすいと考える。有形の各種構造建造物に加え広域公園と自然景観と歴史的（中山道板橋宿）な町および街との一体化を図ることで地域活性化を構想することは、実際に区の企画レベルでは2016年度段階で立案していた。

　もう一つが国指定無形民俗文化財田遊び2団体や同地区にある獅子舞、里神楽等のある板橋区西部域の成増・赤塚・徳丸を一体化とする地域計画である。板橋区東部の人口稠密域に比べ農村的景観を保っているこの地域ならではの特性を含むことで、民俗芸能を中心とした文化財保存活用地域計画を提示することができるのではあるまいか。このようなスキームのイメージは文化財の組織として構想を掲げても、これに係る将来的な事務煩瑣を考えると尻込みする感がなくもない。例え学芸員間で想定できても、企画レベルを含む区全体の構想提示と区民の意見集約をまとめていくエネルギーの創出が膨大だからである。全体構想をまとめ国レベルへ上げていくには、実際には区の上の東京都の文化財行政との整合性を必要とする。

2.　無形文化財への広範な対処と登録手続きの簡易化

　2022 年 4 月に施行された文化財保護法の一部改正の要点では、芸能工芸および民俗芸能等無形文化財の登録の簡易化と、無形文化財の地方自治体における登録制度を新設して幅広く保護措置がとれることを柱とするものである。なかでも地方における公共団体の区域内に存在する有形・無形文化財の保存及び処置に対して地方公共団体の登録制度への手続きを簡易化、国の文化財登録として無形文化財を俎上して活性化するという。

　この趣旨として「社会の変化に対応した文化財保護の制度の整備を広げるため、無形文化財及び向けの民俗文化財の登録制度を新設し、幅広く文化財の裾野を広げて保存・活用を図るとともに、地方公共団体による文化財の登録制度及び文部科学大臣への文化財」の登録の提案等について定め、登録制度導入によって幅広く緩やかな保護処置を取りやすくするとした。これは従来の指定文化財としての強い規制と手厚い保護処置が図られてきた各種文化財の中でも、地方の人口減少や生活様式の変化等による緊急性、あるいは消滅性の高い「無形文化財」として位置づけられる、①「芸能、工芸技術等の無形文化財」と②「風俗慣習、民俗芸能、民俗技術等の無形民俗文化財」を保存して維持（消滅を防止する）していくための登録制度を、事務的な手続きを含め国の文化財登録原簿への登録をスムーズにすることにより、登録された無形文化財が保存公開に要する経費補助や指導助言を受けられる体制を構築（保護法 76 条）するという。これは財政的な面で見ても先進的な取り組みと評価できる内容である。このような手法は建造物の登録制導入で一定の効果を上げていることからも首肯できる。

　一方の民俗芸能等も保護法 90 条に則り無形文化財（保護法 76 条）と同様の制度を受け対応していくが、この無形文化財及び無形民俗文化財への喫緊性のある登録制度の導入背景も、改正案で示された「新型コロナウイルス感染症により、多様な無形の文化財について、公演等の継承活動に深刻な影響が生じていること」、「迅速にこれらの無形の文化財の登録を進め、国による保護の網をかけ」、「予算処置等による支援」体制を作っていくことで、これら無形文化財活動への支援幅を広げる効果を生み出していくという。ここで重要なのが保存公開に要する経費補助と指導助言を受けられる体制構築である。地方行政の乏

しい財政と文化財保護体制の脆弱性から勘案すると、国が予算処置等の支援をするという文言の挿入は大変インパクトのある表現である。ただ、ここでいう経費補助が地方の工芸あるいは民俗芸能等の無形文化財が、先の新型コロナウイルス感染症の流行による社会全体の停滞と活動収縮をきっかけに強い要望があったとしても、無形文化財そのものが経済的な人材育成面での収縮が続いている限り効果的であるかは予断を許さない。現状では悲観的な面ばかりが多いのが実態で、板橋区のように首都圏域での人口増加エリアであっても人材育成による継承性への恒久的な対策を見いだせない状況がそれを証明している。

　今回の改正で地方の公共団体も国と同様の制度を導入することで、国への文化財登録原簿への提案を簡易とすることもできる「地方登録制度」の新設を提示するが、地方登録制度も一般的には市町村単位では上位組織の都道府県を通じて国への上申を行うから、ここで直接地方の市町村から国へのルートを確保し、事務的な時間軽減を図っているのか曖昧である。ただし、緊急的に保護対処する文化財への地方権限を強め、そこへ国への関与を登録台帳作成の効力を生じたときに、国の文化財としての担保を確保できるための制度と考えるならそれもありかと思うが、果たしてどの自治体がこの制度を入れるのだろうか。

おわりに

　今回の文化財保護法改正にあたり、板橋区の今後の対応は未知数ながらも次の点で長所があると見るのは、①「文化財保存活用地域計画」を作成し、任意の民間団体としての「文化財保存活用支援団体」を立ち上げ、仮の例ながらに国史跡陸軍板橋火薬製造所跡における整備活用において運営面での有効性と発展的な可能性があること。次に②「無形文化財」として位置づけられる「芸能、工芸技術等の無形文化財」と「風俗慣習、民俗芸能、民俗技術等の無形民俗文化財」への登録制度を、国の文化財登録原簿への登録をスムーズにすることにより、保存公開に要する経費補助や指導助言を受けられる体制を作ることで、少なくとも財政的な不安解消が図れることへの期待を担保できる。しかし現状では無形文化財及び無形民俗文化財への影響は次の点で限定的と考える。すでに板橋区は他の自治体同様にこの分野において登録及び助成金交付について、早期の段階で先進的な取り組んできたから改正への対応も既定路線の延長と考

えている。首都圏域に位置する板橋区を含む行政では、地方における過疎化とは無縁である一方で、人口増加に伴う住宅開発と農村的な景観減少とによる自然と文化財環境の変化が、特に国指定無形民俗文化財「田遊び」等の民俗文化財を取り巻く社会変貌によってその雰囲気を失いつつある。稲作の予祝としての田遊びは農村環境の中に映し込むべき背景がおぼろげになっており、これを文化庁が提唱する「地域総がかりで作る文化財保存活用地域計画」に落とし込むのは、その可能性を提示できても現実的に難しい。かつて江戸東京近郊の農村域として比較的自然環境が豊かであった農村域の名残を伝承した民俗芸能は、その保持する区域や支える構成員の世代交代が区域構成という伝統を保持するがゆえに、必ずしも新住民を加盟させ発展するという構図となっていない。むしろ新住民との軋轢を生んでいる側面があり、現に行政と地域はその調整に汲々としている。過疎化による人口減少と継承者不足とは数字的に説明しやすいのかもしれないが、単なる人口の増減現象だけで語れるものでなく、人口急増の首都圏域だからといって必ずしも安泰でないのが無形文化財の難しさで、これが今回の文化財保護法改正とうまくリンクできればと期待する。

　今回紹介した板橋区は首都圏域において人口増加の著しい行政区で、文化財行政も学芸員 6 名と人材面での豊富さと財政上の基盤がしっかりしていても必ずしも十分とはいえない。特に無形文化財への扱いは長期展望において予断を許さない。これに対して地方の過疎地域を抱える行政での困難さははかりしれず、地方行政の実情をみると今回の文化財保護法改正が狙いとすることへの効果と期待とで相半ばする。行政の縮小はそのまま文化財行政の縮小と執行力の弱さを示す相関関係であり、今回の文化財保護法改正はその政策性において実情を反映しているとはいい難いと考える。

参考文献

板橋区　1992『区制 60 周年記念　図説板橋区史』

板橋区教育委員会　2005『板橋区文化財年報』6

板橋区　2020『史跡陸軍板橋火薬製造所跡保存活用計画』

東京都板橋区　1982『わが街・いまむかし』板橋区制 50 周年記念誌

（小西雅徳）

3. 文化政策と文化財保存修復

（1）日本文化財の特徴

　日本は、世界で類を見ない伝世品が数多く存在する国である。特に有機質のものが残っており、稀有な事例として知られる。世界の長い歴史を有する伝世品について考えてみると、例えば南米のアンデス地方は、キープ（Quipu）と呼ばれる結縄文化を持ち、紀元前 2500 年頃から情報を縄に記録していたといわれる。スペイン占領期に開拓者（支配者）によって多くのキープ（トップ）が破壊され亡失してしまったことから、伝世品がどの程度残っているのか不明の状態にある。欧州では、死海西岸のクムラン洞窟で 1946 から 47 年にかけて発見された壺に入った巻物群（俗称：死海文書）が古く、紀元前 3 世紀から紀元後 1 世紀までに作製されたと考えられる 800 点もの旧約聖書写本 200 点等を含む古文書等が見つかっている。[1]

　これらと比べ、日本の法隆寺献納宝物などは、由来が明確であり伝承の経緯がわかる 7 世紀を代表する伝世文化財であり、その存在自体に大変価値がある。日本の君主制の歴史や思想慣習などを証明する伝世品は、ユニークな存在であり、希少だ。

　伊東忠太博士が、法隆寺の五重塔が世界で最も古い木造建築だと気づき『法隆寺建築論』[2]（伊東 1889）でその事実を発表したが、世界に二つとない貴重な文化財が身近な生活の中に存在する日本人は、これからどのように文化財とつきあっていったらよいのか。古器旧物保存方を発端とし、後に古社寺保存法、国宝保存法、重要美術品等の保存に関する法律、史跡名勝天然紀念物法、文化財保護法と続く、文化財保護を中心とした文化政策は、国際社会からみても、近代の法令制度による施策の成功例となっている。

（2）文化財の生存権

　日本の博物館の収蔵庫を覗けば、齢 1000 歳超えの文化財がそこここにあり、

よくよく見ると、なんと平安の文化財が山奥の小さな村にあったりする。人々が今できることといえば、文化財をよく観察し、文化財の制作技法や意匠などを分析し、遠い栄華な時を思いやることぐらいのことであるが、実のところ、そうたいそうなことは何もできやしない。時には、飛鳥奈良時代の1300年以上前の文化財にも遭遇する。文化財は、人に支えられ、大切にされて今まで生き延びてきた。しかしながら、時折、歴史の重みを知らない人間がおり、文化財の活用は重要と、紫外線や人間の呼吸から出る二酸化炭素、カビの胞子などと戦わせ、挙句の果て、2、3年おきに強制的に出稼ぎの旅に出すケースもある。いくら最高の設備をもつ国立博物館での展示で安全だからといっても、そもそもこんなに老体を働かせてよいものなのだろうか。いささか疑問である。スローガンととともに労働環境改善を促すデモ運動を起こしたいところであるが、残念ながら文化財は声をあげて行進できない。

　文化財保護法では、国庫補助金にて修復した国宝や重要文化財などの物件に対して公開の義務を付している。この制度は、1895年の古社寺保存法の骨子（修復費用等の補助金支給、国宝等指定制度、国宝の官立博物館への出陳義務等）を継承したものである。出陳義務が課された背景は、1888年に宮内省臨時全国宝物取調局が設置され、全国の文化財調査が実施された。その後1889年、帝国博物館、帝国京都博物館とともに、帝国奈良博物館の設置が決定した。帝国奈良博物館の設立主旨は、社寺に伝わる多数の「名器・重宝」を博物館で保管し、公開してその価値を広く世間に知らせるとともに、それらの保護に協力することであった。[3]帝国奈良国立博物館は、1895年開館した。この1895年の国立博物館の開館に合わせた展示品確保のための施策・措置に引っ張られ、いまなお明治時代の施策・措置（出陳義務）をそのまま進化・発展させることなく、21世紀になっても活用＝出陳、活用＝hands onなどと、オリジナルの文化財を積極的に消耗させる方法を安易に採択し、その施策を未だに続けている。今すぐそのような施策は再考すべきである。修復した後、なじむ間もなくリハビリなしで、スポットライトの強い光源を何日も浴びる文化財の気持ちも考えてほしい。見返りをもとめず、文化財に愛情を持って接してほしい。

　文化財は、存在が唯一無二ではあるものの、それは人権と同じで、歴史を踏まえた固有の希少的価値であって、実際のところ、同じ材料と技法で制作がで

きるのであれば、それは、伝統継承が正当になされ、文化が守られているということを意味する。重要なのは、伝統材料や古典技法が継承され、同じものを新しく創り出すことができるという文化が、正当に継承できているかどうかである。だからこそ、伝統材料や古典技法を用いた作品の制作ができるような人材育成と支援制度に力を入れるべきである。希少性の高い古い文化財を直接修復することも重要なことであるが、本当に重要なのは、伝統文化の継承者の育成である。修復より模造品や模写に力をいれる施策・措置が必要である。まずは、伝統材料を使い古典技法を用いた作品を制作できる環境を整える必要がある。そして、本物の文化財を展示やハンズオンなどで消費しないように、博物館等では、模写や模造品を活用する機会をもっと取り入れるべきであり、具現化するための措置を未来の法律にぜひ取り入れてほしい。伝統文化を継承する若者が増える世の中を夢見ている。現在、文化財修復に憧れる若者が多いが、それは人が触れられない貴重な国宝や重要文化財を自分だけが触れるという特別感、希少性に憧れるだけであって、忍耐と長い鍛錬が必要な古典技法や伝統材料の使い方を学びたいわけではない。実際には、古典技法や伝統材料を用いない化学薬品や科学技術を用いた文化財修復の方法もたくさんある。文化財修復の現場では、どちらの知識も技術もなければいけない。しかし、今どきの人はなぜか、金継ぎのような古典技法を学びたがり、漆や金箔、卵殻のような伝統材料を使ってみたがる。それは、生活の中で古典技法や伝統材料に触れる機会がなく、それらが日常生活にない特別珍しいものになってしまっているからである。特別感、非日常感が求められているだけである。文化財保存修復の現場では、「保存すること」、そして「修復すること」の二つの意味があると考えられているが、実のところ「修復」にあたっては、「保存」の言葉に、「モノ」自体を保存することと、「伝統材料」と「古典技法」を保存することの3つの意味が隠れている。だからこそ、文化財修復という単純な言葉を使わず、丁寧に文化財保存修復という言葉を使ってほしい。今、文化財保存修復に必要なのは、伝統材料と古典技法の継承であり、その継承行為が日本の文化を守ることにつながっていることを人々には理解してほしい。

（3）文化財の品格

　文化財の定義を考えるとき、文化財保護法に基づいて論を展開することが多い。国連や UNESCO などの専門機関が主催する国際会議の場面で、文化財「Cultural Property」という表現を用いる人間が、アメリカ、日本、韓国、フィリピンなどのある特定の限られた国の人間、もしくは、それらの国で高等教育を受けた人間が多いということに気づく。「Property」という単語自体に違和感があると、気心の知れた英国の友人から遠慮ない指摘を受けた。言葉は、さまざまな意味を持っていることはもちろんのこと、言語外に歴史的背景等を含むものであり、そこから気づかされることも多い。

　Property は、財産と一般的には訳すものの、所有物（所有地）、所有権、属性等などの意味を持ち、一般的に、所有を主張する場面や属性などの所有性を表す場面に使われる言葉である。いわゆる経済用語で、会計検査等の場面で多く利用される。Cultural Property が、文化財保護法の中の文化財の名称になった背景は、文化財保護法策定のきっかけが GHQ の戦後処理の一環として行われていた事実がある。文化財保護法には、"Possession" という「所有」にあたる単語が一つもなく、"Patrimony" や "National Heritage" に相当する歴史や伝統を有することが明らかにわかるような単語も使われていない。GHQ の政策では、文化財に対する扱いも、財閥解体や農地解放などと同様に、日本の経済支配体制の壊滅を目的とした経済民主化政策の一つとして行われた面もあった。いわゆる「赤羽刀」と呼ばれる歴史的文化財群の取り扱いを見ても、GHQ は、美術品を無機的に取り扱い、一部混乱が見られた。[4]

　また GHQ は、機構改革の際、文部省の国宝調査関係（文化財保護）と国立博物館の機能を拡充強化して一元化する計画を推進していたという。[5] さらに、文化財は国民共有の遺産であるという意識をもつべきだが、文化財保護法起草では、私有財産を尊重するような財産権に関する検討が協議されたことが記録として残っている。新しい法令名も、幾度かの検討が重ねられ、それまでの国宝保存法といった名称は用いず、「国宝」という言葉すら使わないタイトルである Cultural Properties Protection Law という法令名がつけられた。

　GHQ の意図である国有物や共有物であるという意識を想起しないように、徹底的に有機的につながる歴史や伝統、創造性などを故意に排除した冷たい印

象の言葉を用いたタイトルである。そして、史跡名勝天然紀念物保存法によって指定された天皇家にまつわる史蹟は、解除するように GHQ より指示があり、これをきっかけに古墳や埋蔵文化財を私的財産とみなすようになり、戦後、古墳発掘が流行し、それが文化財保存上の問題となった。[(6)]

　愛国心（Patriotism）は、Patrimony にも通ずる自身の国家や共同体に愛着や忠誠心を持つ心理状態であるが、なぜか日本では、自身の国に対する愛国心や文化への愛着を育てにくい雰囲気がある。私は、漆工芸品や染織品を見て美しいと思うのと同時に、手に持って実際に使ってみると、その質の高さに関心するとともに、どこかしっくりとくる安心感がある。洗練された文化に品格を感じ、自国の歴史を誇らしく思える。自画自賛といわれようが、やっぱり日本はすばらしい。だからこそ、無秩序に入り込んでくる異国の文化や風習に対して少々拒否感をもつ。個人的感想をいえば、グラフィティアートに憧れないし、文化芸術振興という名目で、現代アートが田舎や古い町並みに突如出現する昨今の様子に、違和感を感じずにはいられない。

　祭りは非日常だからこそ美しいが、それが恒常的にずっと町を占拠している姿を、粋だとは思えない。神輿がたまにお出ましになるから心が躍るのではないだろうか。いつもあるようじゃ、ただの落ち着きがない noisy な空間になるだけだ。歴史的建造物や古美術品というのは、ご先祖様の遺産であって、ご先祖様の威光を頼って遺産を食いつぶして先端芸術とかいっていては、心許ない。新しいものを無から創作するからこそ芸術家は尊敬される。伝統文化を継承している人々の美しさや、そのひたむきな姿の尊さ、それらがわかる若者をわれわれは育てる必要があるのではないだろうか。

　田舎は、ただのみすぼらしい流行においていかれた未発達の空間ではない。すでに歴史や伝統のフィルターを通じて、何千年もの時間を経て、洗練された姿として独自のスタイルが確立され表出し、固有の美しさを持つ。

　『春すぎて　夏来にけらし白妙の　衣ほすてふ　天の香具山』と、見上げた先にある蒼空下の洗い立ての白い衣で季節を感じる繊細なセンス。これこそが、日本の誇る伝統であり、歴史に紡がれた文化である。

　昨今、見る人のセンスが問われていることに、気づかない人が多すぎる。人が楽しませてくれるというレジャー、テーマパークの思想。腕のない未熟な芸

術家が、古い文化財の威光を借りてエゴイズムのために利那的に歴史を消費してもよいというスタイル。これを助長させることが、文化政策の骨子になっているのは、あまりにも悲しい。文化財と対話ができる楽しさ。その楽しさを味わうには教養が必要である。わかる楽しさ。何千年もの時を経て、過去の人と自分たちにしかわからない感覚を通じて意思疎通する楽しさ。そういう仕掛けと謎解きがあるからこそ、芸術は楽しい。文化を伝え伝承させ楽しみながら味うことこそが重要である。

（4）文化財倫理—文化財を敬う心を育てる

　日本は、世界に類を見ない古い歴史を持つ文化財が身近に存在する稀有な国である。この事実を理解することが大変重要である。未来を背負う子供たちが日本の文化財の特殊性を知り、その存在に価値を見出し、大切にするという気持ちを抱き、尊敬の念を持って文化財に接することができる。それが、文化財保存修復の一番の早道である。

　尊敬すれば、捨てたり壊したり、傷つけたりはしない。これこそが一番効果的な保存方法であることは、誰もが経験的に知っていることである。教育や博物館の意義はここにある。世界で一番古いものを誰が壊そうと思うか。世界でほとんど例が残っていないものを誰が傷つけたいと思うか。歴史的な由来を持つものを誰が捨てようと思うか。否。誰もいない。無知こそが事故や損害の原因となることが多い。知っていることで、事前に防げる悲劇は多く、文化財の亡失する状態は、一般的に非常時と考えてよい。文化財を扱っている当事者の精神状態が通常ではない時に、どのようにコントロールしたらよいか。そこに重要なポイントがある。

　ここで、武力紛争の際の文化財の保護のための条約（通称：1954年ハーグ条約）を通じて、非常時の文化財保護への対応と平時の取組みについて考えてみたい。本条約は、18世紀、19世紀と時代を経て発展してきた国際法を、国際協力を通じ、より一層文化財保護に効用のある施策・措置となるよう、文化財に特化して制定された国際人道法である。注目すべき点は、文化財も人間と同じようにかけがえのない存在として人道支援の対象として考えられているという点である。つまり、文化財は尊厳に基づいて固有の権利を持っており、社会

を構成する一つ（固有）の存在で、その存在が確保されなければならない。そして、その存在から得られる有用性は、現在および将来の人類に与えられるものと考えられている。一方で，文化財と人間の違いは、文化財は自分自身で行動できず、自分で声をあげることもできない。つまり、人間がどのような場面においても文化財の気持ちを思いやり、文化財の未来を考え、一番良い選択肢を考えてあげる必要がある。

　文化財保存修復の場面で、どんなに最先端のメソッドと世界最高の高度な技術、そして高品質な材料を準備して手を尽くしても対処できないことがあることをご存じだろうか。それは、亡失（存在が確認できない）である。つまり、一番の最悪の事態は、災害（火災、土砂崩れ、津波など）、人的要因による被害である廃棄、紛失、盗難、および武力紛争時の爆撃などの攻撃によって引き起る損失・壊滅的損傷である。よって、亡失に対する備えこそが最も重要である。未然の措置、つまり、亡失させないように要因をコントロールする方法で対処するということになる。要因をコントロールするとは何か。それは、原因となる問題行動を引き起こす当事者に、その行動は悪いことであり、正しいことではないということを理解させ、理性を持って行為をストップさせる注意喚起機能を、心の中に組み入れることである。

　ここで、文化財倫理（Common Heritage of Humanity Ethics）の普及を提唱したい。文化財倫理、それは、文化財への尊敬（Respect）の根拠を明らかにし、文化財と人間との共存の方向性を示すもので、倫理の対象を、人間（社会）だけではなく人間が創造し人間とともに生きているもの、すなわち文化財まで拡張するという考え方である。その対象には、人間以外の動植物だけでなく、岩や景観などの無機物まで含む。文化財倫理は、文明に対する疎外感や自然への回帰願望に端を発している環境倫理のさらなる発展形ととらえたい。現在、文化財倫理が重要視されている背景には、都市化や工業化による破壊、地方衰退や維持力の限界、気候変動等による災害被害など、地球環境問題が人類生存の基盤まで揺るがしかねないものとして、社会的な関心事となってきた。その中で、人間の生存環境の問題として、歴史的建造物や紀念物、景観などの文化財は、環境と同じように守られるべきもの（保護されるべきもの）と考えられてきた。文化財倫理を発展的に解釈すると、文化的倫理を通じて、文化財

への尊敬の念を培い、愛着を持たせた上で、攻撃的態度や暴力的行動が破壊や損傷を引き起こし、その行動自体が、歴史を抹消する行為であることを理解させることが重要となる。

　無知による事故を減らす取組みこそが文化財倫理であり、文化財倫理は、文化財破壊・損傷等の予防に直接的に役立つ。文化財保護法を法令分析するならば、自覚を持つことが求められているだけで、文化財倫理を培う努力や、文化財への尊敬の念を涵養する視点がかなり希薄といえる。実際には、保存と活用だけではなく、その間の維持行為や活用後の発展も大変重要である。維持や発展の二つの言葉がない文化財保護法は、未来を感じさせない法である。

（5）文化財保存修復に対する私見

　文化財修復は、医療における外科的手術のようなイメージを持たれている。しかし、医療に例えてみれば、医療行為は延命行為であったり、改善を促す行為であったり、さまざまなケースに対し、多種多様なアプローチがあり、対応方法も一つだけとは限らない。

　医療行為について考えれば、データに基づく内科的処置、投薬によるコントロール、温冷湿布や当て木などの支え、外科的処置、検査、予防、環境整備、果てはカウンセリングまでいろいろと幅広い。外科的処置でも、腫瘍摘出や有害物質除去、ペースメーカーなどの人口器具の埋め込み処置まで内容はさまざまであり、手術室に入って横たわって手術を受けるという以外共通点はない。同じ病気の手術であっても、患者の基礎的体力やコンディション、病気の進行具合、位置等が異なるため、手術の難易度はケースバイケースである。

　文化財保存修復処置も同様で、文化財ごとに個別の問題を抱えており、どれも特注扱いで対処しなければならない。対処の中には、そもそも修復行為自体、必要なのかどうかを考えるというケースも含まれている。医療行為の目的はなにかといえば、第一義的には延命であろう。文化財に対して延命を目的にしているという意味では、より長くその存在を確保する保存行為がこれにあたる。また、その所在や存在価値を含めた文化財の復旧・回復を目指す措置も、同様に大変重要な保存・修復行為である。より多くの文化財を救済できるというのであれば、予防的措置や法令政策なども有効な手段の一つである。保存修復の

現場で望まれていることは、作業従事者にとって、より身体に負担がなく、安全で、技術や知識、年齢や性別に関係なく、容易に取り扱える簡便さがあり、作業性に優れ、失敗しない材料や技術（もしくは、失敗しても致命的ミスとならない材料や技術）と、入手しやすい材料や道具、そして、後世の人間が理解でき、想像の範囲で対処できる再生可能なメソッドである。オーセンティシティとか、リバーシビリティとかこだわりを唱える御仁もおられるかもしれないが、文化財ごとに視点が変われば受け入れられない場面なども存在し、一筋縄にはいかないのが、文化財保存修復である。メソッドやアプローチ方法は、千差万別である。完璧などないのだから、無理せず文化財と静かに向き合い、できることを最大限の努力をもって真摯に取り組む。それ一択だ。

　文化財をリスペクトし、真面目に丁寧に扱う人が多くなればなるほど、その文化財が保存継承される期間が長くなる。文化財に理解を示し、自分で何かできることをと、盆暮れの大掃除や日常の拭き掃除、町内会の祭りに使う神輿や道具、衣装の片づけや洗濯など、日ごろの手入れを手伝ってくれる人が増えるだけでも、文化財保存修復に対し大きな効果が出る。文化財保存修復の基本は、普段のメンテナンスである。日本の美術工芸品がなぜ、こんなに長く伝承されることができているのか？そこには、天才がいたわけでも、特別な技法や材料があったわけでもない。いつも通りの方法で、いつもやってくれる人たちが、いつものように行うだけで、日本は千年を超える時をつむいできた。

（6）地域のまちづくりと文化財保護

　地域における歴史的風致の維持および向上に関する法律（通称：歴史まちづくり法）が、2008年に公布された。この法律は、文部科学省、農林水産省、国土交通省の共管で、「歴史的風致」すなわち、「地域におけるその固有の歴史及び伝統を反映した人々の活動とその活動が行われる歴史上価値の高い建造物及びその周辺の市街地とが一体となって形成してきた良好な市街地の環境[7]」の維持および向上を図るために制定された[8]。この法律ができたにもかかわらず、日本は旧原宿駅舎（1924年竣工）、畝傍駅舎（1940年改装）[9]、法政大学55年館・58年館（1955/1958竣工、設計：大江宏）[10]、旧香川県立体育館（1964年竣工、設計：丹下健三）、中銀カプセルタワービル（1972竣工、設計：黒川紀章）等

の近代建築の名作を残すことができなかった。JR 畝傍駅舎を例にとれば、橿原市は保全活用を目指し無償譲渡の受け入れを、2億円の改修コストの算段を前に断念した。その後、民間事業者への無償譲渡も検討されたが、耐震改修費用を理由に保全活用は不可能との判断がなされた。必要経費の2億円を高いと見るか保存のために妥当な経費と考えるかは、地域の文化度にかかっており、市長の政策を後押しできる文化政策の理解者も必要である。また早急に文化財ファンを育てる必要にも迫られている。現場では、地域史の専門人材の育成も遅れており文化的景観や風致の専門家も国全体で数が少ない。また歴史的建造物の修復家も少なく、建築基準法を満たす形で活用でき、かつ歴史性も保存できるレベルで修復するメソッドを学んだ専門家がおらず、活用という名の無残な改修工事が横行する等、困難な状況が続いている。

（7）将来展望

　文化財を通じた社会教育や文化財保護は、不滅でなければいけない。文化財を消耗させ、商業的価値を見出しお金儲けのための資源として使い捨ててはいけない。他の国にはないからこそ価値があるのだ。コミュニティや地方行政との関係も考える必要があり、文化財問題の整備は緊急を要する案件である。

　博物館法と文化財保護法、そして歴史まちづくり法等は、相互にしっくりなじまないまま、別個に存在を示している感がある。法令は、プロジェクトや活動の根拠となるものである。発展的に展開できるかどうかは、条項にかかっており、施策・措置の設定や関連の支援制度の整備などが大いに変わってくる。

　また、老若男女問わず文化財への尊敬の念が涵養（かんよう）できる人間陶冶の実現に向けた施策・措置を呼び込む条項が積極的に盛り込まれることが、今後の文化財保護法の要になっている。社会教育施設である博物館との関係性や、博物館等が保管管理する国宝や重要文化財などの寄託資料や委託研究、産官学連携として高等教育機関等との共同研究などを推進するような具体的措置も、今後、法令にさらに盛り込まれ整備されることが望まれる。社会教育のコアとなるべく、今後の生涯教育や高等教育における社会連携事業等の発展や、地域振興と再生に直接的に寄与できる政策が展開できるかどうかは、文化財保護法の「活用」に対する具体的施策措置とシステム、人材育成を組み込んだ法改正ができるか

どうかにかかっている。現在、文化財保護とまちづくりは学芸員の手中にあり、学芸員が日本の未来を導いている。

註

（1）Florentino Garcia Martinez, 1994, *Dead Sea Scrolls Translated*: The Qumran Texts in English, Brill Academic Pub

（2）伊東忠太　1898「法隆寺建築論」『東京帝国大學紀要』, 工科 , Vol.1

（3）宮内公文書館　京都及奈良博物館建築工事録のうち一 稟議伺類

（4）武装解除を理由に、GHQ が全国から歴史的芸術的に高い価値を持つ文化財を含む武器類（刀剣、脇差、槍、薙刀等）を一律に接収し処分した戦後処理の日本刀類約 30 万本の接収物件。これらは赤羽の米軍陸軍第 8 軍兵器補給廠に集められたため、通称：赤羽刀と呼ばれる。1995 年に「接収刀剣類の処理に関する法律」が成立し、1999 年、なお国所有の 3,200 口が、全国 191 の公立博物館に無償譲与され公開活用されている。

（5）文化財保護委員会　1960, 文化財保護法制定前の文化財の保護をめぐる座談会, 文化財保護委員会

（6）文化財保護委員会　1960, 文化財保護法制定前の文化財の保護をめぐる座談会, 文化財保護委員会

（7）地域における歴史的風致の維持及び向上に関する法律、第 1 条

（8）文化財行政と町づくり行政が連携し、歴史的風致を後世に継承するための取組みを国が支援するための法律とされている。市町村は歴史的風致維持向上計画を策定し、「当該市町村の区域における歴史的風致の維持及び向上に関する方針」（第 5 条第 2 項第 1 号）を決め、文化財を周辺環境まで含めて総合的に保存・活用する基本的な構想を策定した。具体的には、文化財保護法第 183 条の 3 の規定に基づく市町村の区域における文化財の保存及び活用に関する総合的な計画の「文化財保存活用地域計画」や「歴史文化基本構想」を策定した。

（9）寺社風建築の木造駅舎で、戦災を逃れ、大正時代の部材も残る戦前の駅舎。紀元 2600 年記念式典に合わせ、1940 年に改築され、皇族用の貴賓室を併設し、昭和初期の高貴な調度品が建物と共に現存する少ない事例の一つ。

（10）戦後間もない物のない時代の日本を代表する傑作の一つで、モダニズムの典型的作品で都会の中で歴史的遺構である外堀と相まって町並みの外観を彩ってきた。

（関根理恵）

第 5 章

改正博物館法に向き合う博物館

1. 国立博物館における文化観光

はじめに

　2022 年、第 208 回国会（常会）において「博物館法の一部を改正する法律」（以下「改正法」）が成立し、2022 年 4 月 15 日に公布された。文化庁は博物館法の制定から約 70 年が経過し、博物館を取り巻く状況が大きく変化する中で、博物館に求められる役割や機能は多様化・高度化し、2017 年に改正された文化芸術基本法や、2019 年の国際博物館会議（ICOM）京都大会において示された「文化をつなぐミュージアム」の理念に表されるように、博物館には、まちづくりや国際交流、観光・産業、福祉・教育等の関連機関と連携した文化施設としての役割が求められるようになってきたと指摘している。こうした状況下、改正法は、これまで博物館が果たしてきた資料の収集・保管、展示・教育、調査・研究という基本的な役割・機能を今後とも引き続き果たしながら、博物館が社会教育施設と文化施設の双方の役割・機能を担うため、社会の変化に応じた博物館の実現を図るための所要の改正を行うものであると説明している（文化庁 2022）。そこには「社会教育法の精神」に加え、新たに「文化芸術基本法の精神」が盛り込まれるとともに、2020 年 5 月に施行された「文化観光拠点施設を中核とした地域における文化観光の推進に関する法律」（以下「文化観光推進法」）によって博物館における「文化観光」の推進が声高に叫ばれるようになってきた。

　本稿では、この「文化観光」という考えがどのような過程を経て博物館にもおよんできたのかを概観するとともに、筆者の前職である東京国立博物館（以下「東博」）における文化観光の事例を紹介しながら、国立博物館を中心とした博物館における文化観光の問題を考えてみたいと思う。

（1）国立博物館と「文化観光」

　わが国が政府として「観光立国」を強く打ち出すようになったのは、小泉純

一郎政権が掲げた「骨太の方針」にはじまるとされる。2002 年小泉内閣は「骨太の方針」の一環として、「経済財政運営と構造改革に関する基本方針 2002」を策定。この方針で、「内外の人々にとって魅力ある日本を構築し、観光産業を活性化する。その際、場所と場所を結ぶ『輸送』の発想から、『経験し、楽しむ』産業へと変わる必要がある。国土交通省は、関係府省と協力して、2002 年度から、外国人旅行者の訪日を促進するグローバル観光戦略を構築し、個性ある日本の文化、自然環境などの国際 PR や、地域の特性、創意工夫を活かした観光地づくりを推進する」ことが示された（総務省 2002）。国土交通省はこれを受け、2003 年、訪日外国人観光客の誘致を目的としたプロモーション事業である「ビジットジャパンキャンペーン」を立ち上げ、訪日観光客の増加を目指したさまざまな取組みを開始した（国土交通省 2020）。

　その後、2006 年 12 月に成立した「観光立国推進基本法」において「観光は、国際平和と国民生活の安定を象徴するものであって、その持続的な発展は、恒久の平和と国際社会の相互理解の増進を念願し、健康で文化的な生活を享受しようとする我らの理想とするところである。また、観光は、地域経済の活性化、雇用の機会の増大等国民経済のあらゆる領域にわたりその発展に寄与するとともに、健康の増進、潤いのある豊かな生活環境の創造等を通じて国民生活の安定向上に貢献するものであることに加え、国際相互理解を増進するものである」と定義づけられた（観光庁 2006）。

　この法律に基づき、観光庁は、観光はわが国の力強い経済を取り戻すための極めて重要な成長分野としたうえで、経済波及効果の大きい観光は、急速に成長するアジアをはじめとする世界の観光需要を取り込むことにより、地域活性化、雇用機会の増大などの効果を期待できるとした。さらに、世界中の人々が日本の魅力を発見し、伝播することによる諸外国との相互理解の増進も同時に期待できるとしている。また、訪日観光の振興と同時に、国内旅行振興も重要であり、そのため、地域が一丸となって個性あふれる観光地域を作り上げ、その魅力を自ら積極的に発信していくことで、広く観光客を呼び込み、地域の経済を潤し、ひいては住民にとって誇りと愛着の持てる、活気にあふれた地域社会を築いていくことが観光立国には不可欠であるとも指摘している（観光庁 2006）。

　この理念は第二次安倍晋三政権が 2016 年 3 月に公表した『明日の日本を支える観光ビジョン—世界が訪れたくなる日本—』においてより具体化される。この冒頭に「『観光先進国』に向けて」と題し、「我が国は、自然・文化・気候・食という観光振興に必要な 4 つの条件を兼ね備えた、世界でも数少ない国の一つであり、これらの豊富な観光資源を真に開花させることにより、裾野の広い観光を一億総活躍の場とすることが可能である。観光はまさに『地域創生』への切り札、GDP600 兆円達成への成長戦略の柱。国を挙げて、観光をわが国の基幹産業へと成長させ、『観光先進国』という新たな挑戦に踏み切る覚悟が必要である。」とこれからの日本経済における観光の重要性を指摘した。そして「観光は、真に我が国の成長戦略と地方創生の大きな柱である」との認識の下、「観光先進国」への「3 つの視点」と「10 の改革」を挙げ、「観光先進国」の実現に向け、政府一丸、官民を挙げて、常に先手を打って攻めていく方針を打ち出した。この中で、特に博物館・美術館に関係するのは、視点 1 の「観光資源の魅力を極め、地方創生の礎に」である。ここではまず「文化財の観光資源としての開花」を掲げ、従来の「保存を優先とする支援」から「地域の文化財を一体的に活用する取組への支援」に転換（優先支援枠の設定など）すべきだと指摘（明日の日本を支える観光ビジョン構想会議 2016）。また「文化財活用・理解促進戦略プログラム 2020（仮称）」を策定し、文化財単体ではなく地域の文化財を一体とした面的整備や分かりやすい多言語解説など、以下の取組みを 2020 年までに 1,000 事業程度実施し、日本遺産をはじめ、文化財を中核とする観光拠点を全国 200 拠点程度整備することを打ち出している。この背景には当時政府の政策のアドバイザー的な役割を果たしていたといわれるデービット・アトキンソンの意見が大きな影響を与えたものと思われる。それは彼の著書である『新・観光立国論』に端的にあらわれている（デービット 2015）。

　その後、安倍政権は 2017 年に「経済財政運営と改革の基本方針 2017 ～人材への投資を通じた生産性向上～」を公表。そこにはわが国が「文化芸術立国」として、「『文化経済戦略（仮称）』を策定し稼ぐ文化への展開を推進するとともに、政策の総合的推進など新たな政策ニーズ対応のための文化庁の機能強化等を図る。2020 年までを文化政策推進重点期間として位置付け、文化による国家ブランド戦略の構築と文化産業の経済規模（文化 GDP）の拡大に向け取

組を推進する。文化芸術活動に対する効果的な支援や子供の体験・学習機会の確保、人材の育成、障害者の文化芸術活動の推進、文化プログラムやジャポニスム 2018 等の機会を捉えた魅力ある日本文化の発信を進めるとともに、国立文化施設の機能強化、文化財公開・活用に係るセンター機能の整備等による文化財の保存・活用・継承、デジタルアーカイブの構築を図る。また、我が国の誇るマンガ、アニメ及びゲーム等のメディア芸術の情報拠点等の整備を進める」という方針が強く打ち出されたのである（内閣府 2017）。

　そして、その翌年には「文化芸術振興基本法」が「文化芸術基本法」に改正され、博物館には文化財の活用にともなう観光や経済への貢献が求められ、博物館に対する社会的役割はより重要なものと位置づけられるようになってきた。この動きは同年に内閣官房および文化庁によって策定された「文化経済戦略」によって、より活発化し、「観光資源としての博物館」の機能強化ならびに文部科学省と文化庁の組織改編などを促すこととなった。こうした流れの中で、同年、「文化財保護法」の改正もなされ、文化財の保存と活用の在り方が再整理された。この再整理においても、政府は文化財を観光資源ととらえ、積極的な文化財の活用を博物館・美術館に求めてきた。そのうえで、特に東京・京都・奈良・九州の国立四博物館が所属する独立行政法人国立文化財機構に対しては、2017 年 2 月 8 日の文化審議会の「文化財の確実な継承に向けたこれからの時代にふさわしい保存と活用の在り方について（第一次答申）」に盛り込まれた「文化財の保存と活用は、互いに効果を及ぼしあい、文化財の継承につながるべきもので、単純な二項対立ではない」という基本的な理念のもと、「文化財の公開・活用にかかるセンター的機能の整備」を行うよう指針が示された。

　これを受け、2018 年 7 月 1 日、日本の文化財公開・活用のナショナルセンターとして、独立行政法人国立文化財機構本部に「文化財活用センター」が発足したのである。文化財活用センターが東博（東洋館）に設置されたこともあり、職員、特に研究員に関しては東博の研究員との併任が多く、東博はこの文化財活用センターと二人三脚で、文化財の保存と活用の両立に留意しつつ、民間企業等と連携して文化財の新たな活用方法を開発するとともに、国内外の博物館・美術館等に関する支援を強化することにより、多くの人々が日本の貴重な文化財に触れる機会を提供することに努めることとなった（独立行政法人国

立文化財機構 2019）。

　こうしたことを背景に、東博は 2019 年 2 月には、創立 150 年に向けて、従来の業務課題の解決に挑戦し、ナショナルセンターとしての機能を充実させるため「トーハク新時代プラン」を発表した。そこには体験型展示を含め、来館者目線に立った新時代の東博像が掲げられ、多言語対応の充実など「世界に開かれた博物館としての取り組み」、映像等を活用した新感覚の展示や見せる修理所など「付加価値の高い多彩なプログラムの提供」、展示室のリニューアルや庭園の整備など「快適な観覧環境の実現」、そしてこれらを実現するための基盤確保として、「スタッフの確保と研究活動の推進」も盛り込まれた。以後、このプランの実現に向け、さまざまな取組みが続けられていく。ちなみに、これを受け、その後、他の国立三博物館でも同様の新時代プランが公表されている。各館がナショナルセンターとして中心的な役割を担うために、展示解説の工夫や情報発信の強化、快適な鑑賞環境の実現に向けて挑戦することとし、プランの実現のための運営基盤の確保等も進めているところである。

　こうした流れの中で、2020 年 5 月に文化振興を起点とした、観光振興、地域活性化の好循環を創出していくことを目指し、「文化観光推進法」が施行され、各拠点・地域において文化観光の推進に向けた取組みが行われている。この法律は、文化及び観光の振興並びに個性豊かで活力に満ちた地域社会の実現を図る上で文化についての理解を深める機会の拡大及びこれによる国内外からの観光旅客の来訪の促進が重要となっていることに鑑み、文化観光拠点施設を中核とした地域における文化観光を推進するために必要な措置について定め、豊かな国民生活の実現と国民経済の発展に寄与することを目的とするものである。また、この法律において、有形又は無形の文化的所産その他の文化に関する資源（以下「文化資源」）の観覧、文化資源に関する体験活動その他の活動を通じて文化についての理解を深めることを目的とする観光を「文化観光」と定義づけている。また「文化観光拠点施設」とは、文化資源の保存及び活用を行う施設（以下「文化資源保存活用施設」）のうち、国内外からの観光旅客が文化についての理解を深めることに資するよう当該文化資源の解説及び紹介をするとともに、当該文化資源保存活用施設の所在する地域に係る文化観光の推進に関する事業を行う者と連携することにより、当該地域における文化観光の推進

の拠点となるものをいう、とされる（文化庁 2020）。

　その基本方針として、以下の 4 点を地域における文化観光の推進の目標としている（文化庁 2024）。

1．文化の振興を起点として、観光の振興、地域の活性化につなげ、その経済効果が文化の振興に再投資される好循環が創出されること。

2．文化観光拠点施設と文化観光を推進する事業を実施するもの（文化観光推進事業者）、地方公共団体との連携体制が構築されること。

3．文化観光拠点施設等における魅力ある解説・紹介等の取組みを通じて、多くの来訪者の文化への理解が深まり、満足度が高まること。

4．文化観光拠点施設及び地域への国内外からの来訪者が増加すること。特に、国外からの来訪者が今後 10 年間で現在の 2 倍程度までに増加すること。

　国立博物館では、この目標を「独立行政法人国立文化財機構中期計画」に反映させ、単に文化芸術の振興にとどまらず、文化資源の積極的な活用を図り、国内外の幅広い来訪者にその魅力をわかりやすく紹介することで、わが国の文化観光に資するためのさまざまな活動を行っている。

　この文化観光については、2023 年 4 月に施行された改正博物館法においても博物館として新たに取り組むことが努力義務として盛り込まれた。今後、文化観光推進法の枠組みに限らず、文化観光に取り組む拠点・地域の形成を進めていくことが、さらに政府から求められると思われる。

（2）国立博物館における文化観光の具体的な事例報告

　次に、文化財活用センターと協同し、国立博物館として最も積極的に文化観光に力を入れている東博の例を見てみよう。

1．来館者目線に立った展示

　作品保護の観点から露出展示できないものに関しては、展示ケース内の展示となる。東博では、作品をより近くで安全によく見えるための展示ケースおよび照明システムの開発を担当研究員と企業との協働によって行い、来館者に快適な鑑賞環境を提供することに心掛けている。これはまさに日本の文化財の素晴らしさをより身近で感じ取ってもらいたいという願いからでもある。また展

示のテーマや作品の解説に関しては、専門用語はなるべく控え、展示作品相互
の関連性や明確なテーマを設定したストーリー性のある解説・紹介を簡潔に行
うようにしている。なお、やむを得ず専門用語を用いる場合には、別途その解
説を行うよう心掛けている。また、例えば日本伝統の「茶の湯の文化」を紹介
するコーナーでは、デジタルサイネージを利用した茶道の紹介を多言語で行い、
来館者の文化資源の見学・鑑賞に役立てている。

2.　多言語化への対応

　世界に開かれた博物館としての取組みとして、わが国の文化的背景や歴史・
地理等の基礎知識を持たない外国人にも、展示作品の魅力と価値が理解できる、
わかりやすい展示解説の工夫や多言語対応型の新しい鑑賞ガイドアプリの導入
を行い、多言語対応の改善・充実を図っている。

　東博では、2017年1月の特別展『春日大社　千年の至宝』から展示作品の
題箋や解説などの多言語化（日本語・英語・中国語・韓国語）を開始。続けて
総合文化展（いわゆる平常展）でもこの多言語化を進めるために、各言語を母
語とする職員を補充し、作品の題箋や解説の大幅改良のプロジェクトを推し進
めてきた。このプロジェクトでは、研究員の解説意図を十分に理解し、外国語
翻訳を担当する「国際交流室」だけではなく、総合文化展に関する業務を担当
する「平常展室」、題箋や解説パネルを含む総合文化展の展示室内デザインを
担当する「デザイン室」、また教育普及活動を担当する「博物館教育課」も参
加する館内組織を横断するワーキンググループを組成して改善を進めている。
国際交流室の職員は翻訳にあたり、内容がよくわからなければ徹底的に担当研
究員と議論を重ね、外国人にとって、よりよい展示解説や作品解説を目指し、
業務にあたっている。

　ただ、この多言語化をめぐっては、当初、それを実行する人・予算・時間等
が不足する現場の状況を無視するかのような政府の一方的な要求に対し、館内
にはさまざまな軋轢が生じた。また一方では、スピードを優先するあまり生じ
た翻訳の質の劣化、多言語化された題箋や解説の割合の膨らみがもたらす展示
作品とのバランスの崩壊、さらには、その影響から本来充実すべき日本語解説
の減少化といった問題も生じた。結果的には、こうした問題に対しても各職員
が柔軟に対応したが、来館者が望む資料の正しい情報の提供のあり方が、より

一層問われてきたといえる（井上 2023）。

3. ICT を効果的に用いた展示

「TNM & TOPPAN ミュージアムシアター」　これは東博と凸版印刷株式会社とが共同で展開するもので、文化財の実物が目の前にあるかのような体験で、文化財の魅力を伝えることを目的に文化財を 4K・VR 映像で鑑賞できる大迫力のスクリーンを整備し、運営を行っている。

　これは文化財の新たな公開手法の研究開発を目的に東博の収蔵品を主軸に最新鋭のバーチャルリアリティ（VR）技術と高精細なハイビジョン映像を駆使し、ナビゲータが文化遺産の世界をより身近にわかりやすく解説するものである。そこはまさに文化遺産の新しい鑑賞体験を提供する場となっている。これまでに、聖徳太子絵伝、法隆寺献納宝物金銅灌頂幡、洛中洛外図、土偶をはじめマヤ文明のコパン遺跡や北京の紫禁城などをテーマとしたコンテンツが上映され、来館者から好評を得ている。このプログラムの特徴は、モノの表面上のデータと学芸員によって抽出されたそのモノに内存するデータを組み合わせた三次元データを二次元世界に投影し、これをナビゲータという人間が直接来場者に解説することで最終的には来場者を実物資料のある展示場に誘導し、実物との対面を実現させる点にある。これは、いわばデジタル世界とアナログ世界の共演が生んだ、新たな博物館資料の情報的活用と言えるだろう（井上 2012）。

「日本文化のひろば」　これは東博の本館第 4 室に設けられた「ひろば」のようにいろいろな人があつまり、遊び、日本の文化の魅力や楽しさを体験できる展示である。

　1 うるし、2 浮世絵、3 きもの、4 よろい、という 4 つのコーナーで構成されており、実際に浮世絵の摺りやよろいを身に付ける体験ができる。ここは外国人にも人気のスポットとなっている。

　コーナー 1：「うるし」では、漆工芸の「蒔絵」のテクニックを体験したあと、尾形光琳が作った国宝「八橋蒔絵螺鈿硯箱」をお手本に、立体的なかたちの上にもようを配置し、3D デジタル画像を用いた自分だけのオリジナルの硯箱をデザインすることができる。コーナー 2：「浮世絵」では、江戸時代の人びとの姿や世の中の様子を描いた多色摺りの浮世絵の仕組みをスタンプで体験することができる。コーナー 3：「きもの」では、日本の民族衣装として知られる

きもの、特にその原形とされる、かつて「小袖」と呼ばれていた、袖口の開きの小さい衣服に注目。現代の私たちが、雑誌やSNSなどでトレンドをチェックしておしゃれのお手本にするように、江戸時代の人びとも雛形を参考にきものおしゃれを楽しんでいたことを知っていただき、江戸時代にデザインされたきものを、雛形ぬりえシートを用いて、思い思いの色でぬって楽しむことができる。コーナー4：「よろい」では、日本のよろい（甲冑・鎧兜）は、武士が合戦の時に着て身を守るだけではなく、自分の活躍をアピールするために、力強く、そして美しくつくられている。革や鉄、紐などさまざまな材料を用いて、色鮮やかに仕上げている。よろいのハンズオンにさわって、実際に身に付け、重さや動きやすい工夫を確認することができる（東京国立博物館 2024）。

　「日本美術のとびら」　これは東博の本館特別3室に設けられた体験型の展示室である。日本美術に初めて触れる人が東博を訪れたときに、最初に体験してもらうことを想定してつくられたもの。

　1：みる＜日本文化紹介映像＞　2：たのしむ＜日本美術のデジタル年表＞3：かんじる＜高精細複製品＞の3つのコーナーで構成されており、日本美術の流れを直感的につかみ、鑑賞のポイントを体感することができる。

　コーナー1：みる＜日本文化紹介映像＞では、東博のコレクションを代表する数々の名品で構成された約8分の映像「日本文化紹介映像：A GLIDE ON THE GREAT WAVE」を上映。浮世絵に描かれた「江戸」と、今いる「東京」をダイナミックに行き来しながら、変わることなく続く美意識を言葉を超えた映像体験として体感できる。コーナー2：たのしむ＜日本美術のデジタル年表＞では、幅14メートルの巨大スクリーンで、およそ1万数千年前の縄文時代に始まる日本の美の流れをデジタル年表で紹介。作品画像がポップアップしたり、回転したり、拡大したり、ページをめくったりとインタラクティブな体験コンテンツで、遊びながら日本美術の歴史を体感できる。コーナー3：かんじる＜高精細複製品＞では、文化財活用センターが企業や各種団体と連携して製作する文化財の複製の中から、屏風と掛け軸、2種類の絵画作品の高精細複製品を季節にあわせて展示。通常、照明や温湿度等を厳しく管理され、間近で見ることのできない美術作品を、ケースなしで至近距離で細部までじっくり見ることができる。最新技術と職人の技で本物そっくりに作られた複製品ならで

はの鑑賞体験を楽しむ機会を提供している（東京国立博物館 2024）。

4. 日本文化を体験できる「TOHAKU 茶館」

　東博では、普段は一般公開されていない、貴重な日本家屋「応挙館」を日本文化を体感できるカフェに利用。応挙館は名古屋市郊外の明眼院の書院として寛保 2 年（1742）に建てられ、その後、三井物産の初代社長である茶人としても有名な益田孝（鈍翁）邸内（東京・品川）に移築され、昭和 8 年（1933）、東博に寄贈されたものである。江戸時代の絵師、円山応挙が描いた襖絵（現在は複製画）を眺めながら、和の空間で茶道、禅、着物、盆栽、日本酒といった、さまざま日本文化を楽しんでいただく飲食やアクティビティを体験できる（東京国立博物館 2024）。

おわりに

　以上のように、東博では特に、インバウンドを見据えたさまざまな文化観光に資する事業を行っている。この傾向は他の国立三博物館もその規模こそ違え、同様な方針によってさまざまな事業を展開している。その背景には国立博物館として政府の基本方針に則り、活動せざるを得ない側面もある。

　ただ危惧されるのが、この文化観光の「観光の側面」のみが強調・優先されることである。先に示したように、文化観光推進法にもさまざまな文化資源を通し、文化についての理解を深めることが文化観光の目的であることが明記されている。この「文化の側面」を忘れてはならない。また、「文化資源保存活用施設」である博物館が、「文化観光拠点施設機能強化事業」によって「文化観光拠点施設」へと機能強化されることのみが優先され、本来博物館がもった資料の収集・保管（保存）、展示・教育、調査・研究といった基本的な機能が客体的に扱われるのであれば、それは本末転倒である（長澤 2022）。

　文化観光の重要性は十分に理解しているつもりである。しかし、それによって博物館の自由で、自立的な学芸活動が逆に制限されるような事態は避けなければならない。

　この文化観光推進法の施行にあたっては、2020 年 4 月 7 日に参議院文教科学委員会から示された以下のような「附帯決議」があった（参議院文教科学委員会 2020）。

　政府及び関係者は、本法の施行に当たり、次の事項について特段の配慮をすべきである。

　一、本法に基づく博物館等に対する財政的支援が、文化観光を推進する少数の拠点への集中的な支援であることを踏まえ、我が国全体の博物館等を広く下支えする財政的支援にも努め、文化芸術の保存、継承や発信、社会教育等といった博物館の基本的機能の維持向上を図ること。

　二、国、地方公共団体及び本法に定めのある独立行政法人は、本法における計画の認定を受けた者に対する助言その他の援助等にとどまらず、我が国の博物館等の振興のため、広く一般の博物館等からの助言等の求めに対し、可能な限り応じるよう努めること。特に博物館等の社会教育施設が国民の知る権利、思想・表現の自由に資する施設であることに鑑み、格段の配慮をすること。

　三、文化観光拠点施設の機能強化を図る上で、文化財の価値等を分かりやすく説明できる学芸員等の育成・配置が重要であることを踏まえ、我が国の文化活動の基盤を担う人材の育成・確保等に向けた更なる研修制度の充実、社会的地位の向上及び雇用の安定等の処遇改善に努めること。（以下略）

　この文言を私たちも心に刻み、真の文化観光のあり方を考えていくべきであろう。

参考文献

明日の日本を支える観光ビジョン構想会議　2016『明日の日本を支える観光ビジョン——世界が訪れたくなる日本—』

井上洋一　2012「博物館資料の活用」『博物館学Ⅰ博物館概論＊博物館資料論（新博物館学教科書）』学文社

井上洋一　2023「第7章　魅力ある博物館へ」『東京国立博物館百五十年史』中央公論事業出版

観光庁　2006「観光立国推進基本法（条文）」

観光庁　2024「観光立国推進基本法」

国土交通省　2020「観光立国の実現に向けた対応」『国土交通白書2020』

参議院文教科学委員会　2020「文化観光拠点施設を中核とした地域における文化観光の推進に関する法律案に対する附帯決議」

総務省　2002「経済財政運営と構造改革に関する基本方針 2002」

デービット・アトキンソン　2015『新・観光立国論』東洋経済新報社

東京国立博物館　2024　ホームページ https//tnm.jp

独立行政法人国立文化財機構　2019『国立文化財機構　概要』

内閣府　2017「文化芸術立国」『経済財政運営と改革の基本方針 2017 〜人材への投資を通じた生産性向上〜』

長澤成次　2022「文化審議会答申を博物館法改正問題─市民の学びの自由と権利を保障する博物館の自由をめぐって」『住民と自治』2022 年 3 月号　自治体問題研究所編集

文化庁　2020「文化観光拠点施設を中核とした地域における文化観光の推進に関する法律」

文化庁　2022「博物館法の一部を改正する法律の公布について（通知)」

文化庁　2024『文化観光推進ガイドブック』

（井上洋一）

2. 文化観光と博物館をめぐる経験
——徳島県における二つの博物館の場合——

はじめに

　2022年に改正された博物館法は、従来からの社会教育法に加えて、文化芸術基本法にももとづくことになり、文化観光等の地域活力の向上に関する努力義務が明記されるなど、博物館の役割の変化を強く感じさせられるものである。

　改正の直近にあった動向として重要なのは、「文化観光拠点施設を中核とした地域における文化観光の推進に関する法律」（文化観光推進法）の公布・施行である。「文化の振興を、観光の振興と地域の活性化につなげ、これによる経済効果が文化の振興に再投資される好循環を創出することを目的とする」と説明されたように、文化・観光・地域が接合され、経済的側面が強調されている。

　「文化観光拠点施設」とは、「文化資源の保存及び活用を行う施設」（文化資源保存活用施設）のうち事業者等と連携して文化観光推進の拠点となるものである。条文には明記されていないが、博物館も対象とされ、国が認定した地域計画や拠点計画にもとづく事業が補助対象となりうることもあり、博物館が文化観光に組み込まれる動きは進んでいった。

　法的に曖昧だった文化観光と博物館を明確に結びつけたのが、改正博物館法第3条第3項である。改正実務の担当者らが著した解説書（博物館法令研究会編2023）によれば、そこに過度の力点を置くのではないというが、努力義務であるからには、すべての博物館にかかわる課題となっている。

　さて本稿では、二つの県立博物館—徳島県立博物館（以下「県博」とする）と徳島県立鳥居龍蔵記念博物館（以下「鳥居博」とする）—のうち、文化観光推進の動きに組み込まれた県博の動向を中心としながら、県博と深い関係にありながらも文化観光施策からは距離のあった鳥居博についても紹介し、所感を述べてみたい。筆者は両館に所属して長く勤めており、本稿で紹介する経験は、

副館長や館長を務めていた時期のことである。

（1）徳島県文化の森総合公園と二つの博物館

　まず、二つの博物館の概要を述べよう。県博と鳥居博はともに、徳島市郊外に設けられている徳島県文化の森総合公園（以下「文化の森」）に設置されている。

　文化の森は、「置県100年」のモニュメントとして、都市公園とその中に県立文化施設が配置された大型複合施設として、1980年に構想が発表され、1990年にオープンした。この段階での施設は5館（図書館、博物館、近代美術館、文書館、二十一世紀館）であった。開設準備は知事部局で行われたが、主として図書館法・博物館法を考慮し、施設については、発足時に一括で教育委員会（以下「教委」とする）に移管され、直営で管理運営されてきた。

　県博は、1959年に徳島市街地に開設された徳島県博物館を前身とし、文化の森と同時にオープンした。人文系4分野（考古・歴史・民俗・美術工芸）、自然系3分野（動物・植物・地学）を擁する総合博物館である。とくに自然系部門は四国内の県立博物館では希少であり、大きな特徴となっている。2024年4月現在、学芸員は14名（ほかに兼務3名）が配置されている。

　一方の鳥居博は、1965年に鳴門市撫養町に開設された徳島県立鳥居記念博物館を前身とし、これの移転・改組により、2010年、県博や近代美術館、二十一世紀館が入居する建物内に、文化の森の6番目の館として設置された。常設展示室と収蔵庫だけが設けられ、ほとんどの施設・設備を県博に依存している。職員数も、文化の森では最小規模で、2024年4月現在、本務職員は学芸員5名（正規3名、再任用2名）だけである（ほかに県博職員6名が兼務）。しかし、内容は特徴的である。徳島市出身で、日本における人類学・民族学・考古学のパイオニアの一人である鳥居龍蔵（1870-1953年）に関する資料を収蔵しており、彼の業績顕彰や関連学史を扱う歴史系博物館である。ほぼ毎年、資料調査を中心に、海外からの利用があり、これまでにも、中国、韓国、台湾、スペイン、米国から来訪があった。その反面、一般には関心を持たれにくいという弱みもある。

（2）県博の常設展リニューアル

　県博では、1995年度から常設展リニューアルの構想を抱いていたが、実現できないまま時を経た（長谷川 2007）。折に触れて再検討しながら、部分的な改修・改善を繰り返してきたが、2017年度にムードが変わり始めた。文化の森開園30周年（2020年度）前後がリニューアルのタイミングとして期待されることから、教委の内部的措置として、具体的な検討に着手することになったのである。そして、同年度末の県議会定例会において知事がリニューアルを表明したことから、急速に具体化し始める。翌年度早々から、それまでの準備を踏まえ、県民ワークショップの開催を伴った基本構想の策定（2018年度）を皮切りに、基本設計・実施設計（2018 ～ 19年度）、展示製作（2019 ～ 21年度）へと続き、コロナ禍に見舞われたものの、ほぼ遅滞なく業務を進め、2021年8月にオープンに至った。

　開館当初は7万点ほどであった館蔵資料が、30年近くを経て50数万点に増加し、学芸員の入れ替わりも含みつつ、調査研究活動の蓄積が進んでいたことから、このリニューアルでは、何よりも博物館資料（モノ）とその面白さを実感してもらえる場として展示室を整備したいと、学芸員は望んでいた。

　これに対し、県の政策として推進されていた先端技術の活用（4K動画やAR、VRを活用したコンテンツの普及、5G通信やAIの導入など）という面からの期待も寄せられていた。維持管理や将来の機器更新に要するコストなどへの懸念はあったものの、演出の手法と理解して、学芸員の意向との折衷を図ることになった。

　こうした中、誰もが合意していたのは、徳島の地域的な自然と歴史・文化の特徴をしっかり打ち出した展示の実現であった。そのため、学芸員間での協議をもとにまとめた「徳島まるづかみ―"いのち"と"とき"のモノがたり―」というコンセプト（徳島県立博物館編 2021）は、好意的に受けとめられた。

（3）知事部局への移管と文化観光との接続

　新常設展の製作に着手したのは2020年3月であったが、年度の改まった4月には、文化の森の全館が知事部局に移管された。文化・文化財・児童福祉・スポーツ等を所管する未来創生文化部の組織となったが（2024年4月、組織

改正があり、現在は観光スポーツ文化部に属する）、直営体制は維持された。移管は、2019 年に成立した第 9 次地方分権一括法によって博物館法等が改正され、「まちづくり、観光など他の行政分野との一体的な取組の推進等のために地方公共団体がより効果的と判断する場合」に博物館を含む公立社会教育施設を首長が所管できるようになったことによる。

　折しも同じ 4 月、文化観光推進法が成立したが、同一部内の文化行政担当課において、同法にもとづく「徳島県文化観光推進地域計画」（以下「地域計画」とする）が策定されつつあり、国の認定を受けることで支援措置を得ようと取り組まれていたが、これに県博も包摂されていく。この計画は同年 11 月に認定され、2024 年度まで事業が進められている。

　地域計画のアウトラインは徳島県北部（吉野川圏域）を計画区域として、「吉野川・あわ文化」（阿波藍、阿波おどり、阿波人形浄瑠璃など）について、拠点施設やフィールドを巡り、文化を体験・体感するというものである。県博のほかに、徳島県立阿波十郎兵衛屋敷、阿波おどり会館（徳島市設置）、藍住町歴史館　藍の館、徳島県立大鳴門橋架橋記念館も拠点施設となっている。

　にわかに県博が組み込まれることになったのは、多額の予算を投じているリニューアルの効果への期待とともに、知事部局への移管が可能になった趣旨とが相まってのことであろう。

　新展示では、多数の博物館資料の展示、映像コンテンツなどによる多彩な演出、スマートフォン・タブレット対応のオリジナルアプリケーションソフト「遊山ナビ」（多言語解説や AR・VR コンテンツが利用できる多機能ソフト）の一体化による「徳島まるづかみ」の実現がセールスポイントになっていた（徳島県立博物館編 2021）。これらの仕掛けが観光資源として期待されるのは想像に難くない。同時に県内では最大規模かつ総合博物館であるがゆえに、「吉野川・あわ文化」についても、自然環境を含めて対象となることが相応しいとされたと理解できる。

　地域計画における具体的な事業のうち、県博に直接関係するものは 3 項目あり、①県立博物館「新常設展」構築事業、②既存の形態にとらわれない新次元の博物館の創出、③県立博物館ウェブサイトリニューアル事業である。①は当然ながら地域計画への包摂とは無関係に着手済みであったが、これに付随する

形での発信強化を図るのが②・③である。②は「街角ミュージアム」という出張展示とデジタルコンテンツの拡充を目論むもの、③は常設展リニューアルを機にホームページを再構築し、デザインや機能の向上を図るものであった。リニューアルの進行中ゆえ、無理のないレベルに止めることになった結果である。

その後、県博＝文化観光拠点という枠組は多用された。県議会の議事録によれば、2021年6月定例会で知事が、文化の森について「本県を代表する文化観光の拠点」であるといってリニューアルオープン日を公表したのをはじめ、その後も22年2月定例会では未来創生文化部長が、博物館について「本県の誇るたくさんのモノ語りを発見し楽しく学ぶ場となるよう進化し続ける」として「徳島を丸ごとつかむ文化観光拠点」と述べ、さらに同年11月定例会では知事が、やはり博物館を指して「徳島を丸ごと学ぶ文化観光拠点」と発言している。

中には文化の森全体を文化観光拠点とする認識があるが、これは県博に付随する誘客への期待を表現したとみられる。また、「発見」や「学び」をともなう表現もあり、生涯学習・社会教育との不可分性がある程度意識された様子がうかがえる。

政策的なインパクトを考慮すると、新規性が打ち出されるのは当然であったし、県博としても予算要求のストーリーを描きやすいという戦略的なメリットはあったが、その一方で、県博が教育機関から観光施設（文化観光拠点）に「転換」したという誤解に接して困惑することもあった。

地域計画への包摂が持ち上がったときから、筆者は文化観光に対する一定の取り組みは必要とみていたが、博物館の性格や機能が変わるものではないと認識していた。学芸員の間でも取り立てて抵抗感はなく、理性的に取り組める環境にあったが、それはコロナ禍以前から、例えばインバウンド団体への接客など、ある程度の観光対応を経験していたからである。だが、過度な対応要求や学芸員の商品化のような空気が感じられると、緊張が高まるのであった。それにしても、流れが速く、議論の時間は乏しかった。

この当時の筆者の考えについて、少々立ち入って記そう。公立博物館は地域（自治体領域）住民の利用のための施設であり、収蔵資料は地域内を中心として収集されたり、地域内に関係するものであったりするとともに、必然的に地域は調査研究フィールドでもある。だからこそ、専門性を活かして地域内の自

然環境や文化財等の保全に学芸員が参画するなどの機会はしばしばある。

　だが、人口減少（徳島県についていえば、1990年国勢調査では83万人超であったのが、2024年4月推計では69万人弱となっている）と少子高齢化の進行著しい現在、肝心の地域の持続が危ぶまれている。それに抗する上で博物館が貢献する流れができるなら、まことに理にかなったことになる。

　その意味で、博物館が文化観光にかかわることには意義が認められる。旅行者という外部の視線が地域の自然や歴史、文化に向けられるなら、それがかえって住民による地域の再評価・再認識、アイデンティティの再生につながるであろうし、博物館資料や学芸員の調査研究の蓄積が介在するならば、博物館の本来的な役割（資料収集保存、調査研究、展示、教育普及）の延長線上にあることは明白である。

　また、来訪した旅行者がその地域に関心を抱くことは、彼ら自身の学びが生まれることでもある。旅行者は公立博物館の本来的な利用者とはいえないが、地域内人口の減少の中にあるからこそ、副次的と切り捨てるのではなく、幅広い利用者を対象とするサービスと交流人口の増加を意識することが、博物館自体の活性化にも必要である。

　公立博物館としての基本を踏まえながら、現実との関係を考えなくてはならないということである。県博にとって、一新される常設展の活用による対応は、資料収集と調査研究の成果の発揮にほかならず、無理のないものと見ていた。ただしそれは、あくまでも地域住民が利用する教育機関の「拡張的」な機能で、けっして「転換」を追求するのではないという理解であった。

　なお、本稿冒頭で触れた、経済的な「好循環」については関心を持ちながらも、困難とみていた。県博の立場でいえば、自ら得た収入を独自財源として留保し、収蔵資料や事業の充実を図るという意味になるだろうが、それは徳島県の会計制度に抵触するのである。したがって、県博で考えうる文化観光とは、前述のような、交流人口の増加への貢献を中心にとらえるものだったのである。

（4）事業の実態と学芸員の意識

　さて、県博における関係事業の推移を紹介しよう。2021年度からは文化芸術振興費補助金を活用しつつ、地域計画に即した事業や関連事業を立案、実施

してきた。2021年度に「グランドオープン‼博物館"驀進"事業」、2022年度以降は「博物館誘客強化事業」として継続しながら、ホームページの改修、デジタルコンテンツの製作、外国人ツアーガイド用のマニュアル作成、常設展における撮影スポットの整備や演出照明の増設、映像展示の拡充、ガイドアプリケーションソフトの改修など、多岐にわたる業務を行いながら、オープン後も常設展の再検討とアップデートを続けることができ、地域住民にも旅行者にも効果的であった。

　しかし誘客の面では、コロナ禍のもとゆえ、ウェブサイトやSNSを除くと、オープン前後に広域的な宣伝ができる状況にはなく、制約が大きかった。それでも、オープン当初は、県民の利用はもちろん、四国内や近畿からの教育旅行があり、ある程度地域を超えて活用された。そして、ようやく2023年度以降、海外からの団体旅行の来訪が見られるようになり、日本語が分からなくても感覚的に楽しむ姿に、資料（モノ）や映像などバラエティに富んだ展示がうまく作用していることがうかがえた。その反面、ガイドアプリケーションソフトだけの多言語解説では不十分で、パネル・ラベルやパンフレットの多言語化が急務となっている。

　ところで、2022年度後半から23年度にかけて、アフターコロナ期へと緩やかな移行が進む中、上述の事業を担当した学芸員を中心とする変化が始まる。自らの課題として文化観光といかに向き合うかという積極的な意識が芽生えてきたのである。文化庁や文化政策の担当課、他の拠点施設との協議に参加したほか、学芸員がこれまでに蓄積した経験を活用すべく、野外自然観察や歴史散歩など、フィールドで行ってきた普及行事をベースにした体験型ツアーの商品化について事業者に働きかけたが、意向の乖離があり、成立しなかった。仮にそれが軌道に乗ったとしても、前述のような事情により、県博を中心に据えた「好循環」を生み出すものにはならなかったと思われる。

　その他、日常業務の中での情報発信を強化するため、2023年度には、各種SNSのアカウントを増やし、ネット上での露出強化に意識的に取り組み始めた。ありきたりではあるが、学芸員だけでなく、職種を超えて職員が県博について知らせよう、知ってもらおうと考えており、期待を抱かせてくれる。

（5）独自性と連携—鳥居博の場合—

　県博が文化観光拠点と呼ばれるようになる一方、文化の森の他館はそれに連動することなく、日常の時間が流れていた。しかし、県博のリニューアルオープンにあわせて、同フロアにある県博・鳥居博と近代美術館の3館常設展のセット券の販売といった新たな取り組みが始まったことは特筆できる。長年懸案とされながらも進展がなかっただけに、重要な一歩であった。

　ところで、先に紹介したように、鳥居博はとりわけ県博との関係が深く、両館は兼務職員を介して複合的な体制となっている。しかし、鳥居博に対して、県博のリニューアルや文化観光への関与が期待されていたわけではなかった。並行する時期に鳥居博では、鳥居龍蔵生誕150周年記念事業（2020年度）や国立台湾史前文化博物館（以下「史前館」とする）との交流・共同研究（2020年度〜現在、2022年9月に連携協定締結）などを独自に展開していた。

　海外の博物館との協定締結は、徳島県内では初めてのことで、地元メディアにも注目されたが、それが実現した背景の一つとして、台湾では、日本統治時代に鳥居が撮影した写真が先住民族の記録として高く評価され、知名度が高いことが挙げられる。また最近は、文化の森全館で共同運用している「とくしまデジタルアーカイブ」で公開している鳥居のフィールドノートも注目されている。

　ただし、鳥居博は独自路線を走り続けただけではない。隣接している県博の常設展リニューアルによる利用者増加見込みをチャンスとして活かしつつ、鳥居が郷土の先人であるにもかかわらず県内でもあまり知られていない状況を打開しようと、両館を接続した利用の促進を検討するとともに、県博のオープンにあわせて、鳥居博展示室前のサインを新設し、認識しやすくするよう努めた。

　2023年、新型コロナウイルス感染症が5類感染症相当とされ、アフターコロナ期に入ると、台湾からの観光客が鳥居博に立ち寄る姿が見られるようになってきた。先述のように、台湾では鳥居に対する認知度が高いためである。日本人、とくに団体見学の場合、県博や近代美術館の「ついで」に鳥居博に寄ることはあっても、その逆はあまりない。台湾客は逆に、鳥居博「だけ」を目的とする。自然体の文化観光が成立しており、職員も鳥居とその資料の意義を再認識している。それだけに、史前館とのタイアップが広報にも及ぶことを期

待している。

おわりに

　常設展の全面リニューアルを機に文化観光拠点施設とされた県博、拠点施設ではなく、独自の展開の中で文化観光の場としての側面も現れた鳥居博の状況を述べた。いずれにしても、文化観光との関係は内発的ではなかったが、今後、博物館の基本的な活動と結びつけながら、注ぐべきエネルギーのバランスを考慮した針路設定が不可欠となる（磯本 2024）。その上で、学芸員の課題として文化観光などの地域活力向上への取り組み方を考える必要がある。

　もっとも、全国的に問題になっている施設の老朽化や収蔵庫の狭隘化などへの対策こそが喫緊の課題で、博物館の基礎的な業務自体が成り立たなくなってしまう懸念があるというのが、今日の多くの博物館が置かれている状況であろう。県博も鳥居博も例外ではない。

　資料を収集、保存し、未来に伝えることは、博物館の使命であり、公立博物館の場合、自治体の責任といっても過言ではない。しかし、収蔵庫には容量の限界があり、拡張・増設には土地の確保や財政的負担がともなうため、収集、保存の永続的な取り組みは簡単ではない。設置者の責任を求めるのは当然にしても、博物館の能動性も必要で、地域住民に、博物館及び資料の必要性、有用性を理解してもらうことが肝要である。そのための要素として、業務の中に文化観光を位置づけることは、一定の意義を持つと思われる。

参考文献

磯本宏紀　2024「博物館に内在する観光と政策としての観光— 交錯する政策とフィールド—」『国立歴史民俗博物館研究報告』246 集

徳島県立博物館編　2021『徳島県立博物館常設展図録　徳島まるづかみ—"いのち"と"とき"のモノがたり—』徳島県立博物館

博物館法令研究会編　2023『改正博物館法詳説・Ｑ＆Ａ』水曜社

長谷川賢二　2007「生き生きとした常設展示を求めて —模索の中で—」『博物館が好きっ！—学芸員が伝えたいこと—』教育出版センター

ウェブサイト

地域の自主性及び自立性を高めるための改革の推進を図るための関係法律の整備に関する法律（社会教育関係抜粋）（概要）　https://reiki.pref.tokushima.lg.jp/reiki_

honbun/o001RG00000768.html

徳島県議会会議録検索システム　https://ssp.kaigiroku.net/tenant/tokushimapref/pg/index.html

徳島県文化観光推進地域計画について　https://www.pref.tokushima.lg.jp/ippannokata/kyoiku/bunka/7204070/

文化観光拠点施設を中核とした地域における文化観光の推進に関する法律　https://www.bunka.go.jp/seisaku/bunka_gyosei/bunkakanko/index.html

（長谷川賢二）

3. 法令は博物館現場に何をもたらすのか
──新潟県立歴史博物館の経験から──

　新潟県立歴史博物館は"博物館に相当する施設"であり、通称でいうところの"博物館相当施設"である。というよりも、現行法では"博物館指定施設"であるから博物館相当施設であったという過去形になるのだろうか。取りあえず本稿では博物館相当施設をさらに省略し、"相当施設"と略して進める。

　ところで博物館法に限らず法治国家において各種法令を遵守するのは当然としつつ、では本当にその各種法令、すなわち博物館法や博物館法施行規則、文化財保護法などが博物館にどういう効果をもたらし、またはもたらすものとなり得たのか、またはもたらせられなかったのかを、新潟県立歴史博物館の事例で確認してみたい。

　なお、筆者は2024年3月をもって23年間従事してきた新潟県立歴史博物館を退職している。したがって筆者の経験のもとに述べるものであり、基本的には筆者個人の見解であることをまずは明記しておきたい。なお事実誤認があるとしたら、すべて筆者の責任である。

（1）当初は"博物館類似施設"だった

　新潟県立歴史博物館は、2000年8月1日に開館した。その開館当時から現在に至るまで、所管は教育委員会ではなく知事部局である（当初は県民生活・環境部、現在は観光文化スポーツ部所管）。開館当時の博物館法では、第19条に「公立博物館は、当該博物館を設置する地方公共団体の教育委員会（中略）の所管に属する」とあった。つまり、自動的に登録博物館にはなり得なかったのだ。では、その次の相当施設の可能性はあったわけだが、その相当施設の道を当初選ばなかった。そもそも開館当初は博物館法および博物館法施行規則に則った指定を受けていなかったのである。いわゆる"博物館類似施設"だったというわけだ。

　それは、これといったメリットがないと判断していたからである。小林達雄初代館長は、相当施設になる旨味などないだろうと明快に話していたことが思い出される。

　といいながらも、その後相当施設となる道を選ぶことになる。

（2）相当施設への道を選んだ理由

　2007年度の企画展「風林火山」において、出品候補資料に「重要美術品」が挙がった。結果、5点の重要美術品を展示資料として採用することとなったが、その際、博物館法および博物館法施行規則に基づく"博物館"ではないということが問題となった。というのも重要美術品を展示する場合、博物館法における登録博物館または相当施設である必要が生じたからである。[(1)] さらに現在は登録美術品制度があり、登録美術の展示においてその公開は登録博物館または相当施設でなければならない。「美術品の美術館における公開の促進に関する法律」（平成10年法律第99号）第2条には用語の意義として「美術館」を挙げ、「博物館法（昭和26年法律第285号）第2条第1項に規定する博物館又は同法第29条の規定により博物館に相当する施設として指定された施設のうち、美術品の公開及び保管を行うもの」とする。すなわち、博物館類似施設ではその公開が行えないことになる。上記のとおり、新潟県立歴史博物館は開館当初、"博物館類似施設"だったわけで、重要美術品や登録美術品の公開は不可能だったということになる。

　そこで相当施設への道を選ぶこととなった。重要美術品を欠いたからといって、決して展覧会が成立しないわけではない。しかし、それはあくまで運営側の都合に過ぎない。できる限り望ましい資料を用意し観覧者の眼に映ぜしめることを選ばないでどうして博物館といえようか。

　とはいえ、それはあくまで展示のために相当施設への道をとっただけであり、美術品を展示できるメリットというよりは、相当施設にならなければならなかっただけのことであって、決して博物館法のメリットと考えてはいないのが正直なところである。

（3）公開承認施設への道

　国宝や重要文化財を展示するには、基本的に文化庁の許可を得る必要がある。ただし、公開承認施設であれば事後報告で済ませることができる。同法第53条に「重要文化財の所有者及び管理団体以外の者がその主催する展覧会その他の催しにおいて重要文化財を公衆の観覧に供しようとするときは、文化庁長官の許可を受けなければならない。ただし、文化庁長官以外の国の機関若しくは地方公共団体があらかじめ文化庁長官の承認を受けた博物館その他の施設（以下この項において「公開承認施設」という。）において展覧会その他の催しを主催する場合又は公開承認施設の設置者が当該公開承認施設においてこれらを主催する場合は、この限りでない。」とあるとおり、公開承認施設は国宝・重要文化財の公開に関し、事前の許可が免除されることとなっている。これはきわめて大きなメリットであると考えている。公開承認施設の認可が下りれば、その後5年間ごとに国宝・重要文化財を展示する機会を3回以上設けられれば更新が可能である。新潟県立歴史博物館は考古・歴史・民俗を主に専門とする博物館であり、考古資料、歴史資料等で国宝・重要文化財を展示する機会は多い。かくいう筆者も、過去担当した企画展では複数回重要文化財を借用、展示した経験を持つ。直近では2023年度に秋季テーマ展示として「守れ！文化財『障害』をめぐるモノとヒトに光を灯す」を担当し、京都府立聾学校所蔵の重要文化財・京都盲唖院関係資料を展示した。更新は当然の如く行っているのである。

　ところでこの公開承認施設は、登録博物館または相当施設である必要はない。根拠法令が文化財保護法だからであり、博物館法にもとづく"博物館"であることは問われない。

　これによる国宝・重要文化財の公開に関する事務量の軽減ははかりしれないものがある。しかし、博物館法は何ら関与しないのが公開承認施設なのだ。いわゆる行政の縦割りがなせる業なのだが、つまりこの多大なるメリットを得るために博物館法に基づく"博物館"である必要がないということには少々疑問を感じずにはいられない。もちろん、公開承認施設になり得るのであれば、文化財保護法以外のどの法令に基づくのかはあまり意味がなく、結果としてその認可が得られればいいだけということになる。

（４）科学研究費が申請できる機関として

　新潟県立歴史博物館は科学研究費が申請できる機関である。博物館で科学研究費が申請できるのは全国で 50 数機関だと思うが、それにも条件があってなり得るものであることを確認しなければならない。

　すなわち「科学研究費補助金取扱規程第 2 条第 1 項第 4 号及び同条第 2 項の機関の指定に関する要項」（文部科学大臣決定、平成 13 年 8 月 7 日、改正 平成 15 年 9 月 8 日）には、「指定の基準」としてその第 3 に「(6) 申請の際現に当該学術研究機関に所属している常勤の研究者の 1/5 以上の者がその原著論文を過去 1 年間（原則として、申請の前年度とする。）に学会誌及びこれに類するもの（紀要を除く。）に掲載されている者であること。(7) 外部資金を除いた当該学術研究機関全体の一人あたりの研究費（申請の前年度の決算額とする。）が年間 36 万円以上であること。なお、申請年度に新設された学術研究機関については、申請年度の予算額における一人当たりの研究費が年間 36 万円以上であること。」とあって、そのほかの条件はもとより、特に後者 (7) の一人あたりの研究費が年間 36 万円以上という条件が、多くの博物館にとっては重くのしかかっているはずである。新潟県立歴史博物館においては、開館当初から科研費申請機関を目指すこととなっていたので、県予算内の研究費の獲得に努力し、それがなんとか達成できた。しかし、一人あたり年間 36 万円というのはもちろん安い額ではない。それも、年々予算が絞られ（シーリングが掛けられる）、どの科目を削るか毎年のように迫られている現状がある。しかし研究費には 36 万円という条件があるので、そこだけは削ることが不可能である。ほかが先細り状態になっていながら、科研費を獲得するために研究費を死守するしかないのだ。ただし、科研費が獲得できれば特に間接経費などは、活用できる予算として運用には好影響をもたらすことが期待できる。資料収集の県予算が極めて限られる中、科研費を活用すれば資料購入の道が開けるし、その他の運営にも活用でき、それは県民にとっての利益にもつながるのである。

　ただし、この科研費申請機関も博物館法に基づく博物館である必要はない。記憶の限りであるが、科研費申請機関となるための申請は、"博物館類似施設"の段階で行ったはずである。

（5）指定管理者制度導入の検討

　周知のとおり、地方自治法の一部を改正する法律（平成 15 年法律第 81 号）により、博物館にも指定管理者制度が導入されることとなった。第 244 条の二の 3 に「普通地方公共団体は、公の施設の設置の目的を効果的に達成するため必要があると認めるときは、条例の定めるところにより、法人その他の団体であつて当該普通地方公共団体が指定するもの（以下本条及び第 244 条の四において「指定管理者」という。）に、当該公の施設の管理を行わせることができる。」と記されるとおり、民間事業者等の公立施設への運営の参入が可能となったわけである。実際、博物館界においても各地で導入がなされている。株式会社や有限会社、各種法人（財団法人、社団法人や NPO 法人）、公共団体などが運営にあたる例が現実に存在する。

　そもそも指定管理者制度が地方自治法にて規定されたのは、公の施設の運営に民間事業者等の有するノウハウを活用することによって、多様化する住民ニーズに効果的・効率的に対応していくことを目的としてのことである。

　では新潟県立歴史博物館はどうだったのか。実は新潟県立歴史博物館は開館当初から財団法人新潟県文化振興財団に管理委託して運営されていた。ただし、事務系職員や学芸員（新潟県立歴史博物館では「研究員」である）などは、公益的法人等への一般職の地方公務員の派遣等に関する法律（平成 12 年法律第 50 号）、通称・地方公務員派遣法に基づいて、県職員が派遣され運営にあたっていた。かくいう筆者も県職員でありつつ派遣されて運営にあたっていたのである。それが地方自治法改正により直営か指定管理者か、どちらかの道を選ばざるを得なくなったのだが、結果として直営の道を選んだ。当初からの財団に指定管理者として移行することもあり得たわけだが、ひとたび指定管理者制度を導入した場合、将来の保証がなされ得るのかどうか、つまり、当時の財団が指定管理者として永久に関わり運営がなされるのかといった課題や、事業の継続性、資料保管体制の維持といったさまざまな課題を検討した結果、直営とすることとしたのである。その当初管理運営にあたっていた新潟県文化振興財団は、2022 年度をもって解散した。結果論であるが、未来永劫、同財団での管理運営とは至らなかったことになる。

　そして令和になり、「行財政改革行動計画」の一環として改めて新潟県内の

施設の指定管理化の検討が浮上した。県立図書館、県立歴史博物館、県立美術館等7施設が俎上に載せられた。新潟県立歴史博物館においては学芸部門等を含めた全体の指定管理だけではなく、管理部門の部分指定管理なども含めて検討を行った。詳細は略すが、社会教育施設として指定管理者制度がなじまないとの判断などから、この時も結果として指定管理者制度を導入するには至らなかった。管理部門だけ指定管理者とする案も、期待される効果は望めないのではないかとの懸念などにより、採用は見送られた。

　なお、ここで確認しておきたいのは、あくまで地方自治法に基づく指定管理者制度であり、博物館法はなんら関わらないということであろう。

　そもそも博物館における指定管理者制度の導入をどう考えるべきだろうか。すべての指定管理者にあてはまるとはいわないが、低待遇（低賃金）の問題、事業の継続性の問題など、どこまで保証できるのか、疑問は尽きない。たとえば筆者は指定管理者のもとで博物館に勤務する身内を持つが、低賃金であるだけではなく、その賃金も上がらず将来の保証は一切なく、不安を胸に抱えているのが実情である。もちろん、博物館業務にはそれなりの想いをもってあたるので、業務内容に汚点などあるわけがないのだが、それではいわゆる"やる気搾取"と捉えたくなるのが実情なのだ。また他の例を見聞きするにあたっても、指定管理者から直営にした博物館の事例はそれなりに確認できるし、次期指定管理者を公募しても応募がゼロで再公募という事例も出始めている。そういった事例自体に指定管理者制度の欠点が見え隠れするのは当然だろう。またNPO法人で指定期間を全うせずに途中で降り、民間会社に交代するケースなどに触れると、指定管理者のあり方そのものへの疑問が生じるし、全く性格の異なる事業者の交代による事業継続の保証はいかなるものか将来への不安は拭えない。またそこで任務にあたっていた学芸員の身の上が必ずしも保証されなかったとも漏れ聞くにあたり、少なくとも当該法人による指定管理の無責任ではないかと考えてしまうのだ。もしそれが我が身内であったならと思うと悔しいでは済まない感情を抱いただろう。

　それらの課題が山積する指定管理者制度に期待するというのは、もはや財政難の行政側の都合でしかないだろう。その指定管理者の道を新潟県立歴史博物館（ひいては新潟県）が選ばなかったのは、正解以外の何物でもなかったと筆

者個人としては考えるところである。

（6）そもそも法改正により新潟県立歴史博物館は変わるのか？

　2022年、70年ぶりの大改正と言われた博物館法であるが、上位法として社会教育法に加え文化芸術基本法も加わり、登録博物館の範囲が広がり（これにより新潟県立歴史博物館も登録博物館となる資格を持つことになった）、博物館の機能強化も問われることとなった。

　しかし、新潟県立歴史博物館として今後改正博物館法にもとづいて新たに機能強化すべきかというと、思ったほどそうはならないのではないかと予想している。というのも、博物館法に記される以前にさまざまな施策を行ってきたからである。なお、機能強化を図らないということではない。これまで随時図ってきた機能の見直し、強化等を今後も同様に図っていくだけなのであって、決して法を遵守すべきだからこそのことではないのである。改正博物館法は、時に参照することはあると思うが、それだけではなく独自に発展を期して活動をしてくれると信じているのである。

　新潟県立歴史博物館が行ってきた事業についていえば、改正に関する議論でいわゆる文化観光推進法も検討の際に挙がっており、実際に条文として第3条の3に「文化観光」の文言が明記され、観光へのそれなりのシフトもすべきこととなるところ、では新潟県立歴史博物館はこれまで観光は埒外としていたかというとまったく逆で、観光をも明確に視野に入れて活動してきたし、現在もその姿勢にある。

　さらに旅行業者との連携とまではいわずとも、その時々に柔軟な対応で観光客を迎える姿勢を保ち、それ以前に旅行業者とのクーポン契約を締結し、観光客誘致策を採っている。また、2008年度以降には広報担当官を据えて活動していた。当初は民間の経験者（旅行業者経験者）を採用し、その後新たに民間から迎えたあとは県職員からの異動によりその職務にあたってもらっていた。首都圏など各地の観光関係団体との接触をとり、観光面での誘客も図っていたのである。残念ながら2020年度をもって当該職員は廃止され、経営企画課交流普及担当職員が兼務せざるを得なくなったのだが、少なくとも観光は新潟県立歴史博物館にとって重要な一面を担っているのである。

　また、博物館法改正のもと「博
物館の地域の多様な主体との連
携」や「博物館同士の連携」など
他機関（団体）との連携も促進す
べきこととなったが、新潟県立歴
史博物館は開館以前から各種機関
（団体）との連携は進めており、
または常にさらなる連携機関（団
体）の模索を行ってきた経緯があ
る。

図1　博物館浴パネル写真

　そういった中でのことだが、県の福祉保健部からの依頼で「健康立県にいが
た」のキャンペーンのチラシ等の配置の依頼を受けた際、近年注目されている
「博物館浴」の紹介パネルを作成、設置しつつ福祉部署との連携も図っている。
それはまさに時宜にあった連携であり、法に基づいて行ったという事実は一切
なく、博物館として当然のごとく連携を進めた結果なのである。

　今後も新潟県立歴史博物館は、博物館法はあくまで参考としつつも、独自に
発展を期す施設であり得ると確信しているのである。

（7）博物館法のメリットは享受できるのか？

　博物館法改正が国会で議論されるにあたり、改正によるメリットを問われる
場面が多々あった。その中で末松信介文部科学大臣（当時）および政府参考人
としての杉浦久弘文化庁次長（当時）は「信用や知名度（または認知度）の向
上」として答弁している。第208回国会衆議院文部科学委員会第4号（2022
年3月23日）には9回、第208回国会参議院文教科学委員会第5号（2022年
4月7日）には8回と、連呼ともいうほど登場している。

　その「信用と知名度（認知度）」とは何だろうか？登録博物館または博物館
指定施設であれば信用が保証され、知名度も上がるということなのか。

　それはほとんど期待できないとあくまで筆者個人としては考えている。たと
えば東京国立博物館は、日本を代表するナショナル・ミュージアムである。し
かし博物館法にもとづけば、博物館指定施設でしかない。以前の呼称であれば

「博物館に相当する施設」であり、言葉通りなら博物館に相当するだけなのであって博物館ではないと読まれてもあながち間違いではないといわざるを得ないのだ。人は博物館指定施設に「鳥獣戯画」を見に行くのではなく東京国立“博物館”に見に行くのだ。そこに「信用と知名度の向上」は必要ないではないか。

　また、新潟県立歴史博物館は開館当初、博物館法にもとづく“博物館”ではなく“博物館類似施設”だった。だからといって、信用のない施設だったのか？少なくともそのようなことはあり得なかったと信じているし、開館以降24年を経過し、知名度もそれなりに得ていると認識している。もちろん、すべての人に理解され受け入れられたかというと、必ずしもそうではないこともあるだろう。だが、博物館法という博物館関係者には当然でも一般にはそんな法律の存在すら認識下にない場合が多いと思われる中、当該法律によって信用と知名度の向上は絵に描いた餅でしかないと考えることが多い。

　博物館法改正は、アメの味が薄れた法律を本当に変えたのか、信用と知名度の向上というメリットは本当なのか。その評価はいつ認められるのか、または認められないのか、そこは慎重に見届けていかなければならない。

　そしてさらに、先の改正に伴う国会の議論の中で、参議院において最後に舩後靖彦議員が法案への反対を唯一表明したのは記憶すべき事実と考える。「博物館を観光資源としてインバウンドの起爆剤とするためには、博物館に従事する人への待遇改善、予算増額が必須だ」と舩後議員は述べ、また「学芸員の処遇改善拡充については手付かず」であることを指摘。「博物館の表側（登録制度の改正など……括弧内筆者註）に関してはてこ入れがなされたが、肝腎の内側については放置されたといっても過言ではなく、（中略）学芸員の処遇改善や事務員の増強など、改正案の中に盛り込むべき」として法案への反対の意を表明したのである。この学芸員の待遇（処遇）は現在の博物館の喫緊の課題と考えるし、実際新潟県立歴史博物館では研究員の増員はおろか、退職者の補填が必ずしもなされていない事実がある。もちろん、自治体の事情を無視して述べるものではないが、その現状に変化をもたらせ、博物館の質の向上に博物館法が寄与できるための方策を取り入れずに議決されてしまったのは残念でならない。もし当該内容がメリットとして盛り込まれるのであれば、新潟県立歴史博物館にもわずかながらでも光明が差したのではないかと思うのである。

　つまり、そもそもメリットとは何ぞや？という疑問とともに、改正博物館法が新潟県立歴史博物館を変えるというにはまだまだ法の内容そのものに不満を抱いているというのが、20年以上籍を置いて活動してきた筆者の正直な想いなのである。

註
（1）重要美術品を展示するために登録博物館または相当施設でなければならないことを規定する法令等はないものの、本件の場合、文化庁の指導があったため、相当施設になる必要が生じたのである。

（山本哲也）

4. 市原歴史博物館の登録と法改正

はじめに

市原市では、2021年4月に教育委員会の中に博物館準備室が置かれ、翌年4月には教育委員会文化財課に「歴史博物館」が置かれて組織が発足し、開館準備が進められた。文化庁の指導により厳密な2夏の「枯らし期間」を経て2022年11月20日に市原歴史博物館が開館した。開館初日は9時開館にもかかわらず朝6時過ぎから並ぶ人もいたほどで、1,000人近い観覧者があった。

博物館設立にあたっては、基本計画作成のころから登録博物館となることを目指し、施設・人員の面でも国宝・重要文化財の「公開承認施設」の要件を備えたものとするとの方針で計画が進められた。本稿では新設の博物館が登録を申請して登録されるまでの作業を通じて登録の意義を再考し、また新法下での登録に切り替わることによってどうなるのか、などを考察する。[1]

(1) 市原歴史博物館の設立

1. 博物館前史

1972年7月から、新築の市原市役所周辺の「国分寺台」と名付けられた38万km^{2}に及ぶ地域の土地区画整理事業に伴い、国分寺台遺跡群の発掘調査が始められた。筆者はこの年の10月から国分寺台発掘調査団に参加し、まず東間部多古墳群の調査に加わった（上総国分寺台遺跡調査団 1974）。土地区画整理事業とそこに所在する埋蔵文化財の発掘調査とのせめぎあいなども含めて、事業の推移については国分寺台土地区画整理組合の記念誌にまとめられている（事業記念誌編集委員会 2003）。後でまた触れるが、区画整理の進展の中で、組合員の方から土地を寄付されることを前提に国分寺台の区域内に博物館を設けようとする動きもあった。

国分寺台の遺跡群の発掘調査がすすみ、調査された大半の遺跡が消滅していった中で、全国的にも存在が知られるようにもなる稲荷台1号墳出土の「王

賜」銘鉄剣、荒久遺跡出土灰
釉花文浄瓶、山倉1号墳の人
物埴輪群、西広貝塚の骨角貝
製装身具、祇園原貝塚の縄文
時代後期の住居跡群など、
種々の遺物・遺構が出土して
いる。

　こうした国分寺台などでの
市内の発掘調査と平行して、
市の教育委員会のもとで仏像

図1　市原歴史博物館　外観

彫刻や古文書類の調査も進められていて、市原市内の非常に豊かな文化財事情
も明らかとなっていった。発掘調査の成果を見せられるような博物館を作りた
い、という思いを持つ方は国分寺台土地区画整理組合の中にもおられ、具体的
に博物館の土地を寄付しようという提案もされ、そこに博物館を作るという前
提での千葉県教育庁文化課による報告書も出されている（千葉県教育庁文化課
1976）。これは市原地区と九十九里地区での博物館設置を検討した報告書であ
る。九十九里地区には「九十九里町立いわし博物館」が1982年に開館したが、
その後2004年に天然ガスの爆発事故があったことが記憶に刻まれている。市
原地区については、次のような認識のもとに市立の博物館を設置する必要があ
るとの見解が示された。市原地区は古代における政治・文化の中心地で、千葉
県の歴史において重要な意義のある地域であるが、近年急速に開発が進み貴重
な文化財の消滅の恐れもあり、住民構成の多様化の中で新旧住民の地域連帯感
を高め融和を図ることが課題となっていること、また国分寺台における埋蔵文
化財調査による出土遺物が質・量ともに一級のものであることなどである。こ
の博物館の設置の主体は市原市で、名称は「市立市原博物館」とし、設置場所
の地番、所要面積、を具体的に記している。この報告書中に設置場所の地図が
示され、建設予定地がわかる。ここに1975年3月25日千葉県知事・県文化課・
市社会教育課による視察があったことが組合の記念誌に記されている（事業記
念誌編集委員会2003、p.591）。

　結局この計画は実現しなかったわけだが、市でも博物館建設への取り組みは

しており、1976 年には博物館設置が市の5カ年計画の中に位置づけられ、また 1984 年からの長期総合計画の中でも博物館の設置がうたわれた。ここまでの動きでは市原市の博物館づくりが模索されてきたわけだが、それが稲荷台1号墳出土の「王賜」銘鉄剣をめぐるあれこれの中で市立の博物館の設置ではなく、県立の博物館の誘致を、という動きに変わっていってしまった。

2. 県立誘致へ

1988 年2月に市原市文化財研究会より市長宛に県立博物館誘致の請願書が提出され、これが採択されて市から県への要望書の提出となり、1989 年度からの市原市の第2次5カ年計画に県立古代歴史博物館誘致を計画事業と位置づけ、一方県でも 1991 年度からの5カ年計画に「千葉県の古代史を扱う博物館の整備を進め」ることが盛り込まれた。しかし 1996 年度の県の新たな5カ年計画にはそれは盛り込まれなかった。市は誘致した県立博物館を福増の「文化の森」におくことを考えていた。2001 年3月の段階でも議会答弁で相変わらず県立博物館誘致については、今後も文化の森への誘致を県に要望していく、と述べられている。

3. 市立構想と挫折

前後するが 1989 年3月には当時の社会教育部文化課による外部機関へ委託した調査報告書がまとめられた（（財）地方行政システム研究所 1989）。この報告書の中では、文化拠点施設としての市原市博物館の具体的な立地場所として能満・山倉地区をあげている。

しかし相変わらず博物館設置の気運は高まらず、たとえば 2007 年議会答弁では「郷土資料館等の施設の重要性は認識しているが、当面は施設整備は難しい。既存施設の活用等によって……郷土の歴史の理解と文化の振興に努める」などと新設には否定的な雰囲気であった。

2007 年度事業に「文化財情報拠点づくり事業」計画が採択され、博物館新設へと動いていったかにみえた。これは 2008 年度〜2010 年度に実施計画を策定し、①埋蔵文化財センターのエントランスホール等の改修による展示室及びガイダンス室の整備、②ヴァーチャルミュージアム（インターネット博物館）の作成・公開、を内容とした。この計画が採択されたことで、博物館建設を目指して、「王賜」銘鉄剣をめぐって文化庁や鉄剣を預かってもらっている国立

歴史民俗博物館との協議が進められ、市でも事業の予算化が図られた。しかし、2008年度当初予算市長ヒアリングでは、市長の「集客の見込めない能満では同意できない」という反対で実らず、実施計画は採択されたが予算措置がされずに凍結され、国や県に謝罪するという事態にもなった。

　2009年度に改めて教育委員会内に検討委員会が設置されて検討が再スタートした。2010年度には「いちはら歴史のミュージアム整備事業」として2011年度〜2014年度の実施計画が策定されて、その中での現状施設（埋蔵文化財センター）の改修については市長の了解が得られた。「ミュージアム設置場所についての再検討」の付記がありながらも2次内示でも採択されたのだが、博物館設置については相変わらず市長の了承は得られず、実現しなかった。

　2011年度新実施計画では事業名は「文化財展示活用施設整備事業」としたのだが、施設の場所については再検討となり、また実質凍結となる。市長の強い反対が変わらなかった。そうした中で、2015年6月に市長が代わった。

4. 博物館、I'Museum へ

　2015年の文化財保護法の改正により市町村に策定が求められた「文化財マスタープラン」（文化財の保存活用計画）の検討の中で、改めて博物館の必要性が確認されていく。「市民との共同作業の活動拠点として博物館施設が必要」「市原市で生まれた子は市原市で育てる必要がある」等の認識の中で、2016年3月に今後の展開のもととなっていく「いちはら歴史のミュージアム事業基本構想」がまとめられ、次の基本方針に向けて動き始めた。また教育委員会内部だけの動きではなく、2017年3月にまとめられた市原市総合計画「変革と創造　いちはらビジョン2026」の中にも博物館設立が位置づけられた事業となった。

　基本構想を受けてさらに基本計画へと進んでいく。それに先立ち、公式の博物館計画の出発点となる「基本方針」が市長の決裁を受けて決定され[3]、「1. いちはら歴史のミュージアム事業の意義、2. 歴史遺産を取り巻く状況、3. いちはら歴史のミュージアム事業の活動理念、4. いちはら歴史のミュージアム事業の方向性」について示された。ここでは、活動理念に、（1）「歴史をつなぎ、地域の魅力を高め」「身近にある歴史遺産に光を当てて、市民と協働で掘り起こし、地域の魅力として磨き上げ」ることをあげ、また（2）「人をつなぎ、地域を活性化」する項では「地域の主体的な活動や、市民の積極的な参画を促すことで

人をつなぎ、『市民力』で歴史遺産の価値の向上と共有を図」ることとした。そして、いちはら歴史のミュージアム事業は市内全域をフィールドとすること、「市民とともに」歴史遺産を探求し、その成果により市民の歴史遺産への関心に結び付け、歴史遺産を支える人材を育て、「歴史をつなぐネットワーク」、また「人をつなぐネットワーク」のハブ機能を担う拠点施設として整備を行うこととした。

　これらと並行して内閣府「地方創生推進交付金」に「世界に一番近い『SATOYAMA』プロジェクト」が採択され（2016年度～5年間）そこでも博物館事業が組み込まれた。この地方創生推進交付金を利用して、基本計画策定のために「市原歴史のミュージアム事業基本計画策定懇話会」が設けられ、そこでの検討を踏まえて2017年9月「いちはら歴史のミュージアム事業基本計画『上総、そして市原へ―昔と今をつなぐ旅―』」が作成された。(4)内容は改めて紹介しないが、基本方針に書かれたことをほとんど受け継いでいる。ただ全体を通して博物館の活動理念のキーワードが「つなぐ」にあることの確認、市民が主体、とする方針も再確認されている。2017年度に「(仮称) いちはら歴史館」の建築及び展示基本設計、翌年度に建築及び展示実施設計が行われ、2019～2020年度に建物の増築及び改修工事（2021年8月に竣工）、2019～2021年8月展示制作、とすすめられた。建物内の空気環境を安定させるため、コンクリート打設後二夏の「枯らし期間」をとって、2022年秋の開館へと進行していく。一方、旧屋内ゲートボール場を改修する歴史体験館の展示実施設計、改修工事、展示制作が2020年度から2022年夏までに行われている。ロゴをI'Museumとする博物館の活動の柱の一つである「フィールドミュージアム」の整備もこれらと並行しておこなわれ、市内の20地区について、1年に4地区ずつ、歴史遺産の見学環境の整備と歴史遺産巡りのフィールドマップの作成をすすめている。博物館の概要や活動状況については市原歴史博物館学芸員の西聡子がまとめている（西 2024）。

（2）博物館の登録

　2022年11月20日に開館した市原歴史博物館の施設は、市原市埋蔵文化財調査センターの一部を改修して設けた民俗展示室、多目的室などと、これに増

図2　歴史体験館　内部

築する形で設けられた博物館のエントランスホール、常設・企画展示室など、屋内ゲートボール場を改修した歴史体験館の3つから構成されている。埋蔵文化財調査センターの既存棟の改修部分が405.95m²、増築部分が1,234.16m²、歴史体験館は1,814.21m²、全部で3,453.32m²である。1973年に文部省告示として出された「公立博物館の設置及び運営に関する基準」（以下「のぞましい基準」）では市町村立の博物館の建物の面積は2,000m²を標準とする、とある。用途別面積はのぞましい基準では展示・教育活動関係850m²、保管・研究関係850m²、管理・その他300m²、と示されたが、市原歴史博物館は展示・教育関係が68.3％を占め、保管・研究関係は7.0％、管理その他が24.7％となる。ただ、収蔵庫については埋蔵文化財センターと共用している部分、また廃校となった学校の建物を利用した収蔵施設の数値は含まれていない。展示・教育関係の比率が高いことはこの博物館の特色を示すところである。

　常勤の職員は6人、うち学芸員は考古学・民俗学・近世史学の分野の3人、教職員の派遣職員が1人、事務職1名、と館長の構成である。のぞましい基準では、「市（指定都市を除く。）町村の設置する博物館には、6人以上の学芸員又は学芸員補を置くものとする。」とあった。このほか開館当初6名の会計年度任用職員が配置されていたが、翌年10名に増員された。

　このような体制下で、登録に向けて手続きが進められ、2023年2月28日付で登録申請書等を博物館を所管する千葉県環境生活部スポーツ文化局文化振興課に提出した。登録申請書に添付した書類などは表1に示すとおりである。

　これが受理されて2023年3月14日付で「次の通り登録したので、博物館法第12条の規定により通知します」と記された文書が千葉県教育委員会から市

表1 登録申請添付書類

1	資料目録総括表	2	資料目録
3	収蔵品リスト	4	資料写真
5	土地及び建物の面積一覧	6	各用途別面積一覧
7	建物等の平面図等の写し	8	博物館用地の土地の求積図もしくは丈量図（規模のわかるもの）
9	施設の全景及び外観の写真	10	土地の登記簿謄本
11	建物の登記簿謄本	12	展示風景写真
13	当該年度における収支予算書	14	職員一覧
15	履歴書（施設の長及び学芸員に相当する職員の履歴書）	16	学芸員の資格証明の写し
17	開館からの開館日数及び入館者数	18	当該法人の定款（寄付行為）の写し（条例を添付）
19	館則の写し	20	施設の案内図
21	施設の利用案内等の印刷物		

原市教育委員会にあてて出された。なお「登録記号番号」が「第43号」と記されている。改正博物館法の施行が2023年4月1日なので、市原歴史博物館の登録は改正法施行前の最後の登録ということになるのだろう。

（3）登録の更新

　2023年度に入って、千葉県文化振興課長から、「博物館の新規登録・再登録に関する意向調査について（依頼）」の文書が届いた。市原歴史博物館は再登録の対象で、「再登録の申請については（中略）大まかな申請時期を指定させていただく予定」で、再登録は5年以内に申請することになっているがその時期は「別途お知らせ」とのことである。この申請にあたっては、博物館法施行規則第3条に示された「博物館の登録に係る基準を定めるにあたって参酌すべき基準」を参酌して定められた千葉県による審査基準により、設置者、博物館の体制、職員、施設・設備、開館日数についての必要な書類をそろえなければならないことはいうまでもない。千葉県によって示された必要な添付書類の例として挙げられたもののうち、市原歴史博物館が審査を受けるにあたって必要[5]なものを表2に挙げよう。

　登録申請の際の添付書類が21項目で、その内容には名や違いはあるが項目数だけを見ると再申請には17項目である。新登録申請の添付書類（以下、2－①などと表記。旧申請の書類は1－①などとする）のうちで2－②、2－④、

表2　再登録申請・必要添付書類

「1. 設置者に関する基準」に適合していることを証する書類（例）		
①	地方公共団体が設置する博物館の場合は、当該博物館の設置条例	
②	博物館法第19条第1項による登録の取消しの日から2年を経過しない者でないことを宣誓する書類	
「2. 博物館の体制に関する基準」に適合していることを証する書類（例）		
③	博物館運営の基本的な方針を示した書類及び当該方針の公表方法を示した書類	
④	博物館資料の収集及び管理の方針を示した書類	
⑤	博物館資料の目録	
⑥	展示、調査研究、学習機会の提供等の事業の計画又は実績を示す書類	
⑦	職員への研修の実施計画又は実績	
⑧	博物館の事業に関する収支計画を示す書類	
「3. 博物館の職員に関する基準」に適合していることを証する書類（例）		
⑨	館長の氏名、職務内容及び経歴を示す書類	
⑩	学芸員の氏名、職務内容及び経歴を示す書類	
⑪	その他の職員の名簿及び職務分担を示す書類	
⑫	組織図等の博物館運営を行う組織の態様を示す書類	
「4. 博物館の施設・設備に関する基準」に適合していることを証する書類（例）		
⑬	博物館の事業に用いる建物及び土地の図面	
⑭	博物館の事業に用いる建物及び土地の保有形態を示す書類	
⑮	防災及び防犯の観点から対応している事項を示す書類	
⑯	多様な利用者に対する配慮の観点から対応している事項を示す書類	
「5. 開館日数に関する基準」に適合していることを証する書類（例）		
⑰	要覧やHP等の公表資料、日報、事業計画等	

　2－⑥、2－⑦、2－⑧は旧申請時の添付書類の中には似たようなものがなく、また2－⑮と2－⑯はそれぞれ防犯や多様性への配慮の観点からのものであるが、表1の20や21でもこれらの内容は示される可能性がある。となると、新たな登録の審査基準として示されたのはまず「『2. 博物館の体制に関する基準』に適合していることを証する書類」の中にあるといえる。このうちでも2－④、とりわけ資料収集などの基準を明確にしていること、で、これは当然公表されていることが前提となるだろう。

　次に2－⑥に見る、博物館の活動の計画ないし実績のあることが登録審査基準の一つとなる。旧登録審査基準が「外形的な基準」であったのが、活動内容の質についても審査することになる。ハード面からソフト面への審査基準の転換がなされたと評価できる。2－⑦は旧法にもあり新法でも受け継がれた第7条の職員の研修の計画・予定を問うもので、新法では館長の研修も加わった。7条では「必要な研修を行うよう努めるものとする」と努力義務となってはい

るが、ある程度は強制力もあってもよい。2－⑧の事業に関する収支計画については、博物館法施行規則にある「登録に係る基準を定めるに当たって参酌すべき基準」の中には対応する内容がない。私立博物館に対しては問うても良い項目だとは思うが、改正後の博物館法でも入館料などの「対価を徴収してはならない」と明記されている公立博物館に示せとする「収支計画」とは何をいうのだろう。博物館法第1条で「社会教育法及び文化芸術基本法の精神に基づき」となったことに拠るのだろうか、博物館は教育機関ではなくなり文化機関となった、との解釈を示す県もあると聞く。それで「文化で稼ぐ」ために収支計画を出せ、となったのか、と邪推してしまった。公立の場合は設置者によってたてられる歳入・歳出の予算書あるいは決算書で対応できるのだろうか。

　新法下で登録された博物館は、年に一度、報告を出すことになっている。市原歴史博物館も新法下での登録がされれば当然この対象になる。千葉県教育委員会では毎年4月ごろ通知がされて「毎年7月中に提出」することになる。提出する定期報告書には表3の事項を記載するようにとの指示がある。[6]
この報告書の備考には続けて、

　1　施設及び設備の変更がある場合、変更内容を示す書類を添付すること。

　2　活動実績には、次の内容を記載すること。

　　(1)　博物館資料の収集、保管、展示、調査研究活動の実績

　　(2)　博物館資料を用いた学習機会の提供、教育活動の実績

　　(3)　職員の研修の実績

とある。この程度の報告であれば、前年度のものに少し手直しすればいいだろうから、一度作ってしまえば毎年新たなものを作るまでもないだろうが、それでよいだろうか。「職員の研修の実績」を示せ、というのは重要なところである。文化庁や文化財研究所などにおいても様々な研修を用意しているところであるが、職員の数の少ない博物館が多い現状で、少ない職員の中から研修に参加させる体制を作るのは容易ではないだろう。しかし博物館活動の向上のためにも職員のいろいろな分野での研修参加は欠かせないところであり、コロナ前にも行われていたように県単位の博物館協会などの身近な場での研修が企画されそれに参加できるようになればよい。

表3　定期報告書記載事項

1	博物館の名称		
2	登録記号番号	第　　号	
3	設置者の名称又は住所の変更	有　・　無	
4	博物館の名称又は所在地の変更	有　・　無	
5	博物館資料（　年　月　日現在）	点	
6	館長の配置	有　・　無	
7	職員の人数（　年　月　日現在）	学芸員	学芸員以外
		人	人
8	施設及び設備の変更	有　・　無	
9	年間開館日数	150日以上・150日未満	
10	活動実績　※事業報告書、年報等の提出で代替可能		

おわりに―新しい登録制度の目的でもある「底上げ」と「盛り立て」―

　法改正による新しい登録制度の理念・目的には「選別・差別化したり序列化したりするというものではなく」博物館の「底上げ」や「盛り立て」を図ることがいわれている。⁽⁷⁾「盛り立て」は国による予算措置によっても具体的に図られることになるのだろう。では「底上げ」すなわち質の向上はどのようにして行っていくのだろうか。精神的なお題目だけではないはずだ。これまで類似施設であったところが登録博物館となっていけばある程度は底上げが図れるものかもしれないが、登録の更新性も議論されたことがあるが、登録は一度されればそのまま、というわけにもいかないはずだ。毎年報告することを課すというところで良しとするのだろうか。だとすると上述のような報告のさせ方でよいのだろうか。ただ報告をする・受け取るというだけではなく報告をするために博物館の活動などの在り方を自己点検し見直す機会を持てるような仕組みができればと思う。そもそも、類似施設を登録に誘導するための方策をどのように考えていくのだろうか。登録制度は公的支援の対象としての枠組みを明確にするためでもある、というが、これは登録施設にならなければ公的支援はできない、ということでもある。「底上げ」は登録された博物館だけでなく、登録できるけれど登録しない博物館はもとより、登録したくともできない博物館も対象にしたものとなってほしいものだ。しかし、法による制度の下でそんなこと

はできない、といわれてしまうだろう。だとすると登録したもの（指定も含む）だけを対象とすることになる登録制度そのものは、博物館界全体の底上げを図るうえでその妨げとなってしまわないだろうか。そうならないような運用を強く望む。

註
（1）著述にあたっては、典拠を明らかにできないところがあることをお断りしておく。
（2）市原市福増130　所在。最寄り駅は小湊鐵道海士有木駅で徒歩36分
（3）市原歴史博物館ホームページより確認できる。http://www.imuseum.jp/
　　I'Museum について＞これまでの歩み＞いちはら歴史のミュージアム事業の歩み
（4）フィールドマップは紙版とともに博物館のホームページからダウンロードできる。
（5）千葉県ホームページより確認できる。
　　http://www.pref.chiba.lg.jp/bunshin/museum/tourokujimu.html#a8
　　ホーム＞教育・文化・スポーツ＞歴史・文化＞文化施設＞美術館・博物館＞登録博物館の手続き案内＞博物館の登録手続きについて
（6）千葉県ホームページより確認できる。
　　http://www.pref.chiba.lg.jp/bunshin/museum/tourokuteikihoukoku.html
　　ホーム＞教育・文化・スポーツ＞歴史・文化＞文化施設＞美術館・博物館＞登録博物館の手続き案内＞登録博物館の定期報告について
（7）文化審議会 2021.12.6「博物館法制度の今後の在り方について　答申」

参考文献
上総国分寺台遺跡調査団編　1974『東間部多古墳群』早稲田大学出版部
千葉県教育庁文化課　1976『昭和50年度博物館設置調査報告　市原地区博物館
　九十九里地区博物館』
（財）地方行政システム研究所　1989『魅力的なまちづくりのための文化拠点施設の
　整備・運営に関する調査研究―地域博物館の新しいあり方に向けて―』
事業記念誌編集委員会　2003『歴史再生　上総／市原　国分寺台』清算法人市原市国
　分寺台土地区画整理組合
西　聡子　2024「市原歴史博物館―歴史をつなぐ・人をつなぐ博物館―」
千葉県の文書館　第29号　千葉県文書館

（鷹野光行）

5. 地域資源に向き合うミュージアム

はじめに

　2023 年 4 月に施行された改正博物館法では、第 3 条（博物館の事業）に次に示す第 3 項が新設された。

　　3（前略）当該博物館が所在する地域における教育、学術及び文化の振興、
　　文化観光（有形又は無形の文化的所産その他の文化に関する資源（以下この項において「文化資源」という。）の観覧、文化資源に関する体験活動その他の活動を通じて文化についての理解を深めることを目的とする観光をいう。）その他の活動の推進を図り、もつて地域の活力の向上に寄与するよう努めるものとする。

　これまで博物館法になかった「地域」「文化資源」という文言が概念として初めて明記され、収蔵資料にとどまらないそれらの資源を用いて「地域の活力の向上」につなげていく事業が追加されることとなった。「文化芸術振興法」がめざす「活力ある社会の実現」（第 1 条 目的）がその根底にある。

　一方、2018 年に施行された改正文化財保護法では、

　　　文化財の確実な継承に向けたこれからの時代にふさわしい保存と活用の在り方について（第一次答申）」(2017 年 12 月 8 日文化審議会）を踏まえ、（中略）これまで価値付けが明確でなかった未指定を含めた有形・無形の文化財をまちづくりに活かしつつ、文化財継承の担い手を確保し、地域社会総がかりで取り組んでいくことのできる体制づくりを整備するため、地域における文化財の計画的な保存・活用の促進や、地方文化財保護行政の推進力の強化を図るものです[(1)]。

という趣旨のもと、文化財保存活用大綱・文化財保存活用地域計画の策定（第183 条）等に関する指針が次のように示されている。

　　……このような文化財に加え、生活文化や国民娯楽など、必ずしも文化財に該当しないものであっても、各地域にとって重要であり、守り伝えてい

くべきと考える文化的所産を幅広く捉える視点も有効」「本指針で規定する大綱や地域計画は、異なる類型の文化財を総合的に保存・活用する方策を講じるための仕組みであり、そのためには指定・未指定にかかわらず、各地域の多様な文化財を包括的に捉えることが重要。さらに、文化財はそれ単体で形成されたものではなく、自然環境や周囲の景観、そこで行われる人々の伝統的な活動などと密接に関連しているため、文化財そのものだけでなく、それをとりまく周囲の環境を一体的に捉え、保存・活用していく視点も重要……。

改正された博物館法と文化財保護法の両法は、地域振興策と観光振興策という二つの方向性からとらえていく必要があり、具体的な方策については課題があるものの、その対象として「地域の文化資源」「地域の多様な文化財」を包括的にとらえるという前提は共通している。地域の文化的資源を重要視し総合的な保存・活用をめざすという点で博物館法と文化財保護法は近いところにある。

博物館法改正にあたり、＜これからの博物館に求められる役割・機能＞として次の5つの方向性が示された。

「守り、受け継ぐ」	資料の保護と文化の保存・継承
「わかち合う」	資料の展示、情報の発信と文化の共有
「育む」	多世代への学びの提供
「つなぐ、向き合う」	社会や地域の課題への対応
「営む」	専門人材の確保、持続可能な活動と経営の改善向上

本稿では、ここで列挙されている役割・機能の中で「つなぐ、向き合う」に焦点を絞り、地域博物館である美濃加茂市民ミュージアム（以下「市民ミュージアム」）が行っている活動を紹介しながら今後のありようを少し考えてみたい。

市民ミュージアムは、自然史、考古、歴史・民俗、美術、文化を扱う総合の地域博物館で、2000年に開館した。「さまざまな地域資源が活かされ、ここで自由で深まりのある文化活動と多様な交流が行われるよう願っています。人々の『くらしの一部』として利用され続けるとともに、まちや社会にとって必要とされる場になることをめざします。」との理念を掲げ、次の二つの役割を持ちたいと考えている。

① 「ひとと暮らしをつなぐ」

　作品や資料に、新たな見方を提案、人々の好奇心につなぐ

　　➡日々の生活に刺激と潤いを

② 「ひとと地域をつなぐ」

　地域の資源を守り、掘り起こして新たな社会的価値を示す

　　➡いわゆる「まちづくり」「シビックプライド」に活かす

　当館の活動は「自然との共存」「博学連携」「市民参画」「交流と地域」を方針の柱としている。文化財保護と博物館運営の両者を業務とする市民協働部文化振興課が担当部署であり、自治体直営の博物館として企画展の一部をのぞき利用者の観覧料は無料である。

（1）地域資源情報をととのえる─つなぐ─

1．包括的な地域資源を対象

　市民ミュージアムの館蔵資料は2023年度末現在、約77,546点である。ホームページでは基本的にすべての収蔵資料（作品）のデータを公開し、あわせて美濃加茂市内の指定文化財（国県市／指定・登録）についても紹介している。

　「ミュージアムデータベース」には、館蔵資料のほかに「これまで調査してきたこと」というコンテンツがある。『美濃加茂市史』（史料編・通史編・民俗編）刊行（1980年）後、市民ミュージアム建設の準備が始まった1985年から、美濃加茂市の広報紙に地域の様々な文化資源を広く紹介してきており、掲載された20シリーズ512件（2024年6月現在）をPDF化したものである。過去の小さな調査成果であるが蓄積されて貴重な情報となっている。

　たとえば地域の人物を紹介する「人物みのかも」（1985〜1986年）、地域を再発見する「辻の風景」（2004〜2007年）、「美濃加茂新24景」（2015〜2017年）、「バス停からの小さな旅」（2019〜2021年）、「書かれた『この地』を読む みのかもブックマーク」（2022〜2023年）、「みのかもの山、望む山」（2023〜2024年）などである。また、市民ミュージアムのボランティア「伝承料理の会」で調査した「地域の食文化」21例の紹介もある。民間信仰や冠婚葬祭、地域行事などでふるまわれる料理を取材調査し、行事の内容とともにその献立を記録したものである。これらの地域住民の身近な暮らしとともにある多様な

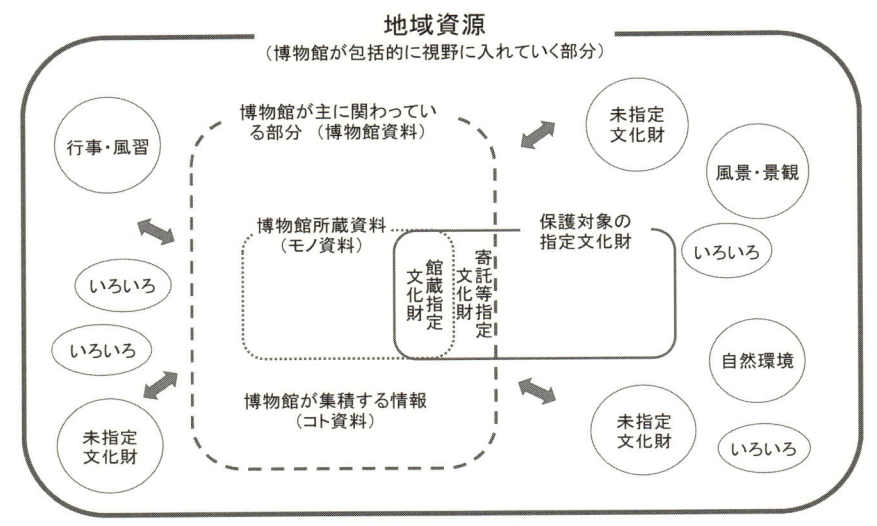

図1 地域博物館と地域資源の関係

事象は、学術的にみていわゆる貴重なものではないかもしれないが、むしろこれこそが地域の特性やアイデンティティを色濃く示すものと考えている。

　地域の博物館は、所蔵（所有）資料にとどまらず、この地の文化的所産の総体である「地域資源」を視野に入れる必要がある。その中には石に刻まれた記念碑や石仏、人々の営みをあらわす記録や行事、自然環境や風景などがあり、中には指定文化財として法的な保護対象になっているものもあれば、そうでないものもある。

　これらに関して包括的に調査研究をすすめ、その成果である「コト」情報を集積整備し、所蔵するモノ資料と合わせて「博物館資料」としていくことが望まれる。「地域資料の保管庫」「地域社会の記憶庫」（君塚 2011）ともいわれる博物館が持つ資料は、公共財として地域住民や社会と共有・活用されていくことになる。

［事例①］「まちのいいものよいところ山之上展」

　市民ミュージアムでは「まちのいいものよいところ山之上展」を 2017 年 12 月に開催した。合併（1954 年）前の旧町村である山之上地区に対象を限定した「まちの資源」の展示を試みた。住民からの多くの情報提供を得て、地区に

ある 24 件のアイテムをピックアップし展示構成をした。遺跡から出土した土器や高僧の書軸、蝶の標本といった「貴重な」モノ資料（館蔵資料は写真を除き 2 点）とともに紹介したのは、廃道になりかけているかつての通学路「学校道」、農業用ため池の記念碑、歌い継がれた「子ども音頭」、昔からつたわる「世間話」など、「コト」と「バ」である。いずれも今まさに忘れ去られようとしているが、それらは人々にとっては暮らしの証、地域のよりどころ（＝地域資源）そのものである。熱心に展示に見入る来館者の姿を見て、その記憶と記録を博物館は地域と共有し分かち合っていく使命があると強く感じた。ちなみに、この地区を校区とする山之上小学校では近年、この展示で紹介された「音頭」の歌詞を取り上げて地域の歴史を掘り下げるなど、展覧会をきっかけとした新しい動きも見られるようになっている。

　「地域」とは、行政単位の市町ではなく、生まれ育った手の届く小学校区こそがコミュニティの実態範囲であり、そのよりどころとなるベースであることに気づいた。「地域」の概念を考え直す展示になった。

　2.　地域資源プラットフォームとしての「美濃加茂事典」

　多様なデータベースやコンテンツを相互に結びつける基盤としての「美濃加茂事典」を市民ミュージアムでは 2011 年に WEB 上で立ち上げた。地域のことがらを五十音順に並べ、「手引き」「インデックス」「百科」としての役割をめざそうとするものである。項目ごとに簡単な解説を付して個々に URL を持たせ、『美濃加茂市史』などの基本文献情報のほか、「収蔵資料」や前述した「これまで調査してきたこと」「展示・出版情報」という「ミュージアムデータベース」をリンクさせるものであり、美濃加茂版「ウィキペディア」ともいうべきものである。学芸員による日頃の調査結果や展覧会に際しての執筆や論考など、蓄積された多様な地域資源情報を有機的につなぎ更新していくプラットフォームである。2024 年 6 月現在、1,022 件が登録されている。

（2）地域資源を伝え活かす―向き合う―

　1.　現地へのいざない

　地域資源の情報は、展示や様々な媒体を通して伝えられるが、それによりリアリティをもたせるのは、実際にその現地へ出かけその場を体感することであ

る。博物館での展示はモノが主体であるのは間違いなく、それを用いたストーリーが展示室で展開される。しかし、展示品には、自明のことであるがその現地があり、そこでしか得られない場と空間の感覚がある。展示室で得られる情報や知見は、それで完結するものではなく、現地での情報と相まって一体的な体験としてより深まりを持つ。

　フィールド全体を博物館に見立てる「まるごと博物館」やエコミュージアムの考え方もこれに近いものがあるが、美濃加茂市においては地域に分散する足元の資源自体を主役として捉え、そこへの訪問をうながす行動変容を期待している。モノに限定せず現地の情報を結びつけた総合的な地域情報を博物館が提供することは、利用者や住民の高い興味関心につながっていくであろう。

［事例②］展示室の外へ「イッテミテ」

　市民ミュージアムでは常設展示の「もよう替え」を2020年に行った。そこで室内に展示室の観覧をきっかけとして、新たな行動を促す働きかけというねらいで「イッテミテ」というコミュニケーションツールを6カ所に用意した。思想家・津田左右吉の展示部分に生家の紹介とその行き先を記した配布用マップを置いたり、戦前、イカダを組む作業が行われた木曽川の現地を示すマップを展示品の近くに配架したりするというものである。自然公園などにあるビジターセンターや古墳などの史跡のガイダンス施設にあるような実際のフィールドに行くためのいざないである。

　企画展においても、「楽しくなる古文書展」（2020年4月）で、書状の宛先となっている集落景観を写真パネルで紹介した例をはじめ、最近の展覧会では展示動線の最後に「イッテミテ」のコーナーを設け、次への行動の働きかけを行っている。

［事例③］「バス停からの小さな旅」展

　2022年3月、市民ミュージアムでは「バス停からの小さな旅」展を開催した。美濃加茂市内に運行されているコミュニティバス（愛称「あい愛バス」）に乗りながら、歩いて現地をみてもらうという広報紙連載企画を展示化したものである。展覧会の趣旨は次のようなものである。

　　地域のミュージアムには、展示室内で展示を行うだけではなく、身近にあるさまざまな文化資源に光をあてる役割があると考えています。ふだん通

り過ぎてしまっているような場所で、「へぇ〜」「そうだったの」と何か発見をすると少し楽しくなりますね。みのかも文化の森の学芸員がそれぞれの分野で調査し、「広報みのかも」で 2019 年 5 月から 3 年間にわたって「バス停からの小さな旅」として連載してきた「隠れたスポット 36」を一挙紹介します。

たとえば、現在はリノベーションされてカフェになっている戦前の郵便局の建物、京都で活躍していた地元の日本画家が昭和 18 年に奉納した作品を所有する神社などであ

図 2　「バス停からの小さな旅」展ポスター

る。ここで取り上げた 36 カ所の「現地」に「指定文化財」という考えはなく、むしろ市民の身の回りや日々の暮らしの中にこそ、大切なものや意味深いものがあることを伝えようとした。

2. 地域に向き合うために

地域資源に内包されている事柄を、蓄積された調査記録や多様な資料と紐づけながら明らかにし人々の新たな気づきに繋げていくことが博物館の役割の一つである。その気づきは、人々にとって暮らしの小さな潤いやよりどころを感じるささやかな愉しみに過ぎないかもしれないが、そんな個々の積み重ねこそが大事である。その集積こそが文化的で深まりのあるまちを形づくっていく。ここから、「シビックプライド」として地域のいわゆるまちづくりに発展していくことはあるが、一過性で消費的なものにならないよう気を付けたい。地味ではあるが、地域住民がその地に向き合い誇りを持てるよう長い視点で持続的な活動ができるよう博物館として可能な限りの役割を果たしたい。

図3　「石に刻む展」チラシ

［事例④］石仏ツアー

　2020年、常設展示室の「もよう替え」に合わせ地域の身近な石仏を紹介するブースを新設した。展示品は写真パネルが中心であるため実際に現地を訪ねるツアーを開催した。市内外の参加者に混じって、該当地区の「まちづくり協議会」のメンバーが参加し、担当学芸員の解説を熱心に聴いていた。その参加者は、普段見慣れている「普通」の石仏が、歴史的に貴重な価値があることを初めて知り大きな感化をうけたようである。ツアー直後に刊行された協議会の機関紙の中で、地区として誇るべきものとして地域住民に広く紹介した。

　その石仏が、その地の人々にとって、アイデンティティの一つとして位置づけられ、地域とひとを繋いでいってくれたら、開催した展示やツアーの意義はとても大きなものがある。

［事例⑤］石に刻む展

　2024年3月から5月にかけて「とどめる記録、まじわる思い　石に刻む展」を市民ミュージアムで開催した。市内に残る人物顕彰碑、文学碑、戦争記念碑、土木完成碑などのいわゆる記念碑248点を紹介（展示室での紹介は48点）した。実物にかわる写真とともに、造られることになった経緯や歴史的背景を館蔵の歴史資料を中心に掘り起こし、記念碑に込められた思いと建てられた場の空気を伝えようとしたものである。記念碑とは当時の人々の思いを表象するもの、時代を凝縮した歴史そのものである。ただ現状はその存在は地域の人々にも知られないものも多く、残念ながら草や蔓に覆われてしまっているものもあった。展覧会にあたり、把握できたすべての記念碑のデータを市民ミュージアムのホームページのマップに落とし込み、記念碑の位置情報とその内容にアクセス

できるようにした。なお、今後は過去数年かけて調査された石仏の情報を再整理し、同様にマッピングを進める計画である。

　会期中に開催した現地見学ツアーの参加者からは「毎日見ている石碑も詳しい説明があることで、見え方が変わります。当時建てた方々の思い等が少しでも分かったような…。とても良かったです」「地元でありながら知らないことがあってとても興味深いものでした。先人の残してくれたものに歴史のロマンを感じることができました」というような声が寄せられ、地域資源に向けて何らかの触発を起こしていると思われる。

（3）美濃加茂市文化財保存活用地域計画との連動

　改正文化財保護法第 183 条の 3 のもと、美濃加茂市では 2022 年から美濃加茂市文化財保存活用地域計画の策定準備を進めており、3 年目の 2024 年、素案がまとまった。6 月から 7 月にかけて行ったパブリックコメント聴取段階での素案の一部には次のような記載がある。[5]

　　美濃加茂市の「歴史文化」を構成するものは、指定等文化財に加え、国や県、美濃加茂市による指定等は受けていないものの、これまでのくらしの中で地域の人々が誇りにし、かけがえのない大切なものと捉えているもの（未指定文化財）があることが明らかになっています。それら未指定文化財には、文化財保護法に基づく六類型として捉えづらかった、伝承や方言、地名など身近なくらしに基づく文化財があります。そこで、本計画では、学術的な調査研究の成果をもとに長年蓄積されてきたことで、それぞれの価値が磨き上げられてきた①指定等文化財に加え、美濃加茂のくらしの中で大切にされてきた、人々の営みを表す②未指定文化財を対象とし、その総体を「みのかも地域文化資源」として、保存・活用をはかることとします。

　　【「みのかも地域文化資源」の保存・活用に関する将来像】「想いがつながり、深まりつづけるまち」　本市の積み重ねを象徴する「みのかも地域文化資源」は、これまでも美濃加茂で生きる 1 人 1 人のくらしを通して、大切に守られ、まちに息づいてきました。1 人 1 人の想いにより、それら「みのかも地域文化資源」が明らかにされ、共有されていく事で、「みのかも地域文化資源」を活かしたまちづくりが進み、自分たちのくらしている美

　濃加茂市が"深み"のあるまちとなり、その"深み"が増すほど、より居心地が良く、誇りと感じるまちになります。本計画では、1人1人、そして地域の想いがみのかも文化の森を拠点に、つながり、さらに磨かれ息づくことで、「みのかも地域文化資源」がより多くの人に共有され、将来に継承され続ける姿を目指します。

　みのかも地域文化資源の定義が示され、その共有と継承の場を市民ミュージアムに位置づけている。博物館を地域資源の多様な展開の拠点としたことは、美濃加茂市文化振興課が博物館と文化財保護両者の担当部署として一体的施策ができることを前提としている。活用計画の策定によってその基盤と根拠ができ、これまで市民ミュージアムが地域資源という視点で行ってきた活動を活用計画の実施段階でさらに積極的に展開することができる。

　この素案には、「稼ぐ文化財」「経済効果」というような観点はなく、地域住民の日頃の生活の質の向上や継続的な地域社会への関わりという面で「活用」を捉えている。見据えるのは、足元の「光」を「観る」という、商業的、消費志向ではない本来の純粋な意味での「観光」である。

　2021年秋、市民ミュージアムの2階の一部を「地域・防災情報室」として整備した。ここでは「このまちを歩く」というテーマで、前述の「バス停からの小さな旅」などのパネルを常設展示しているが、活用計画と連動しながら「みのかも地域文化資源」をテーマごとで紹介していくなど、さらにその内容の充実を考えていきたい。

　文化財保護法改正の文脈から動き出した「文化財保存活用地域計画」は、関わる博物館の立ち位置や今後を考える上で有効な手立てになり、活動への新たな切り口やヒントになるであろう。

おわりに

　最近、周辺の自治体の住民から、「解体することになった蔵から古文書のようなものが見つかったが、どうしたらよいだろうか」との情報が市民ミュージアムに寄せられることが増えた。当然ながらその地域の関係部局が対応するのが原則であるが、対応できずにやむを得ず当館に救いを求めたのである。個人所有のものであってもその集成が地域の歴史となる。行政区分では該当しなく

ても地域文化圏の視点で考えると当市と無関係ではなく、収集調査の必要性が
あるものの、館の業務の優先順位を考えると断らざるを得ない。

　今、日本各地で地域の文化資源が日々消滅している。もしかしたら自然災害
によるものよりも大きな致命的な損失がここで起きているかもしれない。喫緊
の課題である。ここは「博物館法」も「文化財保護法」も法的に関わらないは
ざまの世界である。博物館的施設や文化財調査のスタッフがいない自治体は全
国にかなりあり、一定の到達をみている埋蔵文化財をのぞき地域資源の悉皆調
査など不可能である。また、自治体が持つ資料収蔵施設も効率化の名のもとに
廃止となる事例も増えている。

　自治体の予算や人材の確保といった課題は山積するが、まさに地域資源に向
き合い、人々の営みの歴史を形成してきた証を守り伝えていく方策をみなで地
道に考えていかなければならない。

註

（1）次のウェブサイトより引用（2024/7/10 閲覧）。　https://www.bunka.go.jp/
　　seisaku/bunkazai/1402097.html
（2）次のウェブサイトより引用（2024/7/10 閲覧）。　https://www.bunka.go.jp/
　　seisaku/bunkashingikai/bunkazai/ozuna_sagyobukai/02/pdf/r1408868_01.pdf
（3）次のウェブサイトより引用（2024/7/10 閲覧）。　https://www.bunka.go.jp/
　　seisaku/bunkashingikai/hakubutsukan/hoseido_working/pdf/93606001_05.pdf
（4）次のウェブサイトより引用（2024/7/10 閲覧）。　http://www.forest.minokamo.
　　gifu.jp/annai/about_bunkanomori/pdf_01/p03_rinen.pdf?20211129
（5）次のウェブサイトより引用（2024.6.18-7.9）。　https://www.city.minokamo.lg.jp/
　　uploaded/attachment/13933.pdf

参考文献

岩城卓二・高木博志編　2020『博物館と文化財の危機』人文書院
可児光生　2022「地域共有財産として生かされるデータベースをめざして」金山喜昭
　　編『博物館とコレクション管理』雄山閣
同　2022「地域博物館の意義　足もとを照らす「観光」と地域資源」『REAR』№
　　49、リア制作室
君塚仁彦　2011「地域のなかの公立博物館とその存在意義を再考する」『月刊社会教育』
　　55 号

（可児光生）

6. 古くて新しい博物館
——新しい博物館に向けて——

はじめに

　市立函館博物館は、明治前期の開拓使函館支庁仮博物場をルーツとする国内でも屈指の歴史を誇る博物館で、函館（箱館）がたどった開港や箱館戦争、北洋漁業の基地、北の大都市[1]としての歴史にまつわる資料を豊富に所蔵する博物館として知られる。しかし現在、博物館活動の拠点となっている市立函館博物館本館（以後「本館」とする）をはじめ、市内に点在する博物館施設[2]の老朽化が進み、人口の減少や財政難、近年多様化する博物館施設への要望に対しては、課題の多い状況でもある。

　これまでにも新たな博物館整備が議論されたことはあったが実現せず、図書館や公民館、市民体育館などのスポーツ施設の更新（新設・リニューアル）が進む中、取り残された感さえあった。そのような中、2022年度から「（仮称）総合ミュージアム」に向けた検討が始まった[3]。

　議論は始まったばかりで具体的な内容には及んでいないが、本稿では博物館の過去と現状の確認を行うとともに、博物館法改正による期待や展望、将来に向けた現場での実践等を紹介し、今後の函館博物館の行方を探ってみたい。

図1　市立函館博物館本館

（1）市立函館博物館の現在地

1．博物館のこれまで

　函館での博物館の設置は、1879年の開拓使函館支庁仮博物場開場（旧函館博物館1号）に始まる。開拓使御雇教師頭取兼顧問ホーレス・ケプロンが、大学、図書館とともに博物館の必要性を建言した

ことによるもので、同年に開園した函館公園［登録記念物（名勝地）］内に建設された。その後、1881 年の開拓使東京仮博物場の廃止にともなう資料の受入のため、1984 年には函館県博物場第 2 博物場（旧函館博物館 2 号）が、1891 年には第 3 館（水産陳列場）が建設された。第 3 館は後に廃止されたが、函館博物館 1 号・2 号は現存し、現在も本館の傍らで往時の姿をとどめている。

　この間、運営主体は開拓使から函館県、北海道、函館区、函館市と目まぐるしく変わり、全国的な博物館の動向（金山 2001、椎名 2022）と同様に、勧業系から教育系への役割の転換等を経つつも、現在にいたるまで連綿と博物館としての歩みを続けてきた。

　戦後、1950 年には、博物館活動の拠点となる本館の建設が始まったが財政難で中断、本館が完成を見たのは 1966 年のことである。

　その後の函館は、「斜陽都市」などと揶揄され、都市としての相対的な地位を下げながらも、異国情緒豊かな町並みや歴史が注目を浴び、全国有数の観光地へと変化していった。1989 年には、伝統的な建造物が集積する函館山山麓に位置する西部地区の一部が、函館市元町末広町伝統的建造物群保存地区として重要伝統的建造物群保存地区に選定されている。

　このような動きに連動して、歴史的建造物等の活用を図りながら、豊富な博物館資料を元にしたテーマ別の公設博物館施設が次々と整備され、現在は多くの博物館施設が点在する都市となっている。（博物館施設の変遷は図 2 参照）

2. 変わる運営体制

　多くの博物館施設が整備される中で、運営方式も変化してきた。当初の運営は市の直営だったが、1989 年に、社会教育施設の効率的な運営と幅広いスポーツの振興を目指して、函館市文化・スポーツ振興財団が設立され、北方民族資料・石川啄木資料館の開館にあたっては、同財団が運営を担うこととなった。その後は、指定管理者制度の導入もあり、現在、直営の施設は本館のみとなっている。

　運営体制が変わる中、条例や契約等で専門職員である学芸員の配置が明記されているのは、登録博物館である市立函館博物館と縄文文化交流センターの 2 館のみであり、それ以外の館は、博物館法のいう博物館（登録博物館）ではない。現在運営している館のうち摩周丸［企画部］、縄文文化交流センター・箱

区分	函館博物館	その他教育委員会所管	教育委員会以外の所管（北海道整備施設含む）
開拓使	○1879 開拓使函館支庁仮博物場開場（第1館）		
函館県	1882 函館県博物場に改称		
	○1884 函館県博物場第2博物場開場（第2館）		
北海道	○1891 水産陳列場（第3館）開場（～1901廃止）		
	（第1館・第2館は庁立函館商業学校へ移管　同校附属商品陳列場）		
函館区	○1895 函館水産陳列場（第1館・第2館・第3館）に改称		
函館市	（1943～1948 第1館・第2館は一時、市立函館図書館附属博物館となる）		
	○1948 市立函館博物館設置（図書館から独立）		
	○1955 五稜郭分館開館		
	（前年開催北洋博の建築物を転用し五稜郭跡内に設置、～2007箱館奉行所整備に伴い廃止）		
	●1966 市立函館博物館本館開館		
	（これにより博物館1号[第1館]・2号[第2館]は、現役の博物館としての役割を終える）		
	●1969 郷土資料館（市立函館博物館分館）開館		
	（北海道指定有形文化財の旧金森洋物店[1880建築]を活用）		
		●1982 函館市北洋資料館開館	
			●1986 北海道立函館美術館開館
		○1989 函館市北方民族資料・石川啄木資料館開館	
		（1926建築の旧日本銀行函館支店を活用）	
		●1993 函館市北方民族資料館、函館市文学館開館	
		（函館市北方民族資料・石川啄木資料館から、文学館が単独館として分離）	
		（文学館は、1921建築・景観形成指定建築物の旧第一銀行函館支店を活用）	
			○1995 函館市写真歴史館開館
			（北海道指定有形文化財の旧北海道庁函館支庁庁舎[1910建築、1991火災後復元]を活用、2016廃止）
	2004 市町村合併により以下の4が函館市に移管（～灯台資料館以外は2016廃止）		
	○戸井郷土館（1973開館、旧戸井町）		
	○戸井埋蔵文化財展示館（1998開館、1973建築の旧戸井東幼稚園を転用、旧戸井町）		
	○恵山郷土博物館（1968開館、旧恵山町）		
			○椴法華村灯台ファミリー資料館（ピカリン館）
			（1995開館、2016から休館中、旧椴法華村）
	○大船遺跡埋蔵文化財展示館（2000大船C遺跡速報展示室として開館、旧南茅部町）		
			●2003 青函連絡船記念館摩周丸開業
			（1991開館のメモリアルシップ摩周丸を市が第3セクターから買取り再整備）
	●2010 箱館奉行所開館		
	●2011 函館市縄文文化交流センター開館		

●現在も博物館施設として運営している館、○廃止施設（休館中を含む）

※ 上記のほか類似施設としては函館市重要文化財旧函館区公会堂（1983一般公開開始）、函館市旧イギリス領事館（開港記念館、函館市有形文化財[1913建築]を活用、1992開館）、函館市熱帯植物園（1970開園）がある。

図2　函館における公的に設置された博物館施設整備の変遷

館奉行所［文化財課］以外の郷土資料館・北洋資料館・北方民族資料館・文学館（一部）における資料管理や展示替え、資料調査対応、調査研究等の学芸業務は、基本的に本館が担っており、本館が博物館センターとして機能している状況である。

3. 課題

施設運営を民間に委ね、サービスの維持・向上と効率的な運営に努めつつ、

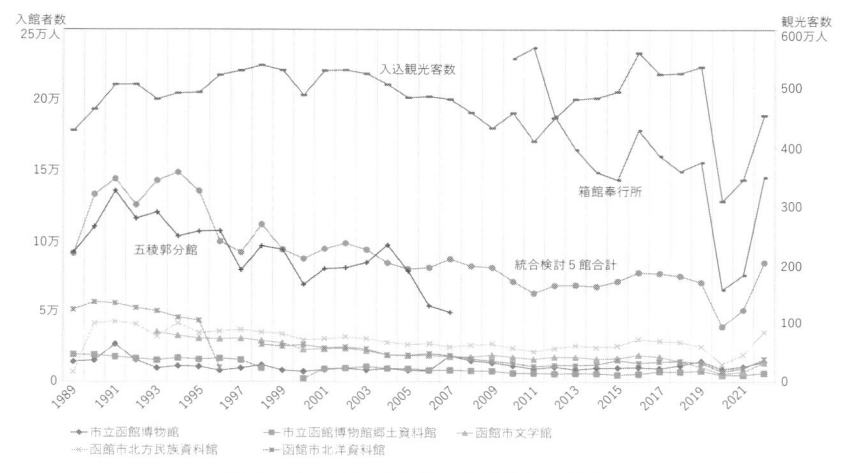

図3　主な博物館施設の入館者数の推移

学芸業務を本館が担う体制で、複数の展示館を効率的に運用してきたが、課題も出てきている。

　1つには、施設の老朽化への対応である。歴史的建造物の転用による施設（郷土資料館、北方民族資料館、文学館）は建築年の新しい施設でもほぼ100年が経過、昭和40、50年代に建設された新築施設（本館、北洋資料館）でも築40年以上が経過している。ともに大きな改築工事や抜本的な展示の更新等がされておらず、建物・展示ともに、更新が望まれる状況にある。（図2参照）。

　なお、2004年の1市4町村（戸井町、恵山町、椴法華村、南茅部町）合併後、旧合併町村に存在した博物館施設は、1館を除きすべて廃止されている（1館は休館中）。

　2つ目は、維持・管理コストと入館者数の問題である。人口の減少にともなう財源の削減やさらなる運営の効率化を目指した場合、分散型の博物館運営の効率の悪さは最大の課題であり、「再編」は避けては通れない課題である。

　平成以降（1989年〜）の博物館施設各館の入館者数の動向は、図3の通りである。施設によって割合は異なるが、入館者数が観光客数に左右されていることがわかる。さらに観光客数は年度によって増減があるもののほぼ横ばいであるのに対し、博物館施設への入館者数は漸減の方向にある。2019年1月以

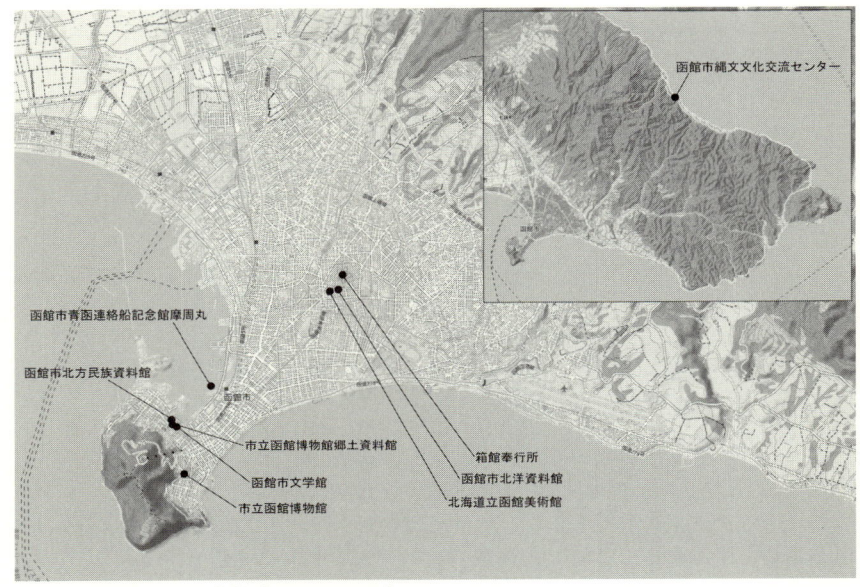

OpenStreetMap を元に作製（CC BY SA 2.0）

図 4　公的に設置された博物館施設の位置図

降は、新型コロナウイルス感染症流行の影響を受けて入館者数が激減、2021年度以降急速な回復を見せているが、長期的な視点で見た場合、漸減傾向は変わらないものと見られる。

　3 つ目は、防災の視点からの見直しである。近年、地震や津波、気候変動に伴う集中豪雨など、大規模な自然災害が相次ぎ、博物館施設についてもその対応が望まれるが、市街地が海抜の低い平野部に位置する函館市ではその影響が大きい。現在、博物館施設として機能する施設のうち、郷土資料館、北方民族資料館、文学館は津波の浸水地域に位置し、本館は土砂災害の警戒区域に立地している。

（2）新たな博物館に向けて

1. 始まった総合ミュージアム構想

　このような現状と課題を抱える中で登場したのが「（仮称）総合ミュージア

ム構想」である。2022 年函館市教育委員会が、「(仮称) 総合ミュージアムの整備にあたっての基本的な考え方 (たたき台)」を提示し、正式な検討が始まった。内容は、5 館 (本館、郷土資料館、北方民族資料館、文学館、北洋資料館) の統合を基本とするもので、メインコンセプトとして「博物館法が規定する機能を持つ」「人にも資料にもやさしい」「函館の歴史や文化を総合的に学べる」「すべての市民や観光客が楽しめる」「まち歩きや観光地巡りの起点となる」の 5 つが提示されている。たたき台は公表され、パブリックコメントともに博物館や学校、文化、福祉、経済、観光、まちづくり、資料寄贈者といった関係 37 団体からの意見聴取が行われた。

　さらに、2023 年 10 月から専任の担当課長が配置され、12 月には、たたき台の成案化に向け、市民や意見団体から寄せられた意見について協議・検討し、今後の方向性を取りまとめるための「函館市 (仮称) 総合ミュージアムの整備にあたっての基本的な考え方 (たたき台) への意見に関する検討会議」が設置され、各種団体からの推薦者、学識経験者、公募委員による議論が続けられている最中である。

　実は、本館の老朽化や 狭 隘化にともなう新しい博物館整備については、何度も出ては消えてを繰り返してきた。1980 年代後半から 90 年代にかけて、旧西警察署や旧日本銀行函館支店、函館市末広町分庁舎の再整備、移転した市立函館病院跡地への整備が検討されたが、具体的な推進は図られなかった。(4)

　今回のミュージアム構想にかかる検討も始まったばかりで、博物館の規模や設置場所などは未定、財源の問題も解決していないことから、実現にはまだまだ困難とある程度の時間がかかることが予想される。

2. 博物館法改正の影響

　2022 年、70 年ぶりに博物館法が改正され、文化芸術基本法の精神に基づくことが追記、博物館登録制度の拡大、地域の多様な主体との連携による文化観光や経済などの地域活力への寄与等が加えられた。

　国内有数の観光地であり、異国情緒豊かな町並みや特別史跡五稜郭跡、ユネスコの世界遺産 (文化遺産)「北海道・北東北の縄文遺跡群」の構成資産、史跡垣ノ島遺跡・大船遺跡など、歴史・文化資源をまちづくりの重要な要素とする函館市においても、博物館は「社会教育法」に規定される以上の役割が期待

されており、博物館法改正の趣旨は、概ね歓迎すべものということができる。

さらに函館市においては、ミュージアム構想とともに、市内文化財の保存・活用にかかるマスタープランであり、今後の目標や具体的な取組内容を規程する「文化財保存活用地域計画」の策定も検討している。

法改正により、博物館が主体となり、地域の文化・歴史資源をまちづくりや文化観光・経済振興へとつなげる方向性が示されたと同時に、函館市においては、(仮称)総合ミュージアムや文化財保存活用地域計画などの検討が行われることは、今後の市の文化財行政にとっては大きな節目になると予想される。

しかし、拠点となるべき博物館が、どのようにこれらの命題に取り組み、担うのかという点は、いまだに不透明な部分も多い。一般的に、博物館については、これまでも予算と人員(特に専門職である学芸員)は足りないものの代表格として挙げられてきたが、法改正ではこれらの解決の糸口は示されていない。博物館法の改正にあたり付帯決議で、博物館の置かれる状況の改善と、担い手となる学芸員の育成・配置の重要性が指摘されているように、[5]自治体としては、法が変わったからといって、財源等の支援なしには予算を増額し、専門職を配置する等の方策を執ることは困難だからである。

3. 現場での取り組み

さまざまな問題を抱え、課題の解決のための新館整備を切望する現場としてはどのように対応してきたのか。実は、10年程前から新館整備に向けた取り組みを少しずつ進めてきた。新館の整備事業は、多額の財源を費やす一大事業であり、これまでの経過が示す通り、簡単に進むものではないことは、現場も承知しており、将来の整備に備えて、今現場でできることは何かを考えての取り組みである。対応は、将来に備えての取り組みのほか、現在の博物館事業のあり方の見直しと改善を含むもので、主に以下4つの取り組みを進めてきた。[6]

①収蔵施設の再編と資料の再整理
- 収蔵施設の再編・統合
- コレクションを中心とした資料整理

②資料の取扱いに関する規定の整備
- 資料受入基準、資料の収集および管理要綱

③博物館の見える化

- デジタルアーカイブ事業の開始
- おもてなし講座（見せます！お宝公開！、バックヤード・ツアー）導入

④展示内容および方針の転換

- 「通史」「旧開拓使資料紹介コーナー」の設置
- 展示業務のあり方の再検討

　狙いは、①と②は、現在の資料の保管状況を改善し、効率的で持続可能な保存・管理・活用の体制を構築すると同時に、今後の資料の受入・管理を明文化すること、③は今一度、博物館資料の公開性について立ち返って確認し、資料へのアクセス性を高めること、④は、展示業務のあり方を再考した結果である。今後の博物館整備の上では必須となる通史について、その基礎を築くとともに、函館博物館の特徴である明治期の博物館資料「開拓使収集資料」を活かす足掛かりとして実施したものである。

　さらに、④のうち展示業務のあり方については、①②にも関係するが、学芸員が博物館活動の基礎となる資料整理（コレクション管理）等の業務に当てる時間を確保するためには、他の業務の比重をどうするべきかを再検討したもので、肥大化しがちな展示業務の負担減を意図したものである。

4. 今後に向けて

　（仮称）総合ミュージアムに対して寄せられた意見や検討会議の会議録を見ると、博物館の社会的な機能や施設、展示や講演会・講座といった公開事業への要望は多い。一方、それらを支える学芸員の役割や基礎的な資料の受入、収蔵庫・収蔵品の管理、調査研究等の博物館の基本となる機能や体制が議論されることはほぼない。博物館は 100 年の計といいつつも、見えない部分、博物館活動の基礎となる部分も含めての議論が望まれる。議論の中で、建物や設備については、新しくなるのであれば大きな心配はしていない、むしろ議論すべきは、新たな担い手や機能を実現するための環境づくりだ[7]、との発言があった。

　法改正により博物館の重要性が再認識され、役割は拡大されたが、現場が求める財政や専門職配置への具体的支援はなく、法改正の精神が実現されるかどうかは、各自治体に委ねられた。これは自治体や各館の取り組み次第で、大きな格差が生まれることを意味する。函館市として博物館や学芸員をどう位置づけ、活かしていくのか問われているといえる。

　現場としては、引き続き将来を見据えつつ、淡々と業務改善に取り組み、たゆまない努力を続けていくしかない。施設や設備に制約を受ける博物館活動も多いのは事実だが、建物が古くても新しい試みは可能である。

註

（1）現在の人口は 237,939 人（2024 年 6 月末住民基本台帳）であるが、江戸時代末頃から都市としての様相を呈していた。国勢調査人口で見ると、1935 年に仙台市に抜かれるまでは、東京・横浜を除けば、関東以北最大の人口を擁した。ピーク時の人口は 1980 年の 345,165 人である。

（2）本稿では、博物館法が規程する登録博物館以外の博物館施設も含めて対象とした。

（3）（仮称）総合ミュージアムにかかる情報は、函館市のホームページ参照。（2024 年 10 月現在）
https://www.city.hakodate.hokkaido.jp/soshiki/kyouiku_dept/rekishi-bunka/

（4）市立函館博物館保管資料による。対象となった建物は、いずれも西部地区に位置する。旧西警察署は、1926 年に建造された水上警察署。解体後外観復元され、2005 年に函館市臨海研究所として開所。旧日本銀行函館支店は現函館市北方民族資料館（図 2 参照）。函館市末広町分庁舎は、改修後 2007 年に函館市地域交流まちづくりセンターとして開館。市立函館病院跡地は、「市立函館病院跡地利用の基本方針」（2000 年 12 月　函館市）において総合博物館の整備が明記されたが、厳しい財政状況を鑑み、施策は財政好転後とされた。現在は観光駐車場として利用されている。

（5）「博物館法の一部を改正する法律案に対する附帯決議」の「三」および「六」参照。

（6）現場での取り組みについては、拙稿 2022「市立函館博物館　開拓使時代からの資料を含むコレクションの管理」金山喜昭編『博物館とコレクション管理』雄山閣）参照。

（7）「令和 5 年度　第 3 回函館市（仮称）総合ミュージアムの整備にあたっての基本的な考え方（たたき台）への意見に関する検討会議　会議録」

参考文献

金山喜昭　2001『日本の博物館史』慶友社
椎名仙卓　2022『日本博物館成立史—博覧会から博物館へ—［普及版］』雄山閣

（奥野　進）

第 6 章

博物館をとりまく隣接分野の動向

1.　社会教育法体系の理念にもとづく社会教育施設のあり方

はじめに

　社会教育学という分野は、本来、狭義の教育学を超えて博物館学、図書館学等の学術文化領域を包摂している。しかし大学の博物館学芸員、図書館司書養成課程が、教育学部の社会教育主事養成課程とは別に文学部に置かれていることもある。それぞれが独自の資格課程として運用され、必ずしも社会教育法体系にもとづく社会教育施設・職員の専門性と相互の関連性が意識されない状況がある。近年では教育学部でも学校教員養成に重点が置かれ、社会教育関連科目の専任教員が任用されないという状況もみられる。

　法政大学キャリアデザイン学部では、社会教育関連の職員養成課程の体系性が重視され、学芸員、図書館司書、社会教育主事などの養成に関わる教員とそれぞれのキャリア選択をおこなう学生たちとの交流の機会も多い。狭義の教育学にとらわれず、社会的な教育・文化振興を視野に入れた人材養成とその現場に関わることができる。社会教育の総合的な人材養成を支える学部のあり方として、ひとつのモデルになりうると考える。

　一方で現代の地方自治体行政の現場では、社会教育の意義、図書館、博物館、公民館等社会教育施設の独自性と相互関係性を体系的にとらえる視点が弱くなっているという問題がある。2000 年代に本格化した地方分権改革のもとで社会教育施設の統廃合が進められ、社会教育施設の指定管理者への委託、公民館を市長部局所管の一般集会施設に統合するなどの動向が広がっている。

　本稿では、社会教育法にもとづく社会教育施設のありかたに焦点をあて、あらためて原点に立ち返って法的理念の形成と制度化をめぐる検討をおこなう。

（1）社会教育法の理念と社会教育施設の設置

　社会教育法は戦後教育改革の一環として 1949 年に制定された。その基本理念は教育基本法（1947 年制定）に基づいている。旧教育基本法第 7 条（改正

教育基本法第 12 条）に社会教育に関する条項が設けられ、社会教育の理念と図書館、博物館、公民館の設置が規定された。その根拠が今こそ問われている。⁽¹⁾

　旧教育基本法は前文で、憲法の理念を実現するためには「根本において教育の力にまつべきものである」と述べて、社会の改革と教育の力を直結させた特別な法律として制定された経緯がある。民主的で文化的な国家の建設において教育改革が重要課題とされ、そのための不可欠の分野として社会教育が位置づけられた。それを明記しているのが旧教育基本法第 2 条であるが、2006 年の教育基本法改正で全部改正されており、現在の地方分権改革も含む制度改革の中で戦後教育改革の理念は消失しかねない状況にある。

　旧教育基本法第 2 条（教育の方針）の条文は、戦後教育改革の理念を最も象徴的に示している。「教育の目的はあらゆる機会に、あらゆる場所において実現されなければならない。この目的を達成するためには、学問の自由を尊重し、実際生活に即し、自発的精神を養い、自他の敬愛と協力によって、文化の創造と発展に貢献するように努めなければならない」と規定されている。この条文を受けて 1949 年の社会教育法第 3 条に以下のように規定された。「国及び地方公共団体は……すべての国民があらゆる機会、あらゆる場所を利用して、自ら実際生活に即する文化的教養を高め得るような環境を醸成するように努めなければならない」。

　これは社会教育の基本理念に即して国・地方公共団体の責務を明示した条文といえる。すなわち社会教育とは、国民が自ら学んで文化的な生活、創造に参加する過程であり、国・地方公共団体はそのための環境醸成責務を負うと規定している。社会教育施設に即してみると国民＝「利用者・住民」が主体というとらえ方である。社会教育施設が何のためにあるのかを問ううえで、根本に置かれるのは施設の利用者である。「参加者」あるいは「学習者」ともいわれるが、その姿が戦前と戦後に大きく変化したこと、そもそも社会教育という用語が憲法的な理念で根拠づけられたことがこの条文の基本的な意義といえる。

　図書館は戦前に図書館令があり、博物館も独立した施設として法制定の動きがあった。⁽²⁾これらの社会教育施設は社会教育法に先行しているが、戦後改革の過程で図書館、博物館も一括して社会教育施設として法制化された経緯がある。そもそも図書館や博物館は国際的に普遍的な施設であって、図書館はアメリカ

をはじめ世界各地の、中世あるいはそれ以前からの伝統を持っている。博物館も同様である。それに対して日本の社会教育法では、公民館を中心に据えた施設体系になっている。このことが図書館界、あるいは博物館界にとって、本来の施設の在り方として狭いとらえ方という批判的な見方もあることも理解できる。

戦後教育改革では、「第一次米国教育使節団報告書」（1946年3月）が教育基本法制定に大きな影響を与えた。この報告書で成人教育の施設・機会として、図書館、博物館、大学公開講座等への言及がなされている。日本の新しい民主的な社会を発展させる上で成人が学ぶ重要性を教育基本法に明記するうえで、この報告書は大きな影響力をもった。ここには特に公民館への言及はない。しかし、この「米国教育使節団報告書」提出の直後、1946年7月に文部次官通牒によって公民館の設置運営が奨励されており、急速に普及している施設として教育基本法第7条に規定されることになった。図書館法、博物館法が制定された1950年、51年当時、公民館は全国に約3万館、図書館が944館、博物館が106館という設置状況であった。民主的で平和な社会を作るために地域から人々が学びを通じて社会の復興のために立ち上がろうという呼びかけが、3万館もの公民館を誕生させたという歴史的な状況下、「アメリカ使教育使節報告書」に言及されていない公民館が旧教育基本法第7条（社会教育）の条項に規定されたという経緯がある。社会教育法は「公民館法」といわれるほど公民館に関する条項が多い。戦後教育改革という歴史的条件の中で、国際的に例を見ない日本独自の成人教育施設体系が生み出されたといえよう。

（2）市民の自発的学習の場としての社会教育施設

国民個々人が自立的に学ぶというところに大きな価値を見出して社会教育という用語が使われたことは、戦前の民衆教化、団体の統制の歴史への反省という重要な背景がある。戦前・戦中には図書館は、思想善導のための手段、良書の普及という厳しい制約を受けていた。戦後憲法の学問の自由、国民の表現の自由や、知る権利という基本的人権にねざして図書館が公共的な施設機能を発展させていくことは、戦後の教育改革によってはじめて可能になった。

戦前の官符的民衆教化においては、そもそも施設はあまり重視されていな

かった。民衆教化とは国家への忠誠意識を団体統制によって浸透させることである(6)。これに対して、戦後は社会教育制度として施設体系が確立され、それぞれの施設が自立的な機能を発揮することを通じて、国民が自発的に学ぶ、知的・文化的に自らを高めていくという考え方に転換された。その環境を整備することが公共の責務である。これが戦後改革の出発点となったのである。

　社会教育法体系の重要な基本理念は以下のように要約できる。①平和で民主的な社会における自己教育・相互教育の重視と、地方公共団体は内容に干渉せずに環境を整えるという公共性の論理。②社会教育施設の教育機関としての自立性を保障する職員体制（司書、学芸員、公民館主事等の専門的職員）。③公共施設としての公開性と学習機会の保障、および無償制原則（図書館法第 17 条、博物館法第 23 条の原則無料、公民館は、平等に開かれた学習の場として無料が定着していた）。つまり、誰もが身近な施設として利用できるという原則が打ち出されていた。④住民参加。図書館、博物館等では住民参加がそれほど重視されているようにはみえないが、住民参加のさまざまな形態、審議への参加だけではなくて、ボランティア活動、たとえば博物館ガイド、読み聞かせボランティアというような住民参加、社会教育施設相互の連携や学校の子どもたちの学習に資する関係づくり、自由な居場所を提供することなど、社会教育法理念に基づく住民を主体とする社会教育施設という運営原理が定着している。

　1950 年に文化財保護法が制定され、1970 年代には文化行政も本格化する。地域の学習と文化、つまりユネスコが国際的に推進している教育文化について、日本では社会教育法体系にもとづき、1960 年代から 80 年代にそれぞれの自治体の環境整備を通じて図書館、博物館、公民館の設置が広がってきた。

　図書館は、日本図書館協会の「中小都市における公共図書館の運営」（「中小レポート」1963 年）が、大都市にしかなかった図書館を中小都市にまで広げていくという新たな発展形態を生み出した(7)。博物館に関しては、保存から公開、そして住民の参加型学習へと大きく博物館の在り方を変えていくような事業展開がみられ、近年では博物館協議会が「博物館の原則」「職員の行動規範」によって職員の自立性、専門性を明記するにいたっている(8)。

　公民館も 1960 年代から 80 年代にかけて市民の学習運動において「権利としての社会教育」の理念が育まれ、自治体の社会教育方針や「新しい公民館像を

目指して」（東京都教育庁、1974 年）などによって、社会教育の場で人々が自由に学ぶということが国民の権利であるという考え方が定着してきたことがこの時代の特徴といえる。⁽⁹⁾

（3）地方分権改革、教育基本法改正のなかで変容する社会教育施設

　21 世紀に入って地方分権改革が大規模に推進されている。地方分権改革の動向は、2006 年の教育基本法全部改正といわれる法改正がなされ、社会教育法にもとづく社会教育の捉え方が複雑化したこととも関連している。社会教育法の理念にもとづく社会教育施設の設置運営と市民主体の学習実践の蓄積をふまえ、その成果がどう継承されてそれぞれの施設の運営原理として生かされていくかが問われている。

　教育基本法第 2 条は、教育目標として 20 項目あまりの国家教育目標を掲げる条項に改正された。その中には、公共心や、伝統と文化、わが国と郷土を愛するなど、いわば道徳律のような目標が入っており、この改正に対して教育学関連 15 学会は、国家による教育の介入であると反対した経緯がある。⁽¹⁰⁾

　さらに第 3 条に「生涯学習の理念」という新たな条項が挿入された。「生涯学習」という用語は国際的な用語であり、ユネスコも提唱する教育の新しい理念として、その法制化は一定の積極性、現代性をもたらしたと評価できる。

　問題はこの条項の政策的な方向づけである。すでに 1980 年代の臨時教育審議会で「生涯学習体系への移行」が提唱され、学習を個人的にとらえることと、学習者を「受益者」のようにみなすこと、それによって民間事業者の参入による生涯学習の産業化への道が開かれ、変容がもたらされつつあった。現在広がっている指定管理者、あるいは民間事業者による商業的な収益事業としての文化・スポーツの振興が、「生涯学習の理念」の条項のもとで導入されて活発化し、逆に、教育委員会における公共の社会教育が縮小され、弱体化しつつある。教育基本法第 3 条「生涯学習の理念」において、第 12 条「社会教育」とどのような概念的・制度的関係性をもつかが規定されていないという法的問題点もある。

　教育基本法改正と地方分権改革の推進をふまえ、中央教育審議会答申「人口減少時代の新しい地域づくりに向けた社会教育の振興方策について」（2018 年

12 月 21 日）では、地域振興の一環として社会教育施設の首長部局移管も可能とするとした。これらを受けて、2019 年 5 月 31 日に第 9 次地方分権一括法案が参議院を通過し、ここでは首長部局に移管された社会教育施設を「特定社会教育機関」と規定している。

　しかし、この一括法が参議院で採択される際に附帯事項が付けられた。ここには、多様性にも配慮した社会教育が適切に実施されるよう地方公共団体に対し、適切な助言を行うこと。特に「図書館、博物館等の公立社会教育施設は国民の知る権利、思想表現の自由に資する施設であることに鑑み、格段の配慮をすること」と述べている。首長部局に所管が移っても、政治的に中立であること、そして国民の知る権利、思想表現の自由について配慮した施設であるべきであるという点が付帯事項として明記されたのである。

おわりに

　最後にさいたま市の九条俳句訴訟に関わってきた立場から一言付け加えてまとめとしたい。さいたま市大宮地区公民館の「公民館だより」に 3 年以上にわたって句会が選んだ秀句が掲載されていたが、「梅雨空に『9 条守れ』の女性デモ」という俳句について、政治的中立性に反すると公民館が判断して不掲載とした。作者が提訴して 4 年半を経て、さいたま地裁、東京高裁で原告側勝利、そして 2018 年 12 月に最高裁棄却で東京高裁の判決が確定した。その判決文に、参議院付帯決議と同じ趣旨の内容が含まれている。社会教育施設において、国民一人一人の思想信条の自由、表現の自由という憲法的な自由を十分尊重し、職員は公正に取り扱わなければならないという判示である。[11]

　日本図書館協会には 1950 年代から「図書館の自由委員会」が設置され、そして博物館でもさまざまな表現の自由を規制するような展示への介入があり、訴訟もあった。学習の自由・表現の自由を守る図書館・博物館の努力は、九条俳句訴訟でも参照されている。社会教育施設では国民自身が学ぶ自由、知る権利、表現の自由、そして自ら真理を探求する学問の自由、等々が保障されなければならないという社会教育の基本理念が、あらためて九条俳句訴訟の最高裁棄却判断によって明確化されたのである。

　以上のことをふまえると、いま問われている首長部局移管、文化庁所管にな

るという問題は、単に所管という問題として考えるべきではない。社会教育法の基本理念にもとづき、博物館、図書館、公民館が社会教育施設としてどうあるべきか、原理的にとらえていく必要がある。

　基本的には教育機関としての独立性、それを維持する職員体制、職員の専門性が問われる。今、公民館では職員体制が弱体化している。非常勤職員が増大し、ほとんど専門性を持たない職員、1、2年で異動というような職員配置になっている。また事業費が削減され、市民の学ぶ権利とその環境を保障する地方自治体の社会教育の環境整備自体が行き詰っている現状がある。

　一方では人口減少に対する地域創生、観光客招致という経済効果に対する期待がある。それによって社会教育施設としての在り方は揺らいでいる。しかし、市民は博物館、公民館、図書館に自ら参加して、さまざまな形で相互に学び合い、その地域の文化を創造している。住民が互いにつながりあい、育ち合っている。そういう市民の共同性・協同性・協働性を発展させるうえで市民自身が積極的な参加の場を求めている状況がみられる。NPO・ボランティア団体との連携、学校の子どもたちへの支援等、博物館ではフィールドミュージアムやグリーンツーリズムと連携する市民協働型博物館の可能性も広がっている。

　公共施設として社会教育施設をどう充実発展させていくか。あらためて市民が自ら学ぶことを保障するという社会教育法の基本理念に立ち返って、その可能性を広げていく現場の実践的展開に期待したい。

註
（1）旧教育基本法第7条（社会教育）の第1項では、「家庭教育及び勤労の場所その他社会においておこなわれる教育は、国及び地方公共団体によって奨励されなければならない」と規定し、第2項では図書館、博物館、公民館等の施設の設置を奨励している。2006年に改正された教育基本法第12条では、「個人の要望や社会の要請にこたえ、社会において行われる教育」と定義が変化したが、第2項は旧法の趣旨を受け継ぎ、施設設置による社会教育の振興に努めるとしている。
（2）図書館は1989年に勅令に定められ、1933年に改正されて図書館令が公布されている。博物館に関しても法制定への動きがあったが、実現をみなかった。伊藤寿朗1975「博物館法の成立とその時代—博物館法成立過程の研究—」『博物館雑誌』第1巻第1号。
（3）伊ケ崎暁生・吉原公一郎編　1975『米国教育使節団報告書』現代史出版会。

（4）横山宏・小林文人編　1986『公民館史資料集成』エイデル研究所。

（5）塩見昇・川崎良孝編　2006『知る自由の保障と図書館』日本図書館協会。

（6）碓井正久編　1971『社会教育』東京大学出版会。

（7）中小公共図書館運営基準委員会報告　1963『中小都市における公共図書館の運営』日本図書館協会。

（8）伊藤寿郎　1991『ひらけ、博物館』岩波書店。

（9）小林文人　1988『公民館の再発見』国土社。

（10）教育学関連15学会共同公開シンポジウム準備委員会編　2006『教育基本法改正案を問う』学文社。

（11）佐藤一子　2018『「学びの公共空間」としての公民館―九条俳句訴訟が問いかけるもの』岩波書店。

（佐藤一子）

2. 社会教育主事、社会教育士をめぐる議論の展望
——歴史的概観からの示唆と複数の〈戦略〉——

はじめに—社会教育主事・社会教育士に関わる制度の曖昧さと矛盾—

　社会教育における専門的職員や支援者をめぐる議論はわかりにくい。特に社会教育主事（以下、「主事」と略記する場合あり）や社会教育士は、公民館や生涯学習センターでの社会教育だけでなく、図書館や博物館、その他さまざまな社会教育施設、地域団体での社会教育、さらには民間企業やNPOでの社会教育等、さまざまな活動に関わる役割を期待されているがゆえに、その議論は茫漠としがちである。そもそも社会教育主事、社会教育士がどのような制度を背景とし、どのような実態にあるかは、社会教育行政に詳しい関係者にとっては周知のことではあるが、本書の読者層を念頭に置いて、まずその点を簡単に概観しておきたい。

　社会教育主事は、社会教育法によって「社会教育を行う者に専門的技術的な助言と指導を与える。ただし、命令及び監督をしてはならない」（第9条の3）とその職務が規定され、都道府県・市町村の教育委員会事務局に原則必置とされており（第9条の2）、学校教育に関わる指導主事と並んで、「専門的教育職員」として規定されている（教育公務員特例法第15条）。社会教育施設職員や社会教育関係団体への助言、研修事業の実施、社会教育調査の実施、社会教育計画の立案などが、実際の主たる「助言・指導」にあたる業務といえるが、実際にはその他の事務的業務も兼務していることが一般的である。また、必置規定の存在にも関わらず、実際に社会教育主事を配置している自治体は半数にも満たない現状にある（表1）。

　自治体教委において職員が社会教育主事の発令を受けるにはいくつかの条件があるが、特に当該職員が社会教育主事任用資格（社会教育主事基礎資格ともいう。以下、「任用資格」「資格」と略記する場合あり）を取得している必要がある。この資格は、大学で開設される社会教育主事養成課程での単位修得（24

単位）か、または主に社会人向けの簡略的な社会教育主事講習（大学その他の機関で実施。以下、「講習」と略記する場合あり）での単位修得（8単位）により取得可能である。前者が本来あるべきとされる資格取得プロセスであるが、実際に主事として発令される者の大多数は後者の簡略的な講習で資格取得しているのが実態である。また実際の主事任用は、当該自治体に勤務する職員が社会教育主事として発令されるケース、学校教員が

表1　社会教育主事数と配置率の推移

年度	主事数（人）	主事配置率（％）
1996	6,796	94.0
1999	6,035	87.0
2002	5,383	80.0
2005	4,119	75.8
2008	3,004	70.2
2011	2,518	64.2
2015	2,290	57.4
2018	1,681	46.6
2021	1,451	40.9

※ここで示した配置率は1万人未満町村を除いた数値であり、また派遣社会教育主事を含めた数値である。
データ出所：文部科学省社会教育調査　各年度版。

教員籍を離れ県・市町村の社会教育主事として発令されるケース、の二つが主である。その他、最初から社会教育主事としての発令を前提に職員を採用する専門職採用のケースも大規模自治体を中心にかつては見られたが、今日では稀である。

　一方、「社会教育士」とは資格や職名ではなく、任用資格を取得（2020年度以降のカリキュラムでの取得に限る）した者に与えられる称号である（社会教育主事講習等規程（以下、「規程」と略記する場合あり）第8条3項、第11条3項）。その職務に関する法的規定は特にないが、文部科学省ではこの称号制度を追加した規程改正（2018年2月公布、2020年4月施行）以降、社会教育行政だけでなく学校、ＮＰＯ、民間企業等の多様な場において、また地域づくり、防災、多文化共生、地域福祉等、社会教育が関わる多様な活動領域において、社会教育士が貢献しうる可能性を積極的に発信している[1]。つまり、任用資格で得た能力をより汎用的に活用していこうとするのが、社会教育士の称号制度のねらいといえる。

　ここまでの概観だけでも分かるように、社会教育主事、社会教育士に関わる制度と実態にはさまざまな曖昧さや矛盾が存在する。「専門的技術的助言・指導」という職務規定の抽象性、主事の必置規定が順守されていない現状、養成課程と講習での修得単位数の大きな格差、本来の資格取得プロセスである大学の養成課程と実際の主事発令との断絶、社会教育士に期待される活動領域のあ

まりの広さ、社会教育主事と社会教育士の相互関係の不明確さ……。

　そのようなさまざまな課題を抱えている社会教育主事・社会教育士をめぐる制度について、本節では特にその能力や役割に関する議論の歴史的概観を通じて、今後のあり方を展望する上での視点を提示したい。

（1）社会教育主事に関する制度の変遷

　社会教育主事の制度自体は戦前から存在したが、現在の制度の礎となったのは 1951 年 3 月の社会教育法改正による社会教育主事関連規定の追加である。この時に社会教育主事は前述の通り「社会教育を行う者への専門的技術的な助言・指導」という役割を有する職として明確に位置づけられた。その直後、同年 6 月の社会教育主事講習等規程の公布・施行によって講習による資格取得のカリキュラムが定められ、また 1953 年 1 月の規程改正によって、大学の学部におけるカリキュラム（一般に社会教育主事養成課程という）も定められた。

　社会教育主事をめぐる制度のその後の大きな変化として第一に挙げられるのが、1959 年 4 月の社会教育法改正とそれにともなう社会教育主事講習等規程の改正である。法改正によってそれまで社会教育主事が都道府県にのみ必置であったものが、市町村にも原則必置となった。また、規程改正によって大学以外の教育機関でも講習を行うことが可能となった。

　第二に挙げられるのが、1974 年 4 月からの派遣社会教育主事給与への国庫補助の開始である（後に、国庫補助ではない形での助成へと変更）。学校教員に社会教育主事任用資格を取得させて教員籍から外し市町村の社会教育主事として発令する場合、派遣社会教育主事と呼ぶが、この国庫補助はこのような発令を国が財政面で支える制度であった。これによって、必置規定にも関わらず伸び悩んでいた社会教育主事の配置率が大きく向上した。

　第三に挙げられるのが、1987 年 2 月の規程改正（施行同年 4 月）である。この改正によって養成カリキュラムが「社会教育概論」「社会教育計画」「社会教育演習」「社会教育特講」という編成に改められ（講習の場合。養成課程は若干異なる）、その後細かい変更はあったが、近年の規程改正まで 30 年以上にわたり同様のカリキュラム構造が維持されてきた。

　そして第四に挙げられるのが、それまで維持されてきた派遣社会教育主事給

与への国の助成の廃止（1998 年 4 月）である。これは地方分権改革にともなう施策の一環であったが、これ以降自治体の社会教育主事配置率は減少の一途を辿り（表 1 参照）、今日に至っている。

　このような制度的変遷の概要を踏まえた上で、以下では 1951 年以降今日までを四つの時期に区分し、議論の動向と背景を簡潔に整理して提示したい。

（2）社会教育主事・社会教育士制度をめぐる議論の歴史的整理

1. 1950 年代～ 1960 年代前半

　1951 年の社会教育法改正後、1950 年代半ばから、社会教育関係雑誌では社会教育主事をめぐる問題に関する記事、論文が散見されるようになる。

　この時期の議論の傾向として第一に挙げられるのは、行政権力・命令系統の一部としての立場と専門的職員としての立場との矛盾や、行政の縦割り構造に由来する困難、地域社会の伝統的意識や権力構造に由来する困難等への言及である（津高 1955）。その後、特に行政権力と専門性との矛盾が特に論点として次第に注目されていく（福尾 1960、横山 1961）。第二に挙げられるのは、社会教育主事の専門的職務とそれ以外の職務とがそもそも未分化である問題を指摘する議論である（高橋 1956、米田 1956）。

　社会教育主事の固有の役割の曖昧さ等、後にも指摘され続ける論点の原型はこの時期にすでに出揃っていた。ただし当時はその点について、主事に求められる能力・役割を明確に定義づけるよりも、住民に誠実に向き合うことでその実質的能力を高めるべきという議論が多く見られた。この背景には、地域社会における問題の学習課題化、また地域団体の活動に対する指導・助言等、社会教育主事が実際に取り組むべき実践の領域についてはある程度の共通理解が存在していたという点が挙げられる。また、一定の学歴要件を有する社会教育主事と地域住民の平均的な教育水準との懸隔が当時においてはまだ大きく、いわば「教育者」としての社会教育主事の象徴的イメージがある程度担保されていたという点も挙げられる。

2. 1960 年代後半～ 80 年代前半

　1960 年代後半になると、文部官僚や社会教育研究者によって高度成長後の社会に適応した社会教育主事の能力に関する議論が展開される。これらの多く

は、具体的な教育内容よりも教育方法・技術を重視するものであった。このことは、社会教育行政・施設の整備等にともなって、主事が地域住民に対し直接の教育者となるよりも、間接的な形で社会教育推進に関わる傾向が強くなってきたという変化を背景としていた。典型的な議論としては日高幸男の3P／4P論（Planner（企画者）、Producer（演出者）, Promoter（推進者）、およびProgrammer（計画立案者）（日高 1972、今村 1971）が挙げられる。現在にいたるカリキュラムの変遷も、大まかにはこの教育方法、技術における能力という方向の延長線上にあるといえる。

　一方、この動向に対する批判的な議論として、「国家統制、行政的見地」と「職員の権利、集団形成、独立性」という対立構図の中で社会教育主事の制度自体を批判的にとらえる議論も社会教育研究者によって展開された（小林 1974、小川 1974、島田 1974）。このような立場においては、社会教育主事の市町村配置よりも、公民館主事のようにより住民に近い職員の充実が唱えられ、社会教育主事の市町村必置や派遣社会教育主事の推進などの文部省の施策自体が批判的にとらえられた。また、日高の3P／4P論などの提言も、「単純な専門性の強調と抽象的な項目の強調」（小林 1974）として批判された。

3. 1980年代後半〜2010年代

　1980年代後半以降、社会教育主事の養成に関わる制度については、1987年、1996年（施行は1997年）に養成課程、講習のカリキュラム変更があり、特に1987年には前述の通り科目の枠組の大きな変更がみられた。当時、これらの変更に即応した議論も存在したが、ここでは1980年代後半から2010年代までの議論の進展を三つの観点から整理して概観したい。

　第一に、社会教育職員全般にも関わる議論でもあるが、社会教育実践分析や成人学習論研究の蓄積を踏まえ、職員の力量形成プロセスの具体的あり方を志向する研究が展開していった（平川 2018）。特に、現場との往還を含めた職員研修に関わる実践研究の展開が挙げられる（日本社会教育学会編 2009）。

　第二に、社会教育主事による行政の枠を越えたコーディネート、ネットワーク形成能力への視点である。この視点は、社会教育審議会成人教育分科会「社会教育主事の養成について（報告）」（1986年10月）以降、社会教育関連答申で繰り返し提示されてきた。また、日本社会教育学会による社会教育主事の役

割をめぐる議論（日本社会教育学会編 2009）にも通底するものであった。

　第三に、1990 年代末から社会教育主事配置率の低下が続く状況や、主事を配置しない方がむしろ自治体の自主的活動や民間活力活用が進むという観点から必置規定の廃止を求めた全国市長会提案（全国市長会 2012）等の逆風を受けて、積極的に社会教育主事制度そのものの意義を改めて訴える議論が多く見られるようになる（長澤 2013、佐々木 2014）。また 1998 年から国の助成策が廃止された派遣社会教育主事制度についても、その意義を再評価する議論も提示されていった（馬場他 2009、桜庭 2016）。

　これらの動向からは、派遣社会教育主事や社会教育主事制度自体の是非をめぐる理念論争が影を潜め、社会教育主事に関する現状と課題を踏まえた制度的・実践的対応のあり方へと論点が推移してきたことがみてとれる。かつて少なからぬ研究者が否定的にとらえてきた社会教育主事に関わる制度は、社会教育行政の内外の環境変化にともなって、ほとんどの論者にとってむしろ「守られるべき制度」としてその位置づけが変化していったのである。

4．2020 年代以降

　前述の通り、社会教育主事講習等規程の改正（公布 2018 年、施行 2020 年）によって社会教育士の称号が制度化されるとともに、30 年以上続いてきたカリキュラム構造が大きく変更された（「生涯学習支援論」「社会教育経営論」の新設、養成課程における「社会教育実習」の必修化など）。またこれを契機として、講習の実施形態の弾力化（オンラインによる講習実施の推奨、国の委託に拠らない社会教育主事講習の導入など）も進められつつある。

　このことを背景に、近年では主に二つの議論の流れが相伴いつつ展開している。一方では、社会教育行政の枠組みを超えたさまざまな場面における社会教育士の活動可能性（民間企業、一般行政、学校等）を展望する議論が展開されてきた（國司 2022、平川 2022、渋江・越村 2023）。他方で、社会教育主事配置率のさらなる低下や主事に関する議論自体の稀薄化に警鐘を鳴らす議論も少なくない（山本 2023、越村・渋江 2022）。

（3）社会教育主事、社会教育士の「専門職」性の議論をめぐって

1.「専門職」性をめぐる議論の限界と〈実利戦略〉

　以上を踏まえたうえで、今日における社会教育主事、社会教育士をめぐる研究、実践（養成・研修など）を考える際に必要とされる視点を、二点に分けて提示したい。

　第一に、社会教育主事を典型的な「専門職」の観点から論ずることの困難さ、という課題である。　社会教育主事に求められる役割や能力をめぐる議論は近年においては、学習活動以外にも波及効果のある実利的な概念であるか（例えば地域づくり、地域活性化など）が重視されてきた観がある。無論それには明確な理由がある。そもそも社会教育主事任用資格は、現実に「専門職」として明確に社会的に認知されている典型的な職業（医師、弁護士など）とは異なり、業務独占資格として制度化されておらず、また、その職務内容が社会教育主事のみによって独占的に担われるべきものとして認知される将来的可能性も、有り体にいえば低い。

　このことが、社会教育主事発令の推進戦略とも関わってくる。社会教育主事が業務独占性を有せず、また必置規定すら順守されていない現状にあっては、単に法的規定順守を訴えるだけでなく、学習者や地域社会に具体的にどのような意義、メリットをもたらすかという実利的な観点から社会教育主事の重要性を提示する戦略を採らざるを得ないのである。

2. 社会教育主事と社会教育士―「固有性」／「汎用性」と〈認知拡大戦略〉―

　第二に、社会教育主事の役割の「固有性」を確立しようとする議論が展開してきた一方で、社会教育主事任用資格または社会教育そのものの「認知拡大」という意図から、社会教育士の多方面での活用という「汎用性」が議論されるという一見矛盾する動向が見られる点である。社会教育主事と社会教育士は、資格・称号取得プロセスが（少なくとも現時点においては）同一であるにも関わらず、ある種相反する期待をかけられているのである。[3]2020年施行の規程改正は、社会教育主事制度をめぐる諸課題の抜本的解決の困難さを踏まえた上で、いわば迂回的な〈認知拡大戦略〉を文部科学省が採用したものともとらえられる。

　2020年施行の規程改正におけるカリキュラムの骨格は、そもそもは資格の

汎用的活用とは直接の関連なしに、市町村社会教育主事の実際の職務を想定して検討されたものであった（国立教育政策研究所社会教育実践研究センター2016）。このような前提で構築されたカリキュラムと社会教育士に期待される広範な役割との整合性は、どう考えられるべきなのか。他方、そもそも厳密な「専門職」性を展望しにくい社会教育主事、社会教育士に関して、そういった整合性の問題をどこまで考慮する意味があるのか。社会教育主事だけでなく新たに開始された社会教育士の称号制度もまた、このような曖昧さと矛盾を内包している。

おわりに―複数の〈戦略〉を用いるしたたかさ―

　2020年以降の資格・称号取得者数の拡大傾向（表2参照）が今後も継続するのか、推移を見守る必要はあるが、養成のしくみの変化が2020年以降も続いているのに対して（(2) 4. 参照）、主事発令自体は前述の通り（表1）減少傾向が継続している。社会教育士の称号制度は、確かに資格取得者の新たな活用可能性を拓くものではあるが、養成課程と主事発令との断絶は2020年以降の制度改正で特に改善されたわけではない。むしろ規程改正によって養成課程と講習とで単位数の格差がさらに拡大し（講習の必須単

表2　社会教育士称号取得者数

	主事講習	養成課程	計
2020	492	214	706
2021	1,414	336	1,750
2022	1,532	538	2,070
2023	1,389	1,139	2,521

※累計ではなく各年度における取得者数を示している。
データ出所：中央教育審議会生涯学習分科会社会教育人材部会資料（2024年5月24日）

表3　社会教育主事養成課程設置大学数

	国立大学	公立大学	私立大学	短期大学	計
2019	36	6	101	19	162
2020	28	6	73	1	108
2021	29	6	72	1	108
2022	29	6	72	1	108
2023	31	6	73	2	112
2024	31	6	74	2	113

データ出所：文部科学省からの提供データ

表4　社会教育主事講習開催大学・機関数と定員

	大学・機関数		講習定員		定員計
2019	13		955		955
	①	②	①	②	
2020	6	4	392	73	465
2021	13	9	865	250	1,115
2022	14	10	1,075	270	1,345
2023	15	10	955	270	1,225
2024	12	10	1,041	555	1,596

①→ 2020～2023年度：資格付与講習
　　2024年度：国の委託費による講習
②→ 2020～2023年度：一部科目指定講習
　　2024年度：国の委託費によらない講習
※ 2024年度における①及び合計の定員数は、国立教育政策研究所社会教育実践研究センター［B］講習の地方会場定員を含まない。
データ出所：文部科学省ホームページ、文部科学省からの提供データ

位は 9 単位から 8 単位に減少）、また学部での養成課程設置校がむしろ減少した（表 3）のに対して、簡易なカリキュラムからなる講習の受講機会が拡大している（表 4）。このような現状は、社会教育主事、社会教育士に求められる能力や役割を論じる基盤自体をさらに不安定なものにしている。

　前述の通り、社会教育主事、社会教育士が典型的な「専門職」性をともなった（＝業務独占性をともなった）職として展開することを現実的に展望するのは困難であるという状況がある。社会教育行政はこのような状況下で、人々の自発的な学びを支えるしくみを維持していく役割を担っている。社会教育主事任用資格あるいは社会教育そのものの認知拡大を意図した戦略や、あえて学習支援以外の実利的な意義を強調する戦略も（これらにはもちろん、制度本来の意図から逸脱した副作用をもたらす可能性も含まれているが）、こういった文脈において採られているものととらえられる。

　社会教育主事、社会教育士をめぐる制度・実態上のさまざまな曖昧さや矛盾を踏まえた上で、しかしながらそれでも筆者が最後にあえて強調したいのが、上記の諸戦略と同時にいわば愚直な〈理念提示戦略〉も維持する必要がある、ということである。それは、辛うじて法的規定としては維持されている「主事の自治体での必置」という「資源」を、「人々の自発的学習を支援するための最低限の公的な条件整備」という理念を支える基盤としてとらえ、そのことを粘り強く掲げ続ける戦略である。自治体が「最低限の条件整備」すらなしえずに社会教育の豊かな発展とその成果のみを享受しうるはずがない、という社会教育主事に関わる本来的理念を基底に据えた上で、〈認知拡大戦略〉〈実利戦略〉など他の複数の戦略も同時に活用していくという「したたかさ」が、社会教育関係者には求められているといえる。

註

（1）文部科学省社会教育士公式サイト
　　https://www.mext.go.jp/a_menu/01_l/08052911/mext_00667.html（2024 年 6 月 30 日閲覧）
（2）ただしこの提案自体は、佐々木（2014）も指摘するように、社会教育主事の職務規定やその実態に関する正確な認識や実証的エビデンスの欠けた、必置規定撤廃ありきの論理という性格が強い。

（3）本稿とやや視点が異なるが、社会教育主事・社会教育士の能力に「固有性」「汎用性」両方の期待がかけられていることの問題を指摘したものとして、越村・渋江（2022）がある。

参考文献

今村武俊　1971「社会教育主事の専門性に関する一考察」『社会教育』26（9）、30-37頁

小川利夫　1974「社会教育職員の「専門職化」問題：その視点と課題」日本社会教育学会年報編集委員会編『社会教育職員論（日本の社会教育18)』東洋館出版社、23-43頁

國司隆介　2022「コミュニティ再生に関与する地域担当職員と社会教育士の展望」『社会教育職員研究』29、77-80頁

国立教育政策研究所社会教育実践研究センター　2016『社会教育主事の養成等の在り方に関する調査研究報告書：社会教育主事講習の見直し（案）について』

越村康英・渋江かさね　2022「社会教育主事の在り方をめぐる今日的論点：社会教育主事講習等規程の一部改正（2018）前後の政策的議論の分析を通じて」『社会教育職員研究』29、31-42頁

小林文人　1974「社会教育職員研究の現代的意義」前掲『社会教育職員論』3-22頁

桜庭望　2016「派遣社会教育主事の役割に関する研究」『日本生涯教育学会論集』37、113-122頁

佐々木英和　2014「「社会教育主事不要論」は不要である：地域人材の養成をめぐる調査データの解析を手がかりにした実証的考察」『社会教育』69（6）、6-19頁

渋江かさね、越村康英　2023「社会教育士の称号を有する教員の養成に向けた基礎的研究：都道府県・指定都市教育委員会へのアンケート調査を通して」『日本教育大学協会年報』41、27-38頁

島田修一　1974「社会教育職員の権利構造」前掲『社会教育職員論』44-56頁

全国市長会　2021「さらなる「基礎自治体への権限委譲」及び「義務付け・枠付けの見直し」について【提案】」

高橋真照　1956「社会教育主事の役割：「社会教育主事の活動の限界」に関連して」『社会教育』11（5）、56-60頁

津高正文　1955「社会教育主事の活動の限界：近畿社会教育研究協議会での討議」『社会教育』10（12）、49-54頁

長澤成次　2013「社会教育主事の必置義務廃止等を求めた全国市長会提案」『月刊社会教育』57（2）、66-68頁

日本社会教育学会編　2009『学びあうコミュニティを培う：社会教育が提案する新しい専門職像』東洋館出版社

馬場祐次朗・上田裕司・稲葉隆・松橋義樹　2009「派遣社会教育主事に関する実証的

　　研究：都道府県状況調査の分析」『日本生涯教育学会論集』30、33-42頁

日高幸男　1972「社会教育主事の専門性とその職務」『社会教育』27（5）、36-40頁

平川景子　2018「社会教育士養成の展望と課題」日本社会教育学会年報編集委員会編
　　『社会教育職員養成と研修の新たな展望（日本の社会教育62）』東洋館出版社、180-
　　193頁

平川美紀　2022「民間指定管理者はこんな人が欲しい！　社会教育士が活躍できる職
　　場づくり」『社会教育学研究』58、88-90頁

福尾武彦　1960「主事のたちばと生き方：徳永氏の批判に答えながら」『月刊社会教育』
　　4（6）、20-28頁

横山宏　1961「社会教育職員の専門性について：社会教育主事のばあいについて考え
　　る」『月刊社会教育』5（6）、22-27頁

米田穣　1956「社会教育主事の役割：現場での諸問題を中心にして」『社会教育』11
　　（6）、4-8頁

山本竜司　2023「社会教育士時代の社会教育主事を考える」『社教情報』88、38-41頁

※本節は、日本社会教育学会第67回研究大会（2020年9月）のプロジェクト研究企
　画「社会教育士養成の可能性と課題」における筆者の報告「社会教育主事制度をめ
　ぐる議論の歴史的概観」の発表資料を基に、その後の関連動向を踏まえて大幅に書
　き改めたものである。

（久井英輔）

3. 図書館の新たな動向
——デジタルアーカイブとデジタルインクルージョン——

はじめに

　2022年4月8日、「博物館法の一部を改正する法律案」が成立したことにより、第3条3項に「博物館資料に係る電磁的記録を作成し、公開すること」の文言が追加された。第2条にはすでに博物館資料」として、「電磁的記録（電磁的記録（電子的方式、磁気的方式その他人の知覚によつては認識することができない方式で作られた記録）」との文言があり、今回の改正でいわゆるデジタルアーカイブの作成と公開が奨励されたことになる。

　一方、図書館界に目を転じてみると、2008年の図書館法改正では、同じく「図書館資料」に関する規定である第3条に、「電磁的記録（電子的方式、磁気的方式その他人の知覚によつては認識することができない方式で作られた記録）」の文言が追加されている。図書館は図書館資料を「収集し、一般公衆の利用に供すること」が求められており、そこに電磁的記録が含まれるのである。本来、図書館も博物館もアーカイブであるが、デジタルアーカイブは、博物館資料や図書館資料のデジタル化にはとどまらない。デジタルアーカイブは図書館の博物館の垣根を超えて、社会に大きな影響をもたらしつつある。

　本章では、図書館と博物館を巻き込んだデジタルアーカイブの大きな動きと、同じくデジタル化によって急速に進みつつある図書館・博物館におけるデジタルインクルージョン政策の動向を外観する。どちらも図書館や博物館の未来に大きな影響をもたらす世界的な潮流となっている。

（1）デジタルアーカイブ

1. 図書館とデジタルライブラリー

　文化庁は改正博物館法の公布通知文書の中で、「博物館が有する多様なコンテンツのデジタル・アーカイブ化を加速させる必要性」に触れており、今回の

博物館法改正において、デジタルアーカイブが重要なキーワードになっていることがわかる。デジタルアーカイブと似た概念として、デジタルライブラリー、デジタル保存（digital preservation）などがある。これらはそれぞれ異なった意味を持っており、デジタルアーカイブの現状を理解するためにはそれらの概念の違いを理解することが必要である。

2023年6月にデジタルアーカイブ学会で採択された「デジタルアーカイブ憲章」によると、デジタルアーカイブとは、「人びとのさまざまな情報資産をデジタル媒体で保存し、共有し、活用する仕組みの総体」である。つまり、デジタルアーカイブは幅広い意味を持つ概念である。一方、デジタルライブリーは、「資料を電子形式で保存し、それらの資料の大規模なコレクションを効率的に操作するもの」と定義される（Seadle & Greifeneder 2007）。より簡潔にいえば、デジタル化された資料のコレクションである。ただし、デジタルライブラリーは単にデジタルコレクションにアクセスできるだけではなく、「デジタルコレクションに含まれるより完全な知識と意味へのアクセスを促進する情報環境を構築することによって、分散された情報の蓄積への知的アクセスの提供」が求められる（National Science Foundation 1998）。このような観点から見れば、デジタルライブラリーはデジタルコレクションをコンテンツとするデジタル情報環境だといえる。デジタルコレクションはデジタル保存と同義とみなされがちであるが、実際には異なる概念である。デジタル保存は資料のデジタル化と保存に焦点を当てるが、デジタルコレクションは利用者によるそれらの資料の利用に焦点を当てる。

日本では、電子図書館という用語も使われているが、デジタルライブラリーとの違いは曖昧であり、同じ意味で使われることも多い。しかし、デジタルライブラリーとは異なる意味で使われる場合もある。例えば、Zenken株式会社が運営する「図書館システム図鑑」では、電子図書館を「電子書籍を通常の図書館と同じように貸し出すというサービス」と定義している（Zenken 2023）。

これらの定義は学術的なものであり、公共図書館を含むあらゆる図書館に当てはまるが、他方で文科省は大学図書館に焦点を当てたデジタルライブラリー政策を進めている。2023年4月、文部科学省研究振興局は、「2030デジタル・ライブラリー」推進に関する検討会を設置した。この検討会は、同年1月に「オー

プンサイエンス時代における今後の大学図書館の在り方検討部会」で取りまとめられた「審議のまとめ」の中で、大学図書館が 2030 年度を目途に「デジタル・ライブラリー」を実現することが明記されたことに契機に設置されたものである。

　ここでいう「デジタル・ライブラリー」とは「1990 年代に盛んに議論された『電子図書館』構想をさらに進めたものであり、コンテンツのデジタル化を経た結果として意識される、運営やサービス、職員の知識やスキルの変革などを内包する形で自身のＤＸを推進する大学図書館」と定義されている。その上で、「コンテンツの効果的な利活用に向けたデジタル化」、「大学図書館の論理構造としての『ライブラリー・スキーマ』の明確化とそれに基づく大学図書館機能の実装」、「オープンサイエンスに係る支援等、今後求められる新しい機能に対応しうる人材の育成と、育成された人材の適切な配置を実現する制度」の実現がロードマップに盛り込まれている（文科省 2024）。

　「2030 デジタル・ライブラリー」構想では、個々の大学図書館のデジタル化ではなく、プラットフォームの共有化や相互連携をめざしている点に注意を向けるべきだろう。DX という用語にも表れているように、人材育成やリテラシー形成などの構成員の教育研修を含んでいる。さらに検討すべき課題として「大学の社会貢献として、社会課題解決に向けた対応」が挙げられている。

　公共図書館におけるデジタルライブラリーは、デジタルコレクションやデジタルアーカイブとほとんど区別されることなく進められている。国立の施設としては、国立国会図書館デジタルコレクション、国立公文書館デジタルアーカイブがあるが、県立の施設としては、青森県立図書館デジタルアーカイブや埼玉県立図書館デジタルライブラリー、栃木県立図書館デジタルコレクションなど、名前の付け方はさまざまである。また、東京国立博物館デジタルライブラリーは、所蔵和書や洋書をデジタル化し、画像で閲覧できるようにしてものであり、博物館附属図書館のデジタル版だということもできる。

2. 日本のデジタルアーカイブ政策

　内閣府の「デジタルアーカイブの連携に関する関係省庁等連絡会・実務者協議会」は、2017 年に報告書「我が国におけるデジタルアーカイブ推進の方向性」を公開した。同報告書によると、デジタルアーカイブは「未来の利用者に対し

て、過去及び現在の社会的・学術的・文化的資産がどういったものかを示す、永く継承されるべき遺産であるとともに、その国・地域の社会・学術・文化の保存・継承や外部への発信のための基盤となるもの」である（内閣府2017：3）。そしてその分野は図書館から博物館・美術館、メディア芸術分野、放送分野、公文書分野など幅広い。図1は同報告書の解説に用いられたデジタルアーカイブ社会のイメージ例である。この図からも分かるように、教育研究、ビジネス、まちづくり、海外発信など多様な利用像が描かれており、図書館や博物館に限定されないことがわかる。

　さらに重要なことは、それぞれのデジタルアーカイブ機関で扱うデジタルコンテンツは、メタデータを通して共有され、さまざまなアクセスルートが確保されることによって、お互いの活用の幅が広がることにある。同報告書はコンテンツの自由な二次利用を認めるオープン化によって、「デジタルアーカイブで提供されるデータを第三者が活用した、社会的・学術的・文化的側面から付加価値の高いサービス・情報の提供が可能になり、データを提供している元のアーカイブ機関の価値も同時に高まることにつながる」と指摘している（内閣府2017：5）。

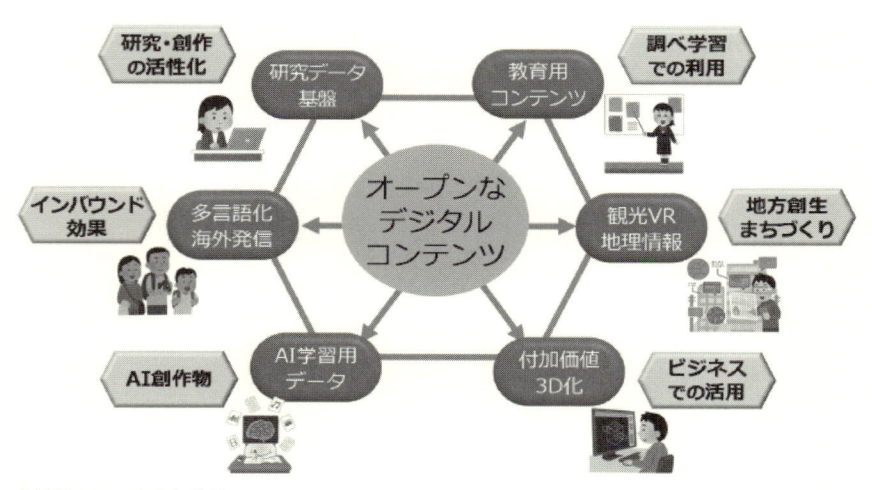

内閣府 2017：3 より引用

図1　デジタルアーカイブ社会のイメージ図（例）

　このようなデジタルアーカイブ構想は、海外のデジタルアーカイブの動向から影響を受けたものである。EU のユーロピアーナ（Europeana）や DPLA（米国デジタル公共図書館）、オーストラリアのトィロウブ（Trove）など、国や地域ごとに統合ポータルが構築されており、デジタルコンテンツの共有や活用が大規模に進められている。日本でも分野横断型の統合ポータル構築が追求されているのである。

　本項冒頭で紹介したデジタルカーカイブ学会による「デジタルアーカイブ憲章」は、こうした政策動向を背景に、デジタルアーカイブ研究者や関係者によって、市民の立場から作られたものである。この憲章によれば、デジタルアーカイブの目的は次の 8 つである（文章を一部簡略化）。

1　情報資産の生産・活用・再生産の循環を促すことで知の民主化を図る。
2　あらゆる情報格差を是正し、誰でも平等に、情報資産にアクセスできるようにする。
3　世界の記録・記録を知る機会を提供することによって、文化の発展に寄与し、コミュニティを活性化させ、人びとの生活の質を向上させる。
4　学習者中心の学びの基盤を構築し、人びとの情報リテラシーを向上させ、歴史的・国際的な視点を育む。
5　環境に配慮した産業技術の進展を可能とし、時間・場所の制約がなく業務に最適化した新しい労働環境を構築する。
6　オープンサイエンスの実現に貢献し、人類や地球のための研究と開発を促進する。
7　防災・減災に寄与する。
8　国際的な相互理解と文化交流の端緒を開き、観光誘致や国際経済活動へ貢献する。

　このようにデジタルアーカイブは、図書館や博物館の枠を超えて、社会全体の変革につながるデジタルトランスフォーメーションの一部となっているといってよいだろう。

（2）デジタルインクルージョン

　図書館の世界でデジタルライブラリーやデジタルアーカイブと並んで重要視

される用語がデジタルインクルージョンである。筆者はすでに「デジタル・インクルージョンと公共図書館の役割」(2023) で公共図書館とデジタルインクルージョンの関係についてまとめている。同論文ではデジタルインクルージョンを「デジタル・デバイドの解消とデジタルリテラシーおよび社会的包摂の促進を目的とした、社会から疎外された人々に力をもたらすための支援活動」と定義し、この理念は2021年に制定されたデジタル社会形成基本法に基づくものであることを示している(坂本 2023)。

　この論文は、アメリカの公共図書館がデジタルインクルージョン政策の最前線で運動や実践を行ってきたことを明らかにしたものであった。アメリカでは、2009年にアメリカ復興再投資法を根拠として、約40億ドルの助成を行うブロードバンド技術機会プログラム(BTOP) を創設した。その目的は、技術格差を解消し、雇用を創出し、全国のコミュニティにおける教育、医療、治安の改善をめざすものであった。そして翌年2月に、FCC (米国連邦通信委員会)は全米ブロードバンド計画を発表する。この計画には、ブロードバンド、すなわちインターネットの活用に必要なデジタルリテラシー育成の必要性が明記されていた。この計画を受けて、米国博物館図書館サービス振興機構(IMLS)は18カ月にわたる地域の人々や専門家を交えた検討を進めた。ちなみにIMLSは米国博物館・図書館サービス法(Museum and Library Services Act)によって制定された連邦政府における独立行政機関であり、米国内の博物館および図書館への助成を行っている。なお、報告書が公開された時期のアメリカでは12万3,000の図書館と1万7,500の博物館があった。

　IMLSが検討の結果公表した報告書が「デジタル・コミュニティの構築:行動のためのフレームワーク」である。この報告書はデジタルインクルージョンを「個人やグループが情報通信技術にアクセスし、それを利用する能力」と定義し、インターネットへのアクセスだけではなく、ハードウェアとソフトウェア、自分と関係するコンテンツやサービス、そして、ICTを効果的に活用するためのデジタルリテラシーを含むものであった(IMLS 2012:1)。

　IMLSのデジタルインクルージョンには13の原則があり、それらは3つのカテゴリーに分類される。第一分類は「アクセス」であり、利用のしやすさ、入手のしやすさ、包摂のためのデザイン、公共アクセスが含まれる。第二分類

は「適用」であり、レリバンス（妥当性）、デジタルリテラシー、消費者保護が含まれる。そして第三分類は「応用」であり、経済と労働の発展、教育、ヘルスケア、公共の安全と緊急サービス、市民参画、社会的つながりが含まれる（表1）

これらの原理の実現のために、5つのステップが示されている。①利害関係者を集める、②デジタルインクルージョンに関する地域社会の共通理解を深める、③地域社会の行動計画の立案、④計画の実施、そして⑤計画の評価と修正である。

表1　デジタルインクルージョンのアクセス、適用、応用の原則

アクセス	利用のしやすさ
	入手のしやすさ
	包摂のためのデザイン
	公共アクセス
適用	レリバンス（妥当性）
	デジタルリテラシー
	消費者保護
応用	経済と労働の発展
	教育
	ヘルスケア
	公共の安全と緊急サービス
	市民参画
	社会的つながり

IMLS 2012 p.10 より

トンプソンら（2014）によると、IMLSの報告書によって、「インターネットと関連技術は、デジタルリテラシーとデジタルインクルージョンを確保する上で、公共図書館に新たな責任をもたらしただけでなく、公共図書館がコミュニティのニーズを満たすための新しい方法を生み出した」のであり、「全米の公共図書館は、多くの場合、地域社会との共同パートナーシップを通じて、他の方法では無視される可能性が高い、あらゆる形や規模の地域社会のニーズを満たすプログラムを開発してきた」のである（Thompson, et al 2014：130）。

このようにして、デジタルインルクージョンは公共図書館が果たすべき重要な社会課題の一つとなった。ILMSは公共図書館のみならず、相対的な数は少ないとはいえ、博物館も含んでいることを忘れてはならないだろう。原則12の「社会的つながり」の目標には「公共図書館、博物館、文書館、その他の文化機関を通じて、インタラクティブで質の高い多文化コンテンツが利用できること」が含まれている（IMLS 2012：39）。

おわりに

デジタルアーカイブとデジタルインクルージョンは、デジタルトランスフォーメーションというより大きな社会的課題と結びついている。デジタルアーカイブもデジタルインクルージョンも単なる図書館や博物館のデジタル化

ではない。デジタルアーカイブが主としてシステムや環境の構築であるならば、デジタルインクルージョンはすべての人が恩恵を受けることができる社会的環境と人間形成の営みである。デジタルトランスフォーメーションにとって、そのどちらもが不可欠な要素だといえる。

　日本では、デジタルアーカイブ構想は少しずつ進展しつつあるが、一方、デジタルインクルージョンについては、そのデジタル格差の解消や社会的包摂の促進、社会から孤立した人を支援する研究・政策・実践のいずれをとっても十分とはいえない。全ての人が取り残されない社会の実現には、今後より一層の努力が必要であろう。

参考文献

IMLS (Institute of Museum and Library Services) 2012 Building Digital Communities: A Framework for Action. Retrieved June 30, 2024 from: https://www.imls.gov/sites/default/files/publications/documents/buildingdigitalc ommunitiesframework.pdf

National Science Foundation. 1998, NSF/DARPA/NASA Digital Libraries Initiative: A Program Manager's Perspective. *D-Lib Magazine*. Retrieved June 30, 2024 from: https://www.dlib.org/dlib/july98/07griffin.html

Seadle M,& Greifeneder.E. 2007. Defining a digital library. *Library Hi Tech* 25 (2): 169-173. Retrieved June 30, 2024 from: https://www.researchgate.net/publication/235273124_Defining_a_digital_library

Thompson, K.M.et al. 2014 *Digital Literacy and Digital Inclusion*. Lowman & Littlefield.

Zenken 株式会社　2023「海外で普及が進む電子図書館」 https://www.just-librarysystem.net/future/electronic-library.html（2024 年 6 月 30 日最終アクセス）

坂本旬　2023「デジタル・インクルージョンと公共図書館の役割」『法政大学資格課程年報』(12)

デジタルアーカイブ学会　2023「デジタルアーカイブ憲章」 https://digitalarchivejapan.org/advocacy/charter/（2024 年 6 月 30 日最終アクセス）

内閣府　2017「我が国におけるデジタルアーカイブ推進の方向性」 https://www.kantei.go.jp/jp/singi/titeki2/digitalarchive_kyougikai/houkokusho. pdf（2024 年 6 月 30 日最終アクセス）

文部科学省　2024「オープンサイエンスの時代に相応しい「デジタル・ライブラリー」

の実現に向けて〜 2030 年に向けた大学図書館のロードマップ 〜（案）」
https://www.mext.go.jp/content/20240304-mxt_jyohoka01-000034850_01.pdf（2024
年 6 月 30 日最終アクセス）

（坂本　旬）

4. 学校教育をめぐる政策・改革動向

（1）課題の設定

　学校教育をめぐる政策や学校改革の動向は、当たり前すぎることだが、博物館をめぐるそれとは基本的に別物である。ただし、たとえばICT（情報通信技術）活用、DX（デジタル・トランスフォーメーション）といった「補助線」を引いてみるとわかるが、両者は完全に区別されるものではない。問題や課題、政策や改革の出自や目的などが共通のプラットフォームに位置づくという側面もある。

　あるいは、大学における教員養成（教職課程）と学芸員養成（博物館学芸員課程）は、基本的には別の教育プログラムである。しかし、両者が直面する問題や課題には共通点も少なくない。お互いを「合わせ鏡」とすることで、自らの課程のあり方の点検や改善に資することもできるはずである。

　学校教育の領域を専門とする筆者は、博物館（学）については、何の知識も情報も持ち合わせていない。それゆえ、以下に論じることができるのは、日本の学校教育が抱える近年の課題であり、学校制度をめぐる政策や改革の動向についてである。

　では、なぜ、そんな小論が、本書の中に位置づくのか。——疑問の方が大きいのは理解する。それでも、あえていえば、先に指摘したような意味で、「学校問題」を理解することは、「博物館問題」を理解するための合わせ鏡にもなるのではないか。確かに、無謀な企てであることもわかっている。しかし、あらゆる事象の境界が簡単に乗り越えられ、しだいに境界そのものが意味を無くして溶解していくのは、モダニティ以降の「液状化」する社会（バウマン2001）の最大の特質である。だから、賢明な読者の方々には、ぜひとも「大いなる想像力」を発揮していただきたい。学校問題についての小論の論及に付き合いながら、実のところは、博物館問題についての示唆や含意に思いを巡らせていただくことができれば幸いである。

　以下、紙幅も限られているため、まず（以後の論述の伏線となる）現在の学校が直面する問題や課題の所在を大胆に整理しつつ、そうした課題に対処する教育政策の形成過程（政策立案の主体と政策形成のプロセス）が転換したことを明らかにする。そのうえで、現時点での学校問題の主要な争点である学校の「市場化」をめぐる改革動向について論じることにしたい。[1]

（2）揺らぐ学校教育

　今、学校教育の何が問われているのか。――「この内容が教えられていない」「一斉授業が問題である」「グローバル化や情報化に立ち遅れてしまっている」「多様な子どもに対応できていない」「管理主義と評価がはびこっている」「教師が忙しすぎる」「柔軟性がなく、外部からの敷居が高い」等々。挙げていけば、キリがない。それぞれに「ごもっとも」というべき根拠もあろう。しかし、最も根本的にいえば、今問われているのは、学校という存在そのもの（学校の存在意義）なのではないか。

　最新の調査である文部科学省（2024）によれば、不登校の小・中学生は、2023 年には 34 万 6,000 人を超えた。この 10 年で、3 倍強に増加している。不登校を含めた長期欠席となると、その数は、49 万人にまで膨れあがる。公教育が保障され、学校制度が整備された日本において、実はこれだけの数の子どもが、学校に行けない／行かない状態にある。

　不登校の子どもを対象としたフリースクール、インターナショナル・スクール、海外名門校の日本校、多様な教育理念に基づくオルタナティブ・スクールなど、公教育制度の外にある学校に通う子どもも増加している（喜多・中村編 2021）。ホームスクールの取り組みも、これに近いものがあろう。

　高校段階に目を向けると、高校進学率は、依然として 98.7 ％（2023 年）を誇るが、その内側では、単位制高校や多部制（昼夜間開講）の定時制高校、通信制高校（とりわけ、私立の広域通信制高校）に通学する生徒が増えている。「高卒当然社会」（香川・児玉・相澤 2014）と称される日本社会の現実を踏まえ、高卒資格を得ることにはこだわる。それゆえ、高校中退率は 1.5 ％（2023 年）と、以前に比べると相当に減少している。しかし、学校教育の「固い」枠組みを忌避し、より柔軟で、自由な、いわば「緩い」学校のかたちを選ぶ生徒が増加し

ている。

　近年では、いわゆる「反学校」⁽²⁾の子どもは激減している。しかし、述べてきたような事態は、グラデーションの濃淡はあれ、「非学校」の子どもが急速に増加してきたことを示している。少なくない子どもが、これまでのような学校には距離を置き、場合によっては、オプトアウトも辞さない構えでいる。さらに、普通に学校には通っているものの、「向学校」とは言いがたい無数の子どもが存在している。彼ら彼女らは、意識のうえではすでに学校を相対化しており、何かのきっかけがあれば、容易に「非学校」の側に移行していく可能性がある。そんな子どもがどれくらいいるのかは、想像しかできないが、桁違いの数に上るのはまちがいないだろう。

　問われているのは、日本の学校のありようである。にもかかわらず、教育政策サイドは、これまでの「日本型学校教育」が、耐用年数を迎えつつあるとは考えていない。そこに「令和の」という修飾語を付け、ICT やデータ活用、教育 DX で補強すれば、将来にも通用するとさえ考えている節がある（中央教育審議会 2021）。しかし、この発想は、あまりに脳天気であろう。

　見てきたような意味で、現代日本における学校問題の最大の焦点は、まちがいなく公教育が揺らいでいるという点にある。公教育は、子どもたちの意識と行動によって内側から「食い破られ」つつあるのである。にもかかわらず、文科省は、この点を前提とした政策を打ち出さない。いや、打ち出せない。——これが、問題の核心である。

（３）ポスト戦後型の教育政策過程⁽³⁾

　ところで、戦後ずっと続いてきた教育政策の形成過程は、基本的には〈自民党文教族—中教審—文部（科学）省〉のトリアーデに働く力学によって決められてきた。自民党文教族を通じて、時々の政権の意向が強く反映することも多かったが、同時に、中教審や文部省の存在を通じて、学校現場の意向や「教育界の論理」との一定の折り合いが付けられてもきたのである。

　しかし、こうした「戦後型」の教育政策過程は、中曽根政権による臨時教育審議会の発足（1984 年）を嚆矢とし、その後の政権が、教育改革を目的とする私的諮問機関を次々と設置して、自由に運営するようになったことを通じて、

しだいに変容を遂げていく。小渕政権における教育改革国民会議（2000 年）、第 1 次安倍政権における教育再生会議（2006 年）、第 2 次安倍政権における教育再生実行会議（2013 年）が、これにあたる。

　教育改革を進めるこうした政策手法を後押ししたのは、中央省庁再編（2001年）によって、内閣機能の強化が図られ、官僚機構に対する官邸（政治）優位の体制が整えられたことである。なかでも、第 2 次安倍政権は、内閣人事局を創設し、各省庁の人事権を掌握することで、強力な官邸主導の体制を築いていたこともあり、そのもとでの教育再生実行会議は、「ポスト戦後型」の教育政策過程への転換を決定づけた存在であった。実際、教育再生実行会議は、第 1次から第 12 次までの提言を発表し、そのもとで、道徳の「教科」化、高大接続改革、教育委員会制度の改変、小中一貫教育の制度化、専門職大学の創設、教育機会確保法の制定といった改革が、矢継ぎ早に、短時日のうちに実行されたのである。

　ポスト戦後型の教育政策過程においては、教育改革に関する政策的な意思決定は、〈自民党文教族―中教審―文部科学省〉のトリアーデよりも上位の政治レベル（首相官邸等）でなされ、それが既定路線となる。それゆえ、文部科学省も中教審も、政策内容の決定をめぐるせめぎあいには参画することができず、決定された改革アジェンダを具体化する（現実の学校制度に着地させるための法制度等を検討する）「下請け機関」と化してしまっているのである。しかも、「Society5.0」が国家戦略化されて以降は、この教育政策過程に登場してくるのは、首相官邸だけではなく、経済産業省や内閣府にまで及んでいる。直近の動向として、内閣府の総合科学技術・イノベーション会議（2022）は、教育・人材育成に関する政策パッケージをまとめ、今後進めていくべき教育改革の「下書き」を描いている。こんなことは、少し前までの教育界においては想像もできなかった事態である。

（4）学校教育の市場化

　では、ポスト戦後型の教育政策過程においては、どのような教育改革がめざされているのか。教育理念から教育内容、方法、教師のあり方、外部連携等、さまざまな改革アイデアが提出されているが、ここでは、これまでの公教育の

あり方を根底から揺るがしかねない改革イシューに絞って論じてみたい。端的に、それは、公教育（学校制度）の市場化をめぐる問題である。

　元々、第 2 次安倍政権において、成長戦略として公認された Society5.0 は、社会のあらゆる領域に ICT、IoT（モノのインターネット）、AI（人工知能）、ビックデータ等の最新テクノロジーを張り巡らせることで、イノベーションと経済成長を実現することをめざす未来社会構想である。そのためのインフラ整備には国費が投入されるが、最新テクノロジーを駆動するのは企業にほかならない。あけすけにいってしまえば、Society5.0 とは、公教育を含めて、これまで市場化されていなかった社会領域を市場として開放し、企業の営利活動の場としていくものである。だからこそ、「失われた 30 年」に喘いできた財界は、Society5.0 の実現を熱望し、公教育の市場化を推進するための政策形成には、経産省が深く関与しているのである。

　詳しくは児美川（2022b）に譲るが、2017 年、未来投資戦略や「骨太の方針」によって Society5.0 が国家戦略化されると、経産省は、直ちに省内に教育サービス産業室（後に、教育産業室に名称変更）を設置して、有識者会議である「未来の教室」と EdTech 研究会を発足させた。さらに、研究会による第 1 次提言（2018 年）、第 2 次提言（2019 年）を踏まえ、2018 年度以降には「未来の教室」実証事業を、企業、自治体、大学、学校を巻き込みながら、大々的に展開してきた。

　補助金事業である「未来の教室」実証事業は、企業や大学による「STEAM 教材」[4]の開発、企業が開発した AI ドリルや学習支援ソフト等の公教育の学校への導入を皮切りに、不登校支援や部活動の民間委託、探究型学習の支援にまで及んでいる。すでに 7 年に及ぶ実績を蓄積してきており、今、学校現場で実践されている教育 DX がらみの取り組みの多くは、この事業を通じて、教育産業が開発した教育サービスが、公教育の学校に提供されるかたちで成立している。少し前までの公教育と教育産業の関係からは、およそありえなかった事態が生起している（児美川 2022c）といわざるをえない。

　もちろん、公教育の市場化といえば、ストレートには学校の民営化（民間委託）が思い浮かぶかもしれない。しかし、周知のように日本の公教育制度をめぐる規制は、学校設置、管理運営、施設設備、教育課程、教師等にわたって、

ことのほか強力に張り巡らされており、そう簡単に企業が参入できるような体制にはなっていない。たとえば株式会社立の学校は、構造改革特区における特例でのみ設置可能になった（2004 年）が、近年では通信制高校において若干増えたとはいえ、数えられるほどしか存在していない。

　こうした制約があるがゆえに、市場化を推進する側の戦略は、現時点では、ICT や AI、教育 DX 等を活用する教育方法の面、総合（探究）学習など学習指導要領による細かな規定のない教科教育、そして、校則問題、部活動等の教科外教育の領域において、教育産業の公教育への参入を果たすという点に傾注している。そうすることで、提供するサービスの質を高め、社会的な信頼や評価を獲得し、この先のしかるべき時期には、公教育の規制緩和が進んでいくことを待っているといえる。

（5）学校教育の市場化をめぐる争点

　学校教育の市場化を推進するこうした政策動向に対しては、当然のことながら、少なくない疑問や批判も提起されている。典型的な論点を列記すれば、学校教育の市場化によって、「公教育としての質保証は担保されるのか」「教育内容の中立性や公平性に問題が生じないか」「教育の無償性や機会均等は保障されるのか」といった点である。

　こうした懸念には、もちろん一理ある。経産省の「未来の教室」事業が、コロナ過の到来をきっかけとして、一気呵成に民間事業者の活用に「前のめり」になっていった姿を垣間見ていると、「惨事便乗型資本主義」（クライン 2011）という言葉も思い浮かぶ。しかし、では、公教育の市場化については、それを全面否定すればよいのか。――そう願いたいところもあるが、実は、そう単純な話にはならない。なぜか。主要な理由が、二つある。

　一つは、（1）で書いたことに由来する。現在、日本の公教育は、子どもたちの意識と行動によって内側から「食い破られ」つつある。学校教育の「固い」枠組みが忌避されると同時に、その存在意義が根本から問われているのである。にもかかわらず、文科省は、ICT や教育データの活用、デジタル教科書の導入といった点では、Society5.0 型教育の実現をめざす素振りを見せるが、「日本型学校教育」そのものを変えていく構えにはなっていない[5]。これに対して、

経産省は、こうした学校教育の硬直した状況を、民間活用による教育イノベーションによって打ち破っていくという「演出」を施し、しかも、それは、一定の社会的支持を得ているように見える。これまでの学校教育のあり方が忌避され、おまけに文科省が「体たらく」に見えるがゆえに、あろうことか経産省が「救世主」に映るように仕掛けられているのである。

経産省の「未来の教室」事業が、教育イノベーションの焦点としているのは、学びの「個別最適化」と「STEAM 化」である（浅野 2021）。前者は、従来の学校教育において、「落ちこぼれ」や「浮きこぼれ」[6] 問題などを含め、とかく評判の悪かった「一斉授業」を批判的なターゲットにしている。教育産業が開発する AI ドリル等を効果的に活用すれば、すべての子どもに対してきめ細かく対応することが可能になり、一斉授業が抱える問題は、一挙に解決すると訴えるのである。後者は探究学習であるが、こちらも、教室に閉じ込められた学習ではなく、教材開発を含めて企業と連携・協働した取り組みを進めれば、学校よりもはるかにリアルで豊かな、実社会に即した学びが実現できると喧伝されている。どちらも、日本型学校教育の「弱点」を突くターゲット戦略に基づくものであり、一定の成功を収めているといわざるをえない。

（6）誰が公教育を提供するのか

学校教育の市場化を単純に切り捨てるわけにはいかないもう一つの理由は、かなり原理的な論点である。日本の場合、公教育制度は、国や地方公共団体、学校法人等が設置・運営の主体となる学校教育で成り立っている。しかし、原理的に考えれば、設置・運営主体が、公的団体等でなくとも、そこで「公の性質」を持つ教育が行われるのであれば、それを公教育（の学校）と見なすことは、十分に可能である。義務教育を、もっぱら「就学義務」によって保障している日本では想像が難しいかもしれないが、諸外国の事例（横井編 2022）を鑑みれば、公教育制度に位置づく学校以外にも、フリースクールも、オルタナティブ・スクールも、ホームスクーリングも、れっきとした「公教育」を担いうる存在である。

社会の変化と多様化する子どもたちの実態を前提に考えれば、「たった一つの最善の学校教育」を想定するということには無理がある。子どもたちに発達

権と学習権を保障する公教育の提供主体は、多様でありうるし、おそらくは多様であることの方が望ましい。公教育の学校の教育内容も、学習指導要領のような体制が最善であるとはいえない。むしろ、一定の要件を満たせば、教育課程の多様性と柔軟性は、大いに認められるべきであろう。

　もちろん、今述べたことは、公教育を教育産業が担うことが無条件で許容されるべきであるとか、公教育の教育サービスは、無制約に市場ベースで提供されてよいといったことを意味するわけではない。提供される公教育の内容は、その提供の仕方（中立性、無償の原則、機会均等といった点）も含めて、「公の性質」が担保されなくてはならない。ただ、「公の性質」が担保される限りでは、公教育の市場化が、全面否定されなくてはならない根拠は、実は存在しない。

　とはいえ、市場化をめぐる教育改革・政策動向をめぐる最大の問題は、本来は厳しい精査とチェックが必要となるはずの、市場ベースで公教育に提供される教育サービスの質保証を、そもそも誰が、どのように行うのかが明らかにされず、そのことについて、まともな議論がほとんどなされていない点にある。そうした危うさに十分な目配りをしつつ、しかし、素朴な「学校教育中心主義」に陥ってしまわないようなかたちで、誰が、どのように「公教育」を供給していくのかについての公論と熟議が求められよう。

　註
（1）小論の構成やテーマ・論点の抽出は、児美川・横井編（2024）の問題意識と重なるところが多い。
（2）「反学校」「非学校」「向学校」の概念については、岩木・耳塚編（1983）を参照。
（3）この節については、児美川（2022a）を参照。
（4）Science（科学）Technology（技術）Engineering（技術）Art（リベラルアーツ）Mathematics（数学）を組み合わせて、探究的に学ぶ STEAM 教育のための教材。
（5）文科省による「令和の日本型学校教育」路線の政策構想については、十分に触れられないが、そのねらいや問題点については、児美川（2022d）を参照。
（6）いわゆる gifted（特別な才能に恵まれた特異な子ども）が教室において孤立してしまう現象のこと。

参考文献

浅野大介　2021『教育 DX で「未来の教室」をつくろう―GIGA スクール構想で「学校」は生まれ変われるか』学陽書房

岩木秀夫・耳塚寛明　1983『高校生―学校格差の中で』現代のエスプリ 195、至文堂

香川めい・児玉英靖・相澤真一　2014『〈高卒当然社会〉の戦後史　誰でも高校に通える社会は維持できるのか』新曜社

喜多明人・中村国生編　2021『多様な学びを創る　不登校支援から多様な学び支援へ』東京シューレ出版

クライン、ナオミ　2011『ショック・ドクトリン―惨事便乗型資本主義の正体を暴く』幾島幸子ほか訳、岩波書店

児美川孝一郎 2022a「幕開けるポスト戦後型教育改革の時代？」『月刊高校教育』2022年 4 月号

児美川孝一郎 2022 b「With コロナ期の新たな改革構想と教育統治―『未来の教室』か、『令和の日本型学校教育』か？」『日本教育政策学会年報』第 29 号

児美川孝一郎 2022c「＜市場化する教育＞の現在地―抗いがたさはどこから来たか？」『現代思想』2022 年 4 月号

児美川孝一郎 2022d「高校教育はどこに向かうのか」『教育』2022 年 2 月号

児美川孝一郎・横井敏郎編　2024『Society5.0 と揺らぐ公教育―現代日本の教育政策／統治―』晃洋書房

総合科学技術・イノベーション会議　2022「Society5.0 の実現に向けた教育・人材育成に関する政策パッケージ」

中央教育審議会　2021「『令和の日本型学校教育』の構築を目指して―全ての子供たちの可能性を引き出す、個別最適な学びと、協働的な学びの実現（答申）」

バウマン、ジークムント　2001『リキッド・モダニティ　液状化する社会』森田典正訳、大月書店

文部科学省　2024「令和 5 年度 児童生徒の問題行動・不登校等生徒指導上の諸課題に関する調査」

横井敏郎編　2022『教育機会保障の国際比較　早期離学防止政策とセカンドチャンス教育』勁草書房

（児美川孝一郎）

5. 美と学問の博物空間としての museum と　　住民・統治者の自画像

（1）美と学問の博物空間としての博物館

1. 学問、アートの女神 Musa の神域としての museum

「博物館」の原語とされる museum は、学問・技芸の女神 Musa の神域を意味する。「Musa：1. 学芸を司る人の女神の一人。2. 詩、歌。3. 学問。4. 芸術的才能」（水谷智洋編『改訂版　羅和辞典』研究社、2012 年）、「文学、音楽、舞踊、哲学、天文など、人間のあらゆる知的活動の女神」（高津春繁『ギリシア・ローマ神話辞典』岩波書店、1960 年）。「museum（Musa の聖域、の意：1. 学問の研究所、2.（Alexandria の）図書館」（同上水谷）。

「大」きな「羊」から「美」が生まれたが、美や知とは、①自分（たち）と世界との実践的関係性を前提とした、②観察・表現による関係性認識の行為と、③結果として生み出される作品である。だから、美と知は私たちが捉えた宇宙・世界像であり、私たち自身の「自画像」でもある。その扱う領域は、①天体・宇宙、②人体、③大地と海（植物と動物）、④音楽、人体彫刻・絵画、建築、詩・物語等の美的表現、⑤天文、航海、建築、医薬、法、統治、数、弁論、論理等の文字・記号を介する学問的表現とその手段等である。

現在、オープンミュージアム等の提唱もあるが、古代の museum は建物を含む空間における、学問・芸術の探求・表現・作品を包括する博物空間だった。それは、①音楽、劇等を上演する神殿等がある神域、②知的作業を集積する研究所・学校、③街頭での学問的対話やワインを伴う議論・シンポジウム等、屋内外での実践的対話の場、④美的、知的行為の結果を文字化した書籍・記録類を所蔵・公開するライブラリー等から構成される。

2. 「博物」と博物館、博物空間

「博物」とは物事を広く深く知ることである。「【博】『大いに通ずる……十に従い、専に従う』……。『大いに受く』など博大の意……。　１ひろい、ひろめる、ゆきわたる。２おおい、とおい。【博物】ものしり。［史記］「仁、信、義

を慕いて窮り無く、微を見て清濁を知る。嗚呼……博物の君子なるや。」」（白川静『字通』平凡社、2014 年）。

　後に朱子（1130 〜 1200 年）が指定した儒学の基本文献「四書五経」をふまえると、扱う対象は、天文、易、詩、音楽、書、礼、射、乗馬、学問論、統治学などである。これらに広く深く通じて適切な判断力がある人物が、孔子・孟子などの理想の統治者の自画像だった。美・学問探求の場は、①山岳等、②道観・仏教寺院、王や貴族の館などである。そこは、自然、建築物、意思疎通・討論、仏像・絵画、書物などが保管・再生産・発信される場、博物空間だった。

　椎名仙草『日本博物館成立史』（雄山閣、2006 年）によれば、museum は幕末期には「学術ノ為ニ設ケタル場所学堂書庫等」と理解されていた。福澤諭吉は、慶応 2 （1866）年刊行の『西洋事情初編　巻之一』で、「博物館」を「世界中の物産古物珍物を集めて人に示し見聞を博くする」ものとしつつ、「……文学技術、学校、新聞紙、文庫、病院……盲院、癩院、痴児院、博物館、博覧会、蒸気機関……蒸気車、電信機、瓦斯燈」の中に位置づけ、博物空間の一部と認識していた（岩波書店版『福澤諭吉全集第 1 巻』）。

3. ルネサンス期、市民社会と museum

　高橋雄造『博物館の歴史』（法政大学出版局　2008 年）によれば、街が美的空間である 15 世紀のフィレンツェで今日の博物館の原型が成立した。僭主メディチ家は宝物を公開し、レオナルドダ・ヴィンチ、ボッティチェリ、ミケランジェロらの芸術家らを支援し、成果を積極的に公開した。大航海時代以後のイギリスではロイヤルソサエティが、フランスではアカデミーが作られた。これらは実証科学を重視する研究機関だったが、その付属施設として陳列館を整備した。それは視野を広げ富を蓄えた重商主義者たちの自画像だった。

　その後、共和制と王政の交代するフランスで、ルーブル宮を国民に開かれた学問と美術の殿堂とし、凱旋門を中心とする放射状の美的な街へとパリの街を整備した。アメリカは美と学問研究を国民のものとし、国民が育つ政策を採った。「EDUCATION IS THE SAFEGUARD OF ORDER AND LIBERTY」とは、現在ボストン市立図書館の外壁上辺部に刻まれている言葉である。Learning（探求・習得）を中核に人々の能力を引き出す education こそが秩序と自由の鍵だという認識である。ボストンには、茶会事件や虐殺現場、アメリカ最初の

議会建築、清教徒家族や印刷工・科学者・外交官のフランクリン銅像などのボストントレイル、アメリカ初の公園・ボストンコモン、美術館、MIT、ハーバード大学等もあり、街全体が歴史と美と知の集積・発信空間である。

　共和制 USA 的 museum は、フランス人技師の設計による首都ワシントンの街並みとスミソニアンの研究所・博物館群に示されている。The Civil War（南北戦争）の最中に、リンカーン大統領は、私たちの先祖は、「自由を尊重し……全ての人は対等だという新しい国家を作った。……人民が構成・統治する人民のための国家を……消滅させられない」と演説した。ワシントンの街では、ギリシャ、ローマ、エジプト、イギリスを引継いだ意匠の国会・国立公文書館、ワシントン記念塔、リンカーン記念堂が Constitution Avenue（憲法大通り）と Independent Avenue（独立大通り）で東西に結ばれ、ホワイトハウスとジェファーソン記念堂が南北に結ばれ東西と南北の線が十字に交わっている。ポトマック桜並木とジョージタウン大学をふくむ、水と緑に覆われた国立公園 National Mall 一帯には国立アメリカ歴史博物館・自然博物館等、多数のスミソニアン協会の研究所・博物館群があり、地域全体が巨大な museum になっている。主権と美・学問の主人公になるというアメリカ国民の矜恃である。

　アメリカには負の歴史も多い。先住民蹂躙、奴隷制、女性・少数者差別、ハワイ併合、フィリピン植民地化、日本への無差別爆撃・原爆投下、ベトナムへの軍事介入等である。反面、公民権運動やベトナム戦争反対の大規模集会も開かれた。だからワシントン DC の museum は、struggle（葛藤・奮闘）する民主帝国とそこに生きる主権者・統治者の自画像と言える。

4.　"Japanese Royal Museum" としての上野公園およびその周辺

　総合的 museum は、日本にも作られた。1868 年の上野戦争で焼かれた寛永寺跡地の上野恩賜公園と幕府の大学・昌平坂学問所で博覧会を行い、隣接の加賀藩上屋敷跡に帝国大学、御薬所を小石川植物園に、上野公園内に帝室博物館、帝室図書館、科学博物館、動物園、東京音楽学校、東京美術学校を、学問所跡に高等師範学校、女子高等師範学校を作った。明治憲法（1889 年）と教育勅語（1890 年）の時期に国会議事堂建設、討幕軍の大将・西郷隆盛像の設置（1898年）。大正期、明治神宮の外苑に「明治神宮聖徳記念絵画館」（1926 年）を作った。これは、天皇＝主権者、薩摩・長州＝主導者を宣言した、学問芸術を包括

する大日本帝国の museum、大日本帝国と重臣たちの自画像だった。

（2）法体系の中の博物館法と人格、教養、地域

1. 現行博物館法の法体系

1945 年 8 月に大日本帝国は無条件降伏。連合国軍の占領の最中、1946 年に「日本国憲法」が成立。51 年に博物館法ができた。博物館法は現在、《国際人権規約・日本国憲法・教育基本法・社会教育法・文化芸術振興法・博物館法》という法体系のなかにある。また、博物館法適用外の文化財保護法や国立大学法人法による国立博物館も、人権規約、現行憲法等下にある。

そしてこの法体系の最上位に 1979 年日本批准の国際人権規約がある。この規約で博物館・museum は、A 規約（経済的、社会的、文化的権利に関する規約）第 16 条「文化的な生活に参加する権利」に位置づいている。「この規約の締約国は、すべての者の次の権利を認める。（a）　文化的な生活に参加する権利、（b）　科学（science）の進歩及びその利用による利益を享受する権利」（第 16 条）。そのために、「2 ……科学及び文化の保存、発展及び普及に必要な措置」、「国際的な連絡及び協力を奨励し及び発展させる」。

この第 16 条は第 7 - 12 条の労働や労働組合結成、家族、健康等の生存的権利、13 条の教育への権利等を受けている。また B 規約（市民的、政治的権利に関する国際規約）が示す、自決、思想・宗教・表現、平和的な集会、人種、性、言語、宗教等による差別の禁止と法の前の平等を、前提とする。

2. 日本国憲法下の博物館法、文化財保護法、文化芸術基本法

現在は国際人権規約下にある日本国憲法は、大日本帝国憲法改正手続きにより 1947 年に施行された。明治憲法下では経済、社会、文化、教育、政治等での発展もありつつ、華族制度、女性差別、戦争被害、言論表現への弾圧等、負の遺産もあった。この反省に立って現行憲法は、国民主権、平和主義、男女同権、健康で文化的な生活の権利、地方自治等を明記した。

そして、健康で文化的な生活を営む権利、教育を受ける権利を充たすべきものとして、教育基本法（1947 年）、社会教育法（49）、文化財保護法（1950 年）、博物館法（1951 年）等において、博物館は法律上に明記された。「国及び地方公共団体は、図書館、博物館、公民館その他の……適当な方法によって社会教

育の振興に努めなければならない」（教育基本法第 12 条 2）。「図書館及び<u>博物館</u>は、社会教育のための機関とする。2 ……<u>博物館</u>……は、別に法律をもつて定める」（社会教育法第 9 条）。「文化庁長官は、重要文化財の所有者……に対し……、<u>国立博物館</u>……において……出品……を勧告……できる」（文化財保護法第 48 条）。

3. 教育基本法下の博物館法

①人格の完成を目指す博物館

　国際人権規約第 13 条も教育基本法第 1 条も、「教育は人格の完成をめざして行う」べきだとする。人格とは、自分の能力の発揮と育成を自分自身で制御する機能、広い視野で事実に基づき、自分で考え判断し行動できる能力を指す。この人格は、政府に従順で、差別や不平等、弾圧、戦争を容認した人格ではない。平等、自由、平和、幸福を追求し、その葛藤・奮闘から美や知の表現を生み出し、行動する人格である。その中核には、1985 年のユネスコ Declaration of Right to Learn（学習権宣言）が示す Right to Learn がある。それは、読み書き、問い続け、深く考え、想像・創造し、自分自身の世界を読みとり歴史をつづり、全ての教育機会を得、個人的・集団的力量を発達させる権利である。

　博物館法第 3 条は「博物館の事業」として、「<u>九　社会教育における学習の機会を利用して行つた学習の成果を活用して行う教育活動その他の活動の機会を提供し、及びその提供を奨励すること</u>」を挙げているが、これは、博物館の事業において、国民・住民は「人格の完成をめざす」学習権の主体であることを示している。住民は館の資料の収集、展示、講習会等に依る学習者だが、自らテーマを決めて、個人的・集団的に「学習」＝ learning ＝探求する、学問とアートの表現者である。博物館で地域の人々の体験企画が増えているが、住民がテーマを決めて博物館資料等を使った研究活動を奨励することも課題である。

②生涯学習機関ネットワークの中での連携による視野拡大とテーマの掘り下げ

　教育基本法第 3 条は「生涯学習の理念」を、第 4 条は障害者教育も位置づけた「教育の機会均等」を掲げている。そして、義務教育、学校教育、<u>大学</u>、私立学校、家庭教育、幼児期の教育と社会教育（第 12 条）を位置づける。これは、国立大学共同施設の国立歴史民俗博物館等を含め、教基法に基づく博物館は、憲法的価値を具現化する「生涯学習」の一部であることを示している。

③「実際生活にそくする教養」を育む、自ら探究する精神

社会教育法はこう言う。「第3条 すべての国民があらゆる機会、あらゆる場所を利用して、<u>自ら実際生活に即する文化的教養を高め得るような環境を醸成する</u>ように努めなければならない。」

「教養」とは、日々変化する実際生活の中で、1. 組み合わせ能力である<u>智慧</u>を舞台に、事の性質を把握する<u>知識</u>、望ましい落としどころを探る<u>愛と友情と希望</u>、解決に役立つ<u>技術</u>を駆使して、実践の具体的方向性を示し、かつ<u>実践する能力</u>である。2. また、智慧、愛・友情・希望、知識、技術、実践力を、その論理と自分・地域等の文脈・課題に沿って、関連分野を広く深く鍛える能力である。3. さらに、実践過程で得られた知見・教訓を踏まえて自らの教養と社会的教養を更新する能力である。そして「実際生活にそくする」というのは、事がらを個人や家族、地域や企業体などの具体的なことに焦点化することの重要性を示している。したがって、museum では、大局を把握する能力とともに、公民館等の自分史サークルなどがやっているように、個別事情への対応も要請されていることになる。

④博物館運営における住民参加

こうした museum の機能を高めるためには、その事業への住民参加が大事になるが、それには、博物館法第23－25条が定める博物館協議会が有効である。これが機能すれば、「博物館には自分や先祖たちがいる」という感覚と宇宙・世界とを軸に、住民が自治体と自分たちの自画像を描けるようになる。そして、自治体の中での優先順位も変化しうる。

4. 文化財保護法と文化芸術基本法の積極的活用方法

東京国立博物館などは、「国民の文化的向上……、世界文化の進歩に貢献」が目的（第1条）の文化財保護法が根拠法である。廃仏毀釈等による寺院建築・仏像などの棄損・流出から文化財を護り、修復・研究・公開を支援する法律として重要である。また、有形文化財、無形の文化財、民俗文化財、名勝地……動物……記念物、文化的景観、伝統的な建造物群と、「文化財」を広く規定している。これを人権規約・現行憲法の文脈に位置づければ、開かれた博物空間となる。

同じことは、今回の博物館法改定で「社会教育法ともに文化芸術基本法の精

神に基づく」とした点についても言える。後者は「観光、まちづくり……産業その他の関連分野の施策との有機的な連携」（第2条）と謳い、文化芸術推進基本計画、地方文化芸術基本計画の策定を義務付けている。このため博物館の経済活動への従属も危惧されている。しかし、人権規約・現行憲法の文脈、公立では地方自治法との関係も見るならば、基本計画が挙げる項目が博物館の視野を広げる可能性もある。地方自治法第1条の2「地方公共団体は、住民の福祉の増進を図ることを基本……地域における行政を自主的かつ総合的に実施する」という文脈では、基本計画は「住民の福祉の増進」に適うか否かの基準で精査される。すると、計画における「文化資源の保存と活用の一層の促進」「多様性を尊重した文化芸術の振興」「文化芸術を通じた地方創生の推進」等は、障害者・外国人も位置づけた、多文化・多言語社会を実現する、自治体全体を美と知の博物空間 museum にする梃子になりうる。

（3）ニューヨークの市民と町の自画像を描く "Museum of City of New York" と現代史不在に近い日本の国公立博物館

　現代史を扱う博物館は、ドイツのハンブルク博物館やアメリカ等の地方自治体にも見られる。"Museum of New York City"（以下「MCNY」）は、ニューヨーク市に関する Museum である。現在の MCNY は NY の町の歴史を、そこに生きてきた人々を中心に展示する。まず、今日の NY を構成する人々のエスニシティー・言語や比率などを示す。次いで歴史を遡る。オランダ人が先住民からマンハッタン島を買い、英領になり、町作りが進む。ブロードウェイや市民共通空間のセントラルパークが作られる。ニューヨークの当時の産業やその担い手たちも描かれる。19世紀後半にアイルランド移民が増え、職業・宗派などで摩擦が起こり、秩序が生みだされる。自治・統治のムーブメントである。

　発信する町 NY が注目される。公民権運動、ベトナム戦争反対運動などが人々の取り組みを含めて描かれる。女性たちへの差別反対運動、中絶禁止への抗議運動も描かれる。これらは NY 市の問題であり、同時にアメリカ全土、世界全体の問題でもあり、世界全体への発信基地 NY が誇らしく描かれる。

　多くの日本の国立・公立博物館の展示では、「日本国」成立後の現代史欠落傾向、統治者・主権者としての市民は登場しない傾向が強い。九段下の国立昭

和館では、昭和の庶民が出征、空襲、食糧難などで苦労した「可哀そうな」国民の展示はある。しかし、戦争に反対して治安維持法違反で検挙・投獄・獄死した人々、現行憲法の示す価値実現のために葛藤奮闘した国民は語られない。

東京都立戦災慰霊堂でも同じで、犠牲者への鎮魂はあるが、戦争阻止の取り組みは扱わない。江戸東京博物館は、江戸の被統治者・町人や下級武士たちが創った生活スタイル、浮世絵などの美術や文芸、芝居等は扱う。しかし、蔦谷重三郎など関係者の手鎖や五日市で憲法が作られた自由民権運動は扱わない。市区町村でも似ている。江東区は東京大空襲の被害が最も大きかった区だが、深川江戸資料館では、深川木場出身の戯作者・山東京伝の手鎖には論及されない。戦前の人気児童漫画「のらくろ」シリーズの作者・田川水泡のコーナー（森下文化センター）では、のらくろ人気と動物の擬人化による笑いと戦争揶揄との関係分析はなく、サザエさんの長谷川町子の師匠という視点に止まる。

これらは、「日本国」が自画像を描けていないことによる。天皇利用方針のアメリカによる戦後処理によって、大日本帝国の戦争最高責任者・昭和天皇は訴追されず退位もせず敗戦後43年間天皇を続けた。日米開戦時東条内閣の商工大臣・岸信介をA級戦犯容疑者としたが不起訴とし、CIA資金提供で自由民主党を作らせ、首相とした。憲法上は日本国になったが主要人脈では大日本帝国が生き続けてきた。一方、戦争反対、国民主権、植民地解放、基本的人権を求めて逮捕・投獄された人々を中心に労働組合再建、農地改革等が行われた。しかし、「ローマの休日」の脚本家トランボが共産党員を理由に投獄されたことと連動して、多くの「共産党員とその同調者」が職場を追われた。結果、国民の間には「結局世の中は変わらないのだ」という諦観が生まれた。

加えて、憲法第9条の軍備放棄規定によって、アメリカ帝国による大日本帝国の完全永久武装解除という、国家の基本条件を欠く事態が生まれた。この点については、46年の共産党の憲法草案は「どんな侵略戦争も支持せず…参加しない」とし、国会演説では自衛権は放棄すべきでないと述べていた。1951年の日米安全保障条約による軍事・外交・技術等広範な対米従属の固定化。これらが国家の「独立自尊」（福澤諭吉）を損なう日米地位協定問題となっている。

これらは首都圏での旧帝都と対米属国との混在に現れている。東京帝国大学が東京大学になり、帝室○○は国立博物館、国会図書館へと改名したが、靖国

神社遊就館と明治神宮聖徳絵画館という旧帝都要素はそのまま残存した。そこに、横田・厚木・横須賀の巨大な米空軍・米海軍基地という対米属国要素が加わった。そして民主国家に必須の国立公文書館開設は憲法制定 30 年後の 1971 年である。主権在民の日本国は自画像を描けないでいる。

　米韓中と比べて日本人の若者の自尊感情が極端に低いという調査結果が多いが、「日本国の誇り」の棄損が「日本国民の誇り」の棄損をもたらしている。、主権者を半ば放棄して人々は経済的利益を追求し、日本人はエコノミックアニマルと言われた。しかしアメリカ商務省の圧力によるコンピューター OS・トロン開発中止を転換点としてマイクロソフト等の傘下に先端技術が入り、失われた 30 年が始まった。無軌道な国債乱発、企業の研究開発低下によって、円安でも輸出製品が少ない状況に現在の日本の企業・庶民は追い込まれている。

　だが変化の胎動はある。精緻な歴史研究の蓄積を基礎に、被統治者が統治者になる自治の歴史に光が当てられ、成果は国立歴史民俗博物館や宮城県立東北歴史博物館、墨田区立北斎美術館等にも反映されている。企画展では「『1868 年』噴出する無数の問いの時代」（国立歴史民俗博物館 2017）、「性差の日本史」（同 2020）、「水俣病を伝える」（国立民族学博物館 2024）など、現代史にも踏み込んでいる。

　現代史に焦点を当てた動きもある。1 つは、先住民とその支援者による永年の運動によるアイヌ新法成立に基づく、民族共生空間国立アイヌ博物館ウポポイである。そこには、今日のアイヌの状況、主権者、少数民族の自治権要求の世界的な運動状況も示されている。もう 1 つは水俣市立水俣病資料館である。そこには、穏やかな不知火海の漁業と暮らし、チッソの工場排水による海と魚の汚染、胎児を含む地元の人々の水俣病発症、患者や医師、法律家たちの原因認定と補償要求運動、日本全国や世界からの支援が示される。写真家、作家、国会論戦や裁判についても語られる。そして、制度なども徐々に整い、「Minamata」を繰り返さないよう政府・県・市の公園と施設ができ、水銀に関する「水俣条約」も採択された。今日も患者認定をめぐる政府等との交渉、裁判が続いている。この資料館では、当事者たちの写真、映像、肉声、映像作品やドキュメンタリー作品が示されていることが特徴的である。

　生きることの辛さと努力、共感と協力の喜びから美と知の作品が生み出され

る。それは当事者・支援者たちが主権者、自治と生活の主体として自らを育てる」過程と不可分である。これを強く示唆する museum である。この点で、広島と長崎の原爆資料館は、施設の実相や体験継承の努力の面で先輩格とも言える。しかし、今般ノーベル平和賞を受けた「ヒダンキョー」と被爆者援護法制定や認定裁判の展示が、現時点では欠落しており、課題を残している。

（4）主権者の自画像と共通現象・課題についての国際的視野と発信

1.「国立日本国博物館」の創設と博物館法改正の必要性

　今後に向けた提案をする。1 つは、日本国と日本の国民と住民の自画像、概況と歴史、課題を明確に描く「国立日本国博物館」「National Museum of Nihon-koku」創設。論点と諸見解を公平・公正に示し、国民・住民に考える機会を提供する。①日本国の概況〜人口とエスニシティ・言語・宗教。国土、産業、貿易、外交、軍事等。②現行憲法実質化の現状・課題と論点。国民主権と市民社会。象徴天皇制定着と皇室典範改正問題。平和主義の論点と現実。基本的人権実現の道と課題。健康で文化的な生活。医療・家族・子育て・介護、学問・芸術・文化と表現・創造の機会と成果。女性、障がい者、少数者への差別とその是正。学校と教育の質。生涯学習の権利と実現状況。労働の権利と待遇。地方自治、企業活動と NPO。自然の中での人間の暮らしの伝統と今日の課題。国際化の課題とアジア太平洋と世界への発信。③日本国への道のり：大日本帝国の功罪と日本国成立。④ここに日本学研究所を設け、関連大学等の機関との連携を図る。

　このために、博物館法に国立博物館を位置づける。日本国博物館を軸として、多様な国立博物館の連携を図る。各博物館は、絵画・音楽・芸能、自然景観、文化的景観、記念物等、文化財や歴史・自然・民俗等、特色を発揮する。

2. 都道府県立、市町村立博物館に憲法的価値実現コーナーを設置する

　歴史を扱う都道府県立博物館に、現行憲法成立以後の各都道府県の現代史を描くセクションを設ける。①当該都道府県の人口、自然条件や産業、基本的人権や住民自治の成熟の到達点と課題等、②各都道府県が日本全国・世界に向けて誇れる成果等を発信、③また、それらを担ってきた人々や団体等について具体的に示す。④論争点は、必要な関連資料の収集、研究、公開、関連意見の提

示により、都道府県民の間での研究・創造・意見交換を促進する。⑤そのために専門家の配置と住民参加を促す運営協議会等を活用する。⑥住民が各都道府県民であることを誇れるようにする。市町村立博物館でも、同様とする。

3. 大学博物館の設置の奨励

日本の大学は 800 を超えるが大学博物館は多くない。大学には研究資料、各大学史資料があるが、保存・研究・公開の点で課題がある。大学に博物館を必置とし、資料の収集・保存・研究・公開を国が支援する。博物館法改正とともに、大学設置基準第 36 条への文言追加「大学は……研究室、図書館、<u>博物館</u>……必要な施設を備えた校舎を有するものとする」等を行う。利用者の関心が深まるよう、当該分野の研究・創造の担い手の資料も展示する。

4. 私立博物館等の発展と体験の経験化の課題

財団、NPO 法人、任意団体等による私立博物館は多い。人権規約・憲法の趣旨と合致する限り、これらを国・都道府県等が支援する。その際、東京大空襲・戦災資料センター『東京・ゲルニカ・重慶：空襲から平和を考える』（岩波書店）のように、当事者体験の経験化・普遍化が大事である。「福島県立東日本大震災・原子力災害伝承館」等、普遍化努力の足りない施設も多いので、この取り組みは貴重である。

5. アジア太平洋博物館の創設

大航海時代以後、アジア太平洋地域では利害・占領・併合・独立等の歴史が複雑に絡み、軍事衝突を含む不安定要素は今も多い。1980 年代以後、国家・民衆レベルの交流・協力が進んだ。2007 年、不戦と協力を誓う ASEAN 憲章の採択以後、ASEAN を軸とする日韓中豪米等のネットワークが、国家間でも形成されつつある。そこで域内の国・地域・NGO 等の協力も得て、アジア太平洋博物館を創立する。国民の視野を広げ、時間・空間的位置を理解し、アジア太平洋地域での相互理解・協力とアジア太平洋共同体を展望する。

以上の点も含んで、日本各地を自然や人口の美と芸術と学問と産業、生き生きとそれに参画する教養・人格をもつ人があふれる地域空間 = MUSEUM とすること。そして、1 人 1 人が個人的にも自治体の住民、国民としても自画像を描くこと。それが国際的にも積極的意味をもつだろう。

（笹川孝一）

第7章

改正博物館法とは何だったのか

総　　括

　本章では、＜はじめに＞において提示した問いに対して、すべての論考を網羅することはできないが、できるかぎり参考にしながら、私見を述べたい。もちろん、あくまでも編者の一考察でしかなく、本書を手に取ってくださった皆さんには、収録された論考をもとに、それらの問いに答えることを試みていただきたい。

（1）なぜ博物館法は改正されたのか

1. 不透明な法改正プロセス

　改正博物館法の（目的）第1条には、「この法律は、社会教育法及び<u>文化芸術基本法の精神</u>に基づき、博物館の設置及び運営に関して必要な事項を定め、その健全な発展を図り、もつて国民の教育、学術及び文化の発展に寄与することを目的とする」（アンダーラインは筆者による）とあるように、これまでのように社会教育法の精神にもとづくと規定されてきた博物館に、「文化芸術基本法の精神」という文言が新たに加えられた。博物館の活動に、文化芸術の価値の継承・発展や、新たな創造に貢献することを示したものといわれている。しかしながら、これはあくまで表向きの言説で、この文言の追加の真意は、博物館に「文化観光」事業を担わせることが背景にあったものと考えられる。

　2021年12月に文化審議会から文部科学大臣に提出された答申「博物館法制度の今後の在り方について」に、「文化芸術基本法の精神を踏まえた文化拠点として……明確に位置付けられる必要がある」に違和感をもった長澤成次は、博物館法の根幹にかかわる目的が変更される恐れのあることを指摘した（長澤2022）。改正博物館法は、長澤が危惧した通り、「文化芸術基本法の精神」という文言が法案に織り込まれて閣議決定を経て国会で可決成立したのである。本書において文化審議会の博物館部会長代理兼ワーキンググループ座長であった浜田弘明が述懐するように、博物館の理念に係る重要なことが、審議会におい

ては、「博物館を観光施設化すること」や「文化観光は地域博物館にそぐわないこと」等の懸念が強く表明されていた（本書第1章2参照）にもかかわらず、審議会での審議を無視するかのような措置が、なぜ強引に実施されたのだろうか。

　博物館は、市民の生活を豊かにするための文化教育機関である。日本国憲法第25条「すべて国民は、健康で文化的な最低限度の生活を営む権利を有する」のように、国民には文化的な生活を営む権利が認められており、それは学問や表現の自由との両立等と不可分の関係性をもっている。日本国憲法の精神にもとづき、教育基本法では、第3条に生涯学習の理念として「国民一人一人が、自己の人格を磨き、豊かな人生を送ることができるよう、その生涯にわたって、あらゆる機会に、あらゆる場所において学習することができ、その成果を適切に生かすことのできる社会の実現が図られなければならない」と規定されている。さらに、第12条に「個人の要望や社会の要請にこたえ、社会において行われる教育は、国及び地方公共団体によって奨励されなければならない」（第1項）、「国及び地方公共団体は、図書館、博物館、公民館その他の社会教育施設の設置、学校の施設の利用、学習の機会及び情報の提供その他の適当な方法によって社会教育の振興に努めなければならない」（第2項）と規定され、国と地方公共団体による社会教育の奨励が規定されている。

　このように日本国憲法や教育基本法の規定に照らして、改正博物館法は妥当なものであったといえるのだろうか。いずれにせよ、法改正のプロセスがきわめて不透明であった点は拭いきれない。法改正にあたっては、真摯な議論を通じてその利点や欠点を明らかにすることや、矛盾、疑問、その他の選択肢が可能かどうかの指摘に答えられるかどうかで法改正の良否が判断される（片山2015）。法改正は、公共の利益の実現の観点から、改正を受け入れなければならないこともある。そのためには、問題点の指摘等に対して誠実に向き合い、合意形成にいたるプロセスが透明化され、最終的に皆が納得することが何よりも重要である。

　しかし、改正博物館法においては、先述したように文化審議会の答申から法案作成のプロセスにおいて閉鎖的で不透明な状況が見られた。なぜ、閉鎖的で、しかも強引に法改正が行われたのだろうか。そこには、文化庁の意向を超えた

時の政権（政治）の意思が見えてくる。官僚機構（文化庁）が政治（政権）の意思を受け入れながら、組織の利益を追及していく様子をうかがい知ることができる。

2. 文化経済戦略の登場

今世紀になると、政治（政権）が官僚機構を支配・統制する官邸主導の政治体制が強まるようになった。千葉大学名誉教授の新藤宗幸は、2012 年に安倍晋三が再度首相に就任し組閣した第 2 次安倍政権では、首相に直属する内閣官房と内閣府の組織を強化して、政策の決定権を政権の中枢に集中させたことにより、官僚機構が劣化したと指摘している（新藤 2020）。2014 年に内閣官房に内閣人事局が設置され、官邸が各省庁の次官・局長等の幹部職員の人事を掌握することになった。このため、官僚は、官邸から個別の指示がなくても、官邸の意向を「忖度」するようになったといわれている。政権に親和的な有識者をメンバーとする会議によって審議された内容にもとづいて官邸で策定された政策を、各省庁はオペレーションするようになった。

元文科省事務次官の前川喜平は、加計学園問題で安倍晋三首相の「ご意向」により公正・公平であるべき行政が歪められたことや、第 1 次安倍政権が行った教育基本法の改正（2006 年）は、教育に対する全面的な国家統制に通じる門が開かれ、「個人の尊厳」や「基本的人権の尊重」「国民主権」の原則による憲法に違反する疑いがあったこと等を述懐している（前川 2018）。政権の圧力により官僚の良識はほとんど無視され、立憲主義が機能不全に陥ってしまった様子を物語っている。改正博物館法も官邸主導の政策だとすると、それはどのようなものなのだろうか。

「文化観光」は、2003 年 1 月に招集された第 156 回国会の小泉純一郎首相の施政方針演説における「観光立国宣言」に遡ることができる（金子 2019）。2006 年 12 月、第 1 次安倍政権では観光基本法が改正されて観光立国推進基本法が制定され、文化財が観光資源に組み込まれる端緒となった。第 2 次安倍政権では、同法にもとづく「第三次観光立国推進基本計画」（2017 年）は、訪日外国人旅行者数を 4,000 万人・同消費額 8 兆円（2020 年まで）という目標を掲げ、博物館にもインバウンド対策として「夜間開館」や「参加・体験型教育型プログラム」、「多言語化対応」等アクセスの拡充が推進された。

　2017年6月に「経済財政運営と改革の基本方針2017」(「骨太の方針」)が閣議決定され、「文化による国家ブランド戦略の構築と文化産業の経済規模(文化GDP)の拡大に向け取組を推進」する「稼ぐ文化」への展開が示された。同時期に文化芸術振興基本法が文化芸術基本法に改正された。本書において荒川裕子は、この改正は「文化芸術の振興」という本来の目的が後退し、新たに経済的価値が重視される等、法が変容をきたしたことを指摘している(本書第2章5参照)。同年12月には内閣官房・文化庁により「文化経済戦略」が策定されたように、文化庁の意思とは別に、文化芸術事業は実質的に内閣官房の影響下におかれることになった。内閣官房による「骨太の方針」は錦の御旗のように扱われて、文化庁による関連する法制度の改正が矢継ぎ早に行われ、その一連の法改正の総仕上げが博物館法改正であったと考えられる(本書第2章2参照)。井上洋一は、国立博物館も文化観光政策に組み込まれていく様子を詳述している(本書第5章1参照)。また、荒川は、文化芸術基本法に裏打ちされた「文化施設としての博物館」を押し出すことにより、「社会教育施設としての博物館」が後退する懸念を表明している。

　文化財保護行政も博物館法改正にいたる一連の動向と同じように、2018年6月に文化財保護法が改正された結果、「保護」から「活用」に大きく方針が転換した。都道府県に文化財保存活用大綱の制定や、市町村に文化財保存活用地域計画の策定が求められるようになった。本書では東京都板橋区の事例を紹介する(本書第4章2参照)が、人材や予算が不足する多くの地方公共団体では政策と実態とが乖離しているという課題がある。また、文化財保護法と博物館法は法体系が異なるため、博物館法には国宝や重要文化財の取扱い規定がない(本書第4章1参照)、公開承認施設は登録博物館でなくとも一定の条件を満たせば認定をうけることができる等(本書第5章3参照)、双方の法律が連関していないことも課題となっている。文化財の活用が推進されることは、文化財の保存修復にとっては必ずしも好ましいことではなく、関根理恵は文化財の生存権、品格、倫理(文化財を敬う心を育てる)ことにも言及している(本書第4章3参照)。

（2）改正博物館法は博物館にどのような影響を及ぼすのか

1. 新自由主義政策と文化観光

　政府が新自由主義による「規制緩和」や「民営化」を推進する政策を推し進めるようになったのは、1980年代後半の中曽根政権による国鉄を含む三公社五現業の民営化に始まる。その後、小泉政権の郵政民営化（2005年郵政民営化法公布）をはじめとする改革等により、私達の日常を取り巻く環境は大きく変化した。安倍政権でも新自由主義による政策は次々に推し進められた。教育分野では、本書で児美川孝一郎が触れているように、2006年の教育基本法改正以降の教育改革による民営化（市場化）の問題が挙げられる（本書第6章4参照）。

　2022年4月に制定された改正博物館法は、博物館にさまざまな影響を及ぼしているが、中でも「文化観光」政策を見過ごすことはできない。それは、博物館運営に大きな路線の変更を強いることが懸念されるからである。2020年5月、文化観光拠点施設を中核とした地域における文化観光の推進に関する法律（「文化観光推進法」）が成立した。この法律は、文化の振興（文化の継承・発展や新たな文化の創造等）・観光の振興（魅力ある観光地の形成や国際相互理解の増進等）・地域の活性化（地域の社会的・経済的な発展等）の好循環の創出を図るという観点から、観光（文化観光）を推進するものである。[1] たとえば、本書では長谷川賢二が紹介するように、徳島県立博物館は、県が策定した文化観光政策にいち早く組み込まれるようになったという（本書第5章2参照）。

　文化観光推進に必要な財源は、国際観光旅客税法の税収が充てられ、「文化観光拠点事業」は博物館や美術館等が拠点施設となり、インバウンドのための事業を展開することになる。「文化観光拠点事業」では、博物館における文化観光は博物館をインバウンドの受け皿とすることが意図されており、この補助金の事業は文化観光に係る事業に限られている（博物館資料のデジタル化や展示リニューアル、グッズ開発、イベント関連事業等）。

2. 博物館の地域活性化とは

　博物館が地域の活性化に寄与するとは、地域住民の生活や文化、教育に博物館が貢献することにある。本書で可児光生が紹介する美濃加茂市民ミュージアムでは、美濃加茂市の文化振興課が博物館と文化財保護の担当部署になり、一

体的施策を行い、館がそれまで実施してきた地域活動を文化財保存活用地域計画の実施段階でブラッシュアップして展開している。そこには、「文化で稼ぐ」や「経済効果」という観点は見られない（本書第5章5参照）。

　日本総合研究所の藻谷浩介らによれば、政府が地域経済の活性化を唱えても「そもそも観光だけではまちおこしはできない」し、「本当の意味で地域が良くなる」という視点がなければならず、地域で暮らす人達のライフスタイルが豊かであることや、地域の生活文化や伝統風俗、自然環境や景観、地場産業の商品やサービスの提供が大切であるという。藻谷らは、日本の観光は、旅行業者、大資本のホテル業、広告代理店等外部の事業者が潤う構図になっているという問題を挙げながら、地域内でモノやサービスの取り引きが活発化し、地域内で経済が循環する自立させる仕組みづくりも不可欠である、と指摘する（藻谷他 2016）。

　しかしながら、「文化観光拠点事業」は、文化観光拠点施設と文化観光を推進する事業を実施する者（文化観光推進事業者）、地方公共団体との連携体制による取り組みが目指されているとはいえ、プロジェクトが地域の主体的な企画や取組になっているかという観点で見ると、多くのプロジェクトに問題がないとは言い切れない。

　補助金の大半は、博物館のデジタル化を受託する情報産業や展示施設・設備をリニューアルする関係業界に回っており、地域内で経済が循環し、地域が自立できるような地域経済の活性化に繋がっている事例は少ない。

　杉長敬治の分析によれば、人口 100 万人を超える多数の博物館が集積する都市や世界遺産があるような一部の自治体は、訪日外国人の大幅な増加が認められるが、それ以外の大多数の地域の博物館には影響がないという。文化観光の推進を全国の博物館に一律に課す政策は 1987 年に制定された総合保養地域整備法（リゾート法）の失敗例を想起させると、その危うさを指摘する（本書第2章2参照）。また、栗原祐司は、日本の博物館は国際的な潮流を無視して考えることはできないとした上で、欧米先進諸国では、博物館は SDGs 等の社会的な課題を解決するための機関であり、博物館を観光資源として前面には打ち出しておらず、「観光政策が優位性を占めている国の多くは発展途上国にみられる」と喝破する（本書第2章1参照）。

3. デジタル技術を活用する博物館事業の推進

　改正博物館法では、デジタルアーカイブを博物館事業に活用することも強調されるようになった。法第3条第1項第3号に新たに規定された「博物館資料に係る電磁的記録を作成し、公開すること」については、文化庁次長通知（以下「次長通知」）（2022年4月15日）で、「デジタル技術を活用した博物館資料のデジタルアーカイブ化とその管理及びインターネットを通じたデジタルアーカイブの公開、インターネットを通じた情報提供と教育や広報、交流活動の実施や展示・鑑賞体験の提供のために資料をデジタル化する取組を含むこと」と記載されている。改正博物館法の制定後、文化審議会の博物館部会に「博物館 DX に関する取組の整理（仮称）」が設置されて、2023年2月に「博物館 DX の推進に関する基本的な考え方」が示された（本書第1章3参照）。栗原は、博物館 DX（デジタル・トランスフォーメーション）は、単なるデジタル・アーカイブ化またはデジタル化ではなく、コレクションの記録に関わるすべての活動（記録の作成から維持管理・公開まで）を幅広い視点で捉え、業務全体をデジタル化するものであるが、現在国内の多くの博物館はコレクションの記録作成・管理等の管理体制が十分ではない、すなわち「デジタルアーカイブ」の前段階が未整備となっていることを問題視する（本書第2章1参照）。

　博物館では、受け入れた資料は台帳に登録し、資料カードを作成してきた博物館のデータベースはデジタルに置き換えられつつある。デジタルアーカイブとは、データベース化にとどまらず蓄積したデータを検索可能な状態に整理し、ネットワークを構築して活用することをいう。ネットワークを構築して横断検索できる「サイエンスミュージアムネット」[2]や「全国美術館収蔵品サーチ「SHŪZŌ」[3]等のプラットフォームのように都道府県域を越えたものや、「信州ナレッジスクエア」のように県立長野図書館がホストとなり、県内の県立や市立の博物館・図書館・アーカイブ（MLA）との連携により、地域の情報検索と資料を活用することができるポータルサイトもある（本書第1章3参照）。博物館 DX とは、デジタル技術を活用した博物館の業務全般の効率化を目指している。

　改正博物館法では、デジタルミュージアムも登録博物館になれるようになった[4]。改正省令（施行規則）の次長通知（2023年2月10日）の留意事項では、「博

物館資料をデジタル化して展示する施設については、通常の博物館と同様に法令、条例または定款等によって設置され、館長、学芸員及びその他の職員が配置されている場合、展示以外の博物館活動（資料の収集・保管、教育普及、調査研究等）の観点を踏まえることで登録対象と考慮して差し支えない」との記載があり、登録博物館の対象にデジタルミュージアムを加えている。実際に、千葉県教育委員会は、「デジタルミュージアム」を標榜する大網白里市デジタル博物館を登録博物館に認定した（2024 年 3 月 29 日付）。とはいえ、専用施設がなくては登録制度の参酌の基準（法第 13 条第 1 項第 3 ～第 5 号及び施行規則第 19 条～21 条）をクリアするものではない。デジタルミュージアムは、あくまでもデジタルアーカイブであり、博物館の中に「デジタルミュージアム」を含めることには違和感がある。栗原は、次長通知が記すデジタルミュージアムは、文化審議会の博物館部会で議論しておらず、ICOM が定めるミュージアムの定義でも想定外であり、学問的な裏付けがあるとは思えない（本書第 2 章 1 参照）と、デジタルミュージアムの在り方に警鐘を鳴らしている。

　文化観光拠点施設の補助事業を実施している博物館の中には、収蔵資料の画像データベースの作成、高精細デジタル画像を用いたプロジェクションマッピング、仮想体験等デジタル技術を活用した事業に取り組んでいる施設もある。[5] 文化庁が 2022 年度から開始した Innovate MUSEUM 事業でもデジタル技術を活用することが条件に組み込まれている。デジタルコンテンツを用いたオンラインツアーや、所蔵品のデジタル・データベースの製作・公開、標本の 3D 動画や AR 技術を用いた展示等のように、デジタル技術を活用した事業が推進されている。こうした補助事業は、博物館がデジタル技術を採用する契機となり、その普及に影響を与えたといえるが、デジタルの情報発信を継続するためには情報の追加・更新、システムの更新（マイグレーションを含む）が不可欠である。文化庁の補助事業が終了した後も博物館や設置者（地方公共団体）が、そのために必要な予算措置をすることができるかどうかが問われるところである。

（3）改正博物館法の下での博物館の在り方に対して、どのように対峙すれば よいのか

1. 博物館の規制緩和と民営化

　先述したように、改正博物館法の背景には、政府の新自由主義政策のもとに、公的部門に対して規制緩和や民営化が行われてきた。「バブル崩壊」をショック・ドクトリン（クライン 2011）にするかのようにして、政府は 1990 年代に電気通信、金融サービス、交通運輸等の規制緩和に着手した。博物館でも公立博物館の「設置基準」が規制とみなされて、学芸員数や施設規模に関する数値目標が撤廃され、国立博物館の独立行政法人化（2001 年）、公立博物館に指定管理者制度が導入（2003 年）された。新自由主義政策と表裏一体ともいえる行政改革によって、平成の市町村合併を実施した地方公共団体を中心に博物館（資料館等を含む）の統廃合も行われた。博物館運営に事務事業評価（博物館評価）が採用されるようになり、入館者数の増加や顧客満足度を高めることが目的化するようになると、博物館資料の管理や調査研究等の博物館の基本的な業務の優先順位が低くなるという問題も生じている。人員や予算の削減（シーリング）や学芸員の非正規職の増加（正規職の減少により専門人材が育ちにくい）等の問題は、博物館の持続可能性を脅かす事態を招いている。

2. 「より多く」「より遠く」「より合理的に」原理の行き詰まり

　イギリスの社会学者アンソニー・ギデンズ（Anthony Giddens）は、近代社会が時間と空間を分離させ、「象徴的通標の機能としてのメディア」（鉄道・郵便・電信・電話・新聞・ラジオ・テレビ等）と「専門家システムの帰結としての科学技術」を、絶え間なく発展させ拡張していくことを繰り返してきたと指摘する（ギデンズ 1993）。ギデンズの見解を踏襲した、経済学者の水野和夫は、中世から近代になると、鉄道の登場により陸上輸送はスピーディになり、「地理上の発見」はヨーロッパの域内から新大陸やアジアに市場を拡大し、科学技術（合理性）は技術の進歩ばかりでなく、国家統治にも影響を与えて国民国家という政治システムを構築したと指摘している。水野は 21 世紀になると、「より速く」「より遠く」「より合理的に」が行動原理になり、行動原理の例示として、「より速く」は金融取引のハイ・フリークエンシー・トレーディングのように 1 万分の 1 秒で買い、1 万分の 2 秒後に売ることができる電子取引の登場、

「より遠く」はアフリカを取り込んだグローバリゼーションによる世界の経済の一体化、「より合理的に」は物理的な空間を凌駕して高性能のコンピューターによる仮想空間の創出による金融取引をあげている。水野は、こうした近代の行動原理が2008年のリーマンショックを引き起こしたように、これらの行動原理に依拠した資本主義は限界に達していると指摘する（水野 2023）。

　こうした近代の行動原理の延長線上に博物館をおいてみると、バブル崩壊後の「失われた30年」に博物館には、「より多く」「より遠く」「より合理的に」という行動原理が強いられてきたと考えられる。この時期に新たに彩られた新自由主義による政策は、博物館にもさまざまな歪みを引き起こしている。

　「より多く」の事例は、行政の事務事業評価（博物館評価）に典型的に見られるように、入館者数や収入額等の数値目標を達成することが優先される事態である。目標を達成しなければ、翌年度の予算に影響を与える等のペナルティが科されることも多い。「もっと増やせ」ということが「成果」とされると、博物館の現場は数値に一喜一憂することになり、数合わせのために集客力が見込まれるイベントを実施せざるを得なくなる。継続的に数値目標の達成を求められると、博物館の体力は消耗していき、博物館の事業の質的向上よりも数値目標を重視する、まさに「入館者数を増やさなければならない」という強迫観念にとりつかれることは病理的ともいえる。

　「より遠く」の事例は、海外の著名な美術館から作品を借りて、大量の入館者（入館料収入）を目論むブロックバスター展である。美術史家の高橋明也によれば、「ミロのヴィーナス展」(1964年)、「ツタンカーメン展」(1965年)、「モナ・リザ展」（1974年）等の展覧会が行われた時代は、海外の美術館との友好的な文化交流という意味合いをもっていたが、バブル経済が崩壊して以降、双方の美術館とも資金繰りが苦しくなり、日本側の主催者は安価な投資で高い収益をあげるために、大型の「○○美術館展」を数多く手掛けるようになり、ブロックバスター展とは、商業主義的な大型の展覧会を揶揄する意味が込められるようになったという（高橋 2019）。

　「より合理的に」の事例は、国や自治体による行政改革が博物館にもさまざまな影響を及ぼしているということである。指定管理者制度は、公共施設において経費削減とサービス向上を図ることを目指してスタートした。博物館でも

民間団体が運営する途が開かれ、民間の柔軟な発想やノウハウを運営に活かすことができるとされた。しかしながら、設置者は運営経費を抑えることを最優先にするため、職員は公務員より人件費が抑えられている。そのため学芸員はライフプランが立てられず、やむなく離職や転職するケースが多い。直営の公立博物館でも正規職学芸員を縮減するため、学芸員を会計年度任用職員として採用することが増加している。働く者のキャリア権（諏訪 2005）を損ねる「官製ワーキングプア」（上林 2015）を引き起こしている。このことは、博物館にとっても資料管理や調査研究、展示、教育普及活動をはじめとする地域との連携等、学芸員が培ってきた経験を損失することになり、博物館の安定的、持続的な運営に悪影響を与えている。

3.「より質を」「より近く」「より持続的に」原理への転換を目指す

改正博物館法の眼目といえる「文化観光」や「デジタル化」の推進は、こうした「より多く」「より遠く」「より合理的に」という路線の延長線上にある。博物館は、「より遠く」の訪日外国人観光客を「より多く」受け入れようとする一方、「より合理的に」デジタル技術を駆使して効率化（DX 化）することを目指している。

しかしながら、これからの博物館には、こうした新自由主義に彩られた近代の行動原理を問い直し、「より質を」「より近く」「より持続的に」という新たな行動原理を模索することこそが求められている。

新たな行動原理となる「より質を」とは、資料の収集、整理保管、調査研究、教育普及という博物館としての基本的な機能のバランスを図ることである。博物館登録制度は、それらを担保するための措置だと考えてよい。しかしながら、多くの博物館ではコレクション管理（収集、整理保管）は日常業務となっておらず、資料台帳の未整備や収蔵庫の満杯等の問題を引き起こしているために調査研究や教育普及活動にも支障をきたしている。

イギリスでは、コレクション管理方針や関係文書（規程）を整備することにより、資料の収集、受入れ、登録、収蔵管理、保存、除籍・処分、活用等の諸作業をシステムとして組織的に運用している。具体的には、『スペクトラム』というコレクション管理の標準書が1990年代から実用化されており、日本の博物館登録制度にあたる認証制度では、それを使用することが前提条件になっ

ている。日本でも『日本版スペクトラム』のような標準書の作成と普及が急務となっている。

　そうした問題を解決するためには、予算や人員を確保することであるが、それが難しければ、当面は展覧会やイベントにシフトしている業務内容を見直すことである（田中 2023）。博物館は、展覧会の回数を減らして会期を長くすることや、慣例的なイベントを見直すことである。また、設置者はコレクション管理の業務を「見える化」するために、事務事業評価（博物館評価）に適正に位置づけることにより、博物館を取り巻くステークホルダーにコレクション管理に対する理解を促すことである。奥野進が紹介する市立函館博物館では、経営資源に制約がありながらも、博物館の諸機能の充実化を図るとともに、「博物館の見える化」等の課題解決に取組んでいる（本書第5章6参照）。

　また、博物館の質を保証するためには、誰もが利用できる博物館にすることも大切である。利用者の年齢、人種、性別、宗教、言語、社会的な身分を区別することなく、すべての人達が平等に利用できるように博物館は開かれた存在でなければならない。そのためにはアクセス（access）という考え方が不可欠である。博物館にとってのアクセスとは、施設やコンテンツ、専門知識等に関わる機会を意味する。ところが、すべての利用者が同じ機会をもっているとは限らない。身体や能力、年齢、性別、文化的または社会的背景、信仰、言語、場所、経済力等が障壁となって、博物館の利用を妨げる可能性がある。博物館に関心を持つことができない人、学習障害のある人、その国の共通言語を理解できない人もいる。他にも博物館が扱う文化が自分たちの文化と異なるために興味を持てない人や、地理的に離れているために訪れることが困難な人等のようにさまざまである、博物館のアクセス対策とは、そのような障壁を最小限に抑える措置をいう。訪日外国人に対しても、このアクセスを保証することは必要であるが、インバウンドが優先される方策ではないことを肝に銘じるべきである。

　「より近く」とは、コレクション管理の体制が整備されるようになれば、ブロックバスター展等のように遠方の他館のコレクションに依存することなく、学芸員は自館のコレクションの価値を最大化することができるようになる。

　地域博物館は、コレクションを用いて、年齢や経歴の区別なく、興味や関心

を同じくする人々が集い、話し合い、参加することを通じて緩やかな社会関係を築くことができる公共空間である。市民がサークルをつくり、調査や整理、展示等に参加する「市民参加型」の活動に見られるように、博物館は市民の日常空間の一部として生かされる。また、博物館は歴史や自然等を題材にする自己学習やグループ学習を通じて、知的な学びばかりでなく、地域の文化や自然の価値を学び、コミュニティの懸け橋になることを学び、民主主義のルールを学ぶ場にもなる。[6]

「より持続的に」とは、博物館の恒久性を維持・確保することである。博物館は人類の有形及び無形の遺産を収集し保管活用する恒久的な文化・教育施設である。とはいえ、現状を見ると、博物館は本当に恒久的な文化・教育施設だといい切れるのだろうか。博物館の持続性を担保するために必要なことはいろいろ考えられるが、特に安定的な財務基盤を確保することが重要である。多様な財源を確保することや、収益構造の見直し、外部資金の獲得、人材のマネジメントのスキルアップ等のように経営基盤を安定化させることが必須である。そのためには、自館の理念や方針、資料の特性や活動実績等を対外的に示せるようにする。学芸員の雇用の安定化を図るとともに、多様な専門能力が求められる博物館現場の状況に鑑みて、研究能力ばかりでなく、コレクション管理やマネジメント、ファンドレイジング、デジタル技術等のように、現場のニーズに応えられる人材を育成、登用することが必要である。

本書においては、大学院教育の取り組みとして、駒見和夫が述べるように、専門的職員の基礎資格として、資料の研究を基盤に博物館機能の概括的な知識と技術を修得した上で、学習支援活動や保存修復、データ資料管理等に特化した教育（本書第3章1参照）や、また内川隆志が紹介する國學院大學大学院のように、高度人材育成を図るために博物館学の理論としてのミュゼオロジーと、実践としてのミュゼオグラフィとのバランスをとる教育が提言されている（本書第3章2参照）。また、静岡文化芸術大学のように「博物館実習」以外に「博物館資料論」や「博物館情報・メディア論」でも博物館と連携した実習を行うことにより、受講生に多様な現場経験を体得させる試みも注目される（本書第3章3参照）。

（４）改正博物館法に問題があるとしたら、どのような改正をすべきであったのか

　旧博物館法が制定されてから 70 年余りが経過したが、その間に博物館を取り巻く社会環境は大きく変化し、運営面でもさまざまな問題が生じている。博物館法改正は、国民の生活と福祉を向上させることを目的にして博物館の在り方を見直し、その実現のために人員や予算の不足、指定管理者制度の在り方、未整理の資料、収蔵庫の満杯、学芸員非正規職の増加、施設の老朽化等の諸問題を解決するために行われるべきであった。ところが先述したように、法改正は政治（官邸）主導で行われた。博物館の諸問題を放置したまま、新たに「文化観光」や「デジタル化」という努力義務が課せられ、ますます博物館に内在する問題は複雑な様相を呈している。絡み合った糸を少しでも解きほぐすためには、いろいろな考え方や手法があるだろうが、筆者は登録制度、指定管理者制度、学芸員養成制度について改善策を提案したい。

1. 登録制度の見直し

　最初に、登録博物館と指定施設の差別化をはかるために登録制度を見直すことを提案する。登録博物館と指定施設の違いは、学芸員の配置の有無（指定施設は「学芸員に相当する職員」）と開館日数（指定施設：100 日以上）ぐらいで、博物館の体制や事業の取扱に大きな違いはない。

　文化庁が示している「博物館の登録に係る基準を定めるに当たって参酌すべき基準」（施行規則 19 ～ 21 条）を読み解いた「登録審査の観点と確認事項」（以下、「審査基準」）は、多くの博物館が登録できる最低水準となっている。「審査基準」のなかでも、コレクション管理に係るそれは実効性をもたないという問題（本書第 2 章 4 参照）を勘案すれば、今後、他の「審査基準」も含めて見直すことが望ましい。それに合わせて、鷹野光行が指摘するように登録博物館の審査を更新制[7]にすれば、法改正で登録制度を見直そうとした本来の趣旨に照らして博物館の質を向上させることができる（本書第 5 章 4 参照）。

　それに比べて、指定施設は博物館として実質的に機能していれば、指定施設になることを妨げないように配慮する。つまり、登録博物館の「審査基準」を現行より水準を上げる一方、指定施設は水準を下げて、両者の差別化をはかる。はじめは指定施設でも登録博物館の新たな「審査基準」に適合すれば、次の段

階は登録博物館に移行することができる仕組みにする。指定施設から登録博物館になるようなサポート体制を組み込むことにより、地域における博物館の連携も促進することが見込まれる。本書において芳賀満が博物館の制度や運営の実態に精通した第三者機関を実施主体とした一級認証博物館と二級認証博物館から成る認証制度への転換を提唱する（本書第2章3参照）ように、その差別化については今後再考することが求められる。

2. 指定管理者制度の運用上の助言

次は、設置者（地方公共団体）による指定管理者の運営を改善するために、経営の持続可能性を担保する措置を講じることである。2003年9月に地方自治法の一部が改正されたことにより、公の施設に指定管理者制度が導入された。この制度が博物館にも適用されてから20年余りが経過するが、契約期間や職員の待遇問題、運営の継続性が担保されないために博物館には不向きだとされてきた。制度導入により、一部の博物館では質的な向上が見られるが、多くの博物館では経費削減のために導入されてきたため、指定管理者の経営努力を促す仕組みとされる利用料金制度が導入されても、増加した収入分は運営管理の経費に充当されるために指定管理者のモチベーションが削がれている。しかも学芸員の給与水準は、一般的な公務員の年収額より低く設定されて昇給も見込めず、契約期間も定められているため雇用不安を引き起こしている（金山2020）。

2010年12月28日、総務省自治行政局長から発出された「指定管理者制度の運用について」（通知）は地方公共団体に対して、指定管理者制度が価格競争による入札とは異なること、指定管理者において労働法令の遵守や雇用・労働条件への適切な配慮をすること等について助言したが、翌年の東日本大震災の発生や政権交代等もあり、残念ながら実効性を伴うものにはならなかった。そこで改めて指定管理者制度の適正な運用を促すために博物館法施行規則に、「（設置者に）博物館経営の持続可能性を担保する措置を講じること」を促す趣旨の規定を定めることを提案する。

3. 学芸員養成制度の見直し

もう一つは、学芸員養成制度についてである。改正博物館法では、学芸員資格制度の見直しは行われることなく、2024年6月に学芸員養成課程の「博物館に関する科目」の科目名と単位数は現状維持のまま、そのねらいと内容を修正

した「学芸員養成課程の科目のねらいと内容及び博物館実習ガイドラインの改訂について（通知）」が文化庁から示された。学芸員養成制度の見直しにはいろいろな見解（栗田 2021、浜田 2023 等）（本書第 2 章 3 参照）があるとはいえ、筆者は次のように考える。

　学芸員資格は、博物館法にもとづく国家資格でありながら、登録制度や免許状制度が採用されてはおらず、学芸員資格は学芸業務を独占するものでも、学芸員という名称の使用制限をもつものでもない。学芸員として採用されて、初めて学芸員を名乗ることができる「任用資格」である。学芸員という職種が社会的にさほど評価されていないのは、学芸員資格が「任用資格」であることや業務独占、名称使用の曖昧さにも一因がある。また、学芸員養成に係る大学間の教育上の質のばらつきを是正することや、学芸員志望者に専門能力・知識の向上をはかり、学芸員に就く道筋をつけることも課題になっている。

　こうした課題を解決するために、学芸員資格に試験認定制度を導入することにより、これまでの任用資格を変更して、登録制度または免許状制度を採用することを提案する。試験認定を採用する利点は、大学間の教育上の格差を解消するとともに、学芸員養成の教育力の向上を図るものである。現行の博物館関連の法定科目や単位数は最低基準となっているが、この制度が実施されれば、大学ごとの判断により科目や単位数を上乗せしてカリキュラムの充実を図る取り組みや、担当教員が研修等で連携・協力が進み、学芸員養成の教育水準の底上げにつながることが期待される（金山 2023）。

（5）隣接分野の動向から博物館関係者が学ぶことは何か

　本書の第 6 章を構成する社会教育や図書館、学校教育の学問分野は、博物館のそれとは異なるものの、いずれも教育基本法を母法していることに鑑みれば、同じプラットフォームに位置づいている。博物館と隣接する分野の動向は、もしかすると博物館関係者が見過ごしてきたことに大きな気づきを与えてくれるかもしれない。そして、博物館の過去と将来を展望するために、客観的な立ち位置から示唆や含意を得ることも期待される。

1．教育政策の転換の共通性

　社会教育や学校教育の動向を踏まえると、戦後の教育政策が大きく転換した

という共通認識を共有できることが明らかになった。

　本書において児美川は、その経緯を次のように述べる（本書第6章4参照）。中曽根政権による臨時教育審議会（以下、臨教審とする）の発足（1984年）にはじまり、第1次安倍政権における教育基本法の改正、そして第2次安倍政権のもとにおかれた教育再生実行会議は、「ポスト戦後型」の教育政策過程への転換（道徳の「教科」化、高大接続改革、教育委員会制度の改変、小中一貫教育の制度化、専門職大学（専門職短期大学）の創設、教育機会確保法の制定等）を決定づけた。これらの教育政策過程は、それまでの意思決定（自民党文教族—中教審—文部科学省）よりも上位の政治レベル（首相官邸等）でなされ、文科省や中教審は決定されたことを学校制度に着地させる法制度を検討する「下請け機関」になってしまった。さらに「Society5.0」が国家戦略化されてからは、首相官邸だけでなく経済産業省や内閣府までが教育政策過程に登場するようになった。

　博物館を取り巻く制度改変でも、具体的な政策や制度は異なるものの、同じような筋書きとスピード感をもって行われたことは、本書で見てきたとおりである（本書第1章2、第2章2参照）。国家戦略となった「文化経済戦略」は、同じような陣容によって博物館政策が打ち出されていき、博物館は文化観光拠点施設に変容を強いられる事態に陥ってしまったのである。

2. 戦後の博物館の原点を確認する

　佐藤一子は社会教育法の理念を、次のように整理する（本書第6章1参照）。教育基本法第2条（教育の方針）の下に、社会教育法第3条が規定するように、社会教育とは国民が自ら学んで文化的な生活、創造に参加する過程であり、国及び地方公共団体はそのための環境醸成責務を負う。国民＝「利用者・住民」、すなわち、その主体は「参加者」あるいは「学習者」である。社会教育法体系の基本理念は、①平和で民主的な社会における自己教育・相互教育の重視と、地方公共団体は内容に干渉せず環境を整えるという公共性の論理。②社会教育施設の教育機関としての自立性を保障する職員体制（館長及び司書、学芸員等の専門的職員）。③公共施設（私立を含む）としての公開性と学習機会の保障、及び無償制原則。誰もが身近な施設として利用できるという原則。④住民参加。の4項目からなる。ここでいう「参加者」は主体者であって、「受益者」では

ないことに、博物館関係者は留意しておくことが望まれる。1960 年代〜 80 年代は、社会教育の場で人々が自由に学ぶということが国民の権利であるという考え方が定着した時代であった。1970 年代〜 80 年代に伊藤寿朗が提唱した地域博物館論や第三世代博物館論（伊藤 1993）は、社会教育学からアプローチした博物館論の特徴を呈し、博物館関係者ばかりでなく社会にも受容された。

ところが、佐藤は臨教審で「生涯学習体系への移行」が提唱されことを契機に、学習を個人的にとらえることと、学習者を「受益者」とみなし、それによって民間事業者の参入による生涯学習の産業化への道が開かれ、変容がもたらされたとし、その後に指定管理者、民間事業者による商業的な収益事業としての文化・スポーツ振興が「生涯学習の理念」の条項の下に導入され、教育委員会における社会教育が縮小、弱体化したことを指摘する（本書第 6 章 1 参照）。社会教育主事については、1959 年の社会教育法改正によって都道府県ばかりでなく、市町村にも必置とされて、学校教員に社会教育主事任用資格を取得させて市町村の社会教育主事として発令することが可能になった（1974 年から学校教員の派遣社会教育主事給与への国庫補助）のに、1998 年に地方分権改革の規制緩和の対象になり、国庫助成は廃止されてしまった（本書第 6 章 2 参照）。2019 年の第 9 次地方分権一括法案により、社会教育施設の首長部局移管が可能となる。参議院で付帯決議（国民の知る権利、思想表現の自由、政治的中立性）が明記されたとはいえ、社会教育政策は「市場化」の推進により生涯学習政策に転換することで、民間に参入を開放して弱体化していった。

同時期には博物館政策からも社会教育の理念が希薄化していく。新自由主義や新自由主義教育が、1990 年代後半（〜 2010 年代後半：第 2 期）頃から社会に浸透するようになる（児美川 2024）と、それは博物館を取り巻く環境にも影響を与えた。文部省の委託を受けて日本博物館協会が作成した『対話と連携の博物館』（日本博物館協会 2000）では、博物館は生涯学習社会の市民需要（ニーズ）と博物館が抱える諸問題とのジレンマをいかにして効率的に埋めていくのかの正念場にあるとして、その解決のために「対話と連携」の博物館運営という方向性が示された。その中には、博物館が人々にとって身近な存在になり得るために博物館事業の「見える化」をはかる「評価と認定」制度も有効とされた。しかし、現実の博物館は利用者数を増やすために展覧会やイベントに事業

がシフトし、地方公共団体の行政改革における事務事業評価（博物館評価）では、受益者（利用者）の利用回数や満足度に評価のウェイトが置かれるようになった。2004年の川崎市市民ミュージアムの包括外部監査のように、費用対効果（総経費に対する利用者一人当たりに掛かる経費）の観点から「民間企業であれば倒産状態」という結論は、その象徴的な事例だといえる。こうして「対話と連携」の博物館は、その理念とは裏腹な現実と向き合わなければならなくなった。

　学芸員は社会教育主事のように地方公共団体の必置義務ではなかったものの、1973年に「公立博物館の設置及び運営に関する望ましい基準」（通称「48基準」）に都道府県や市町村ごとに学芸員数の基準が示されたおかげで学芸員数は増加したが、2003年に規制緩和の対象となり廃止された。その後、学芸員は正規職が減少したものの、非正規職が増加し、見かけ上の総数は増えた。こうした状況により、学芸員の雇用問題ばかりでなく、博物館は質の低下や館自体の持続可能性が脅かされる事態に陥っていることは、先述したとおりである。

3. 教育基本法改正と博物館への影響

　2006年、教育行政の憲法といえる教育基本法が改正されたことに対して、佐藤が述べるように、当時、教育学関連15学会は国家による教育の介入であるとして反対した。同法第2条（教育の目標）に追加された「我が国と郷土を愛する」「豊かな情操と道徳心を培う」等のような道徳律は、本来、政治的に中立であるべき教育に国家が介入するルートをつくるもので、上位法の憲法を無視するかのような法改正そのものに問題がある（児美川・前川 2022、児美川 2024）。

　一方、教育基本法の改正については、博物館関係団体から目立った動きは何も起きなかった。むしろ教育基本法改正の影響は、同年に「これからの博物館の在り方に関する調査研究協力者会議」が設置され、『対話と連携の博物館』の見解を下敷きにして、『新しい時代の博物館制度の在り方について』（これからの博物館の在り方に関する調査研究協力者会議2007）がまとめられ、博物館登録制度や学芸員養成制度の見直しが提言された（佐々木 2017）。そこには教育関係団体が改正教育基本法に対する警戒感や悲壮感のようなものはなく、博物館関係者には将来の博物館法改正を射程に入れた提言として受けとめられ

た。

　とはいえ、博物館のなかには、改正教育基本法において、教育目標の一つとなった「郷土を愛する」という文言が何のためらいもなく受入れられ、戦前の忠君愛国の思想教育につながりかねない「教育目標」が、いとも容易く博物館の施策に登場するようになった。教育現場では、道徳の「教科」化として組み込まれるようになり、教育関係者は国家主義的な教育への傾注を危惧している。幸いなことに、博物館には制度的な縛りによって強要される事態にはなっていないが、自分達には無関係だとは必ずしもいい切れない。

　歴史系博物館の近代・現代史の展示は、しばしば中立性が取りざたされるように、政治的な干渉からいかに距離を置くことができるかが課題となっている（久留島 2020）。また、本書で笹川孝一は、多くの国立・公立博物館の展示のように、現代史の欠落や統治者・主権者としての市民が登場しない傾向は「日本国」が自画像を描けないことによるものだと指摘する（本書第6章5参照）。

4.　博物館の存在意義

　さらに、児美川は、小中学生の学校に行かない／行けない子どもの増加や、高校生の「非学校」傾向の子どもの増加等の問題に対して、日本の学校のあり様（学校の存在意義）が問われているのに、文科省はそれを前提にした政策を打ち出せないことを指摘する（本書第6章4参照）。

　この文科省の教育政策の手詰まり感と、あえて文化庁の博物館政策とを照らし合わせてみよう。結論から言えば、やはり同じである。慢性的な経営資源（人員、予算、施設・設備等）の枯渇化、収蔵庫問題、施設の老朽化、学芸員の雇用問題（非正規採用の増加）等の諸問題が負の連鎖を引き起こしている。栗原が指摘するように、もはや観光政策に追従する博物館政策の限界性が見えており、将来の博物館に活路が見いだせるとは到底思えない（本書第2章1参照）ばかりでなく、博物館の本来業務を圧迫し、経営資源を消耗させている（本書第2章2参照）。繰り返しになるが、多くの博物館の収蔵庫が満杯になり、コレクションが活用できる体制になっておらず、しかも解決の見通しはほとんど立っていない。文化庁は、こうした日本の博物館が直面する問題に真正面から向き合ってほしい。博物館を文化観光施設にする文化庁の博物館政策は、明らかに博物館の実態から乖離している。公共施設である博物館の存在意義が改め

て問われなければならない。

　一方、改正博物館法では、株式会社（営利企業）が設立した博物館でも新たに登録博物館になれるようになった。現在、民間の博物館は大きな役割を担っており、株式会社（営利企業）の参入も進むだろうし、公立博物館も更に変容していくであろう。これらの動きを止めることは困難である。いまさら社会教育機関としての博物館論のように原点回帰を促すことも現実的ではないかもしれない。しかし、社会教育の理念（自己教育・相互教育、公共性、公開性と学習機会、無償制の原則、住民参加等）は維持・保障されなければならず、博物館の多様性や性格に応じて柔軟に対応することが求められる。

5. 今後の博物館政策に向けて

　児美川は、教育改革（改悪）はこの先も何が起きるかわからない様相を呈しているという。新自由主義教育の潮流は止まることを知らない。以前は、教育基本法の改正や、現行学習指導要領の改正が終着点（自民党文教族が目指す戦後教育の総決算）だと思われていたが、文科省は経産省や内閣府に乗り込まれた状態のまま、教育DXやSociety5.0に向けた教育改革によって公教育の「市場化」「民営化」や教育産業の公教育への侵入が、今後も昂進することが予想される（児美川他2022、児美川2024）。

　博物館について言及すれば、博物館が「より近く」「より質を」「より持続的に」の原理を担保できるように政策の転換を図ることである。そのためには、栗原が提案するように、日本博物館協会や全国美術館会議、ICOM日本委員会等、博物館関係団体と専門家が結集して国や自治体に積極的に政策提言を行うことも必要である（本書第2章1参照）。また、公共機関である博物館の質を保証するためには、誰が、どのように評価するのかという観点から考えると、設置者や博物館ごとの事務事業評価（博物館評価）ではなく、国や自治体から独立した日本博物館協会のような第三者機関が、現行の登録審査基準を見直し評価するとともに、審査結果を公開する体制づくりを構築することも課題である。第三者機関による評価が実施されるようになれば、現行の登録制度の審査に見られる審査主体と審査対象の一致（都道府県や指定都市の場合）のような審査の公平性の問題（本書第2章2参照）もクリアできる。改正博物館法をめぐるこうした課題に、どのように取り組むかが問われている。

註

（１）文化庁は、文化観光に取り組む文化施設や事業者が、法令等の理解、ロジックモデル（事業から成果目標実現までの流れを整理した図表）の設定から、文化観光に資する各種事業の立案まで、基本的な内容やポイントを押さえるための手引き書として「文化観光推進ガイドブック」を作成した（令和 6 年 3 月）。https://www.bunka.go.jp/seisaku/bunka_gyosei/bunkakanko/pdf/94034301_02.pdf（2024 年 8 月 20 日閲覧）

（２）サイエンスミュージアムネット https://science-net.kahaku.go.jp/ （2024 年 8 月 10 日閲覧）を参照した。

（３）全国美術館収蔵品サーチ「SHŪZŌ」 https://artplatform.go.jp/ja/collections（2024 年 8 月 10 日閲覧）を参照した。

（４）ワーキンググループの座長を務めた浜田によれば、これは当時の博物館振興室長の強い意向であったという。事前打ち合わせの段階で、実物教育の場である博物館の展示がバーチャルであることはあり得ないと主張したことから博物館部会での論議はなかった。ところが、法制審議には盛り込まなかった内容を、文化庁権限で行える「通知」という手段で入れ込んだことは心外である、と回顧する。

（５）文化観光推進法に基づき認定した拠点計画及び地域計画はここから確認できる。https://www.bunka.go.jp/seisaku/bunka_gyosei/bunkakanko/92441401.html（2024 年 8 月 10 日閲覧）

（６）たとえば、筆者らが運営した野田市郷土博物館のように、基礎機能を充実した上で「市民のキャリアデザインの拠点づくり」というミッションを達成するために諸事業に取り組んだ事例（金山 2012）がある。

（７）浜田によれば、ワーキンググループで更新制について当然検討したが、小規模館には負担が大きすぎるとのことで定期報告という形になった。

参考文献

伊藤寿朗　1993『市民の中の博物館』吉川弘文館

片山善博　2015『民主主義を立て直す』岩波書店

金山喜昭　2012『公立博物館を NPO に任せたら―市民・自治体・地域の連携―』同成社

金山喜昭　2020「第 1 章 指定管理者と博物館の動向」『転換期の博物館経営』（金山喜昭編）同成社

金山喜昭　2023「博物館法改正と学芸員養成の在り方について―全国大学博物館学講座協議会のアンケート結果の分析より―」全博協研究紀要第 25 号

金子淳　2019「博物館と文化財をめぐる政策的動向」月刊社会教育第 63 巻第 11 号

上林陽治　2015『非正規公務員の現在』日本評論社

栗田秀法　2021「間に合う学芸員取得者の養成は可能か—新たな学芸員養成課程への課題と展望—」『博物館の未来を考える』(「博物館の未来を考える」刊行会編) 中央公論美術出版

ギデンズ，アンソニー　1993『近代とはいかなる時代か？—モダニティの帰結—』(松尾精文・小幡正敏訳) 而立書房

クライン，ナオミ　2011『ショック・ドクトリン—惨事便乗型資本主義の正体を暴く』(幾島幸子他訳) 岩波書店

久留島浩　2020「歴史系博物館の可能性」『博物館と文化財の危機』(岩城卓二・高木博志編) 人文書院

児美川孝一郎、前川喜平　2022『日本の教育、どうしてこうなった？—総点検・閉塞30年の教育政策』大月書店

児美川孝一郎　2024『新自由主義教育の40年』青土社

佐々木秀彦　2017「日本博物館協会による「対話と連携の博物館」—市民とともに創る新時代の博物館へ—」『日本の博物館のこれから：「対話と連携」の深化と多様化する博物館運営』(山西良平・佐久間大輔編)

新藤宗幸　2020『新自由主義にゆがむ公共政策』朝日新聞出版

諏訪康雄　2005「提言　キャリア権は何をどう変えるのか」日本労働研究雑誌544

田中裕二　2023「コレクション管理と評価　展示活動に偏重した事業は是正可能か」法政大学資格課程年報 Vol.13

長澤成次　2022「文化審議会答申と博物館法改正問題—市民の学びの自由と権利を保障する博物館の自由をめぐって」月刊『住民と自治』707号 (2022年3月号)

日本博物館協会　2000『対話と連携の博物館』

浜田弘明　2023「学芸員課程の実状とこれからの学芸員資格制度」全博協研究紀要第25号

前川喜平　2018『面従腹背』毎日新聞出版

水野和夫　2023『資本主義と不自由』河出文庫

藻谷浩介、山田桂一郎　2016『観光立国の正体』新潮新書

ウェブサイト

これからの博物館の在り方に関する調査研究協力者会議　2007『新しい時代の博物館制度の在り方について』
https://www.mext.go.jp/b_menu/shingi/chousa/shougai/014/toushin/07061901.pdf (2024年11月7日閲覧)

高橋明也　2019「シリーズ：これからの美術館を考える (9)「ブロックバスター展」はどこへ行く？」美術手帳 (2019.2.14)
https://bijutsutecho.com/magazine/series/s13/19216 (2024年3月18日閲覧)

(金山喜昭)

おわりに

　博物館法の約 70 年ぶりの単独改正となる「博物館法の一部を改正する法律」
が 2023 年 4 月から施行された。わが国の博物館運営の大きな転換点でもあり、
新たな博物館像を描くこととなるこの動向に対して、博物館を取り巻く人たち
は大きな期待を寄せつつも、懸念は少なくない。博物館法が改正された意味を
検証してこれによる博物館の方向性を探る検討の必要性をみとめ、現況の分析
と課題に向き合い、議論を深みに導くことを本書の眼目とした。そうして、博
物館学ばかりではなく、隣接分野である文化財学、社会教育学、図書館学、教
育学の視座や動向を加え、将来の博物館像を多角的な観点から探究する一冊を
ここに編むことができた。
　本書で展開された考究はおもに博物館法を土台としているが、法律によって
博物館のあり方や活動を定めることは、国家が博物館を公的領域に置いて政策
化し、国民に貢献すべく振興に努める姿勢の表出といえる。わが国は 1951 年
に博物館を立法化し、これを博物館の社会的な位置づけの柱としてきた。ただ
し、法律であるがゆえに規定された内容の見直しは容易ではなく、社会変化へ
の対応において柔軟さに欠ける面をもっている。
　今回の法改正は、博物館に求められる役割の多様化・高度化を踏まえ、設置
主体の多様化を図りつつその適正な運営を確保することが目的とされる。役割
の多様化と高度化に向き合うのであれば、まずは博物館の定義、とくにその目
的の再検証を土台とすべきであろう。つまり、時代に適った博物館の理念の明
確化である。周知のように、博物館法における博物館の定義は制定時の内容を
そのまま継承し、今回の改正でも手は加えられていない。博物館法と同期に成
文化された ICOM の博物館の定義は、現在まで 7 度にわたり更新され、基幹
を維持しながらも社会変化に対応した博物館の概念とあり方を提示している。
　博物館法の場合、社会教育法の下に同様の社会教育機関として位置づく図書
館法との整合性などから、定義の改訂は難しいのかとも推察される。しかし、

現在そして将来の博物館の方向性をしっかりと導くには、国際社会の動向も踏まえつつ、日本の社会に適った博物館の定義の検証を続けていくことが肝要である。それがあってこそ、博物館の使命や方針、活動内容の方向性を指し示すことができるのである。もし、法律での規定であるがために更新が容易でないのであれば、たとえば、日本博物館協会において「現代の博物館の定義」を議論し、それを社会にひろく提示していく方策などを探るべきと考える。そうでなければ、時代に求められる博物館のあるべき姿は社会や人びとに伝わっていかず、その幅ひろい理解と支持が得られなくなると危惧する。

　最後に、この上梓の経緯を記しておきたい。本書は金山喜昭先生の古稀の節目を記念して企画した。金山先生は、博物館の法制度や博物館のあり方に常に問題意識をもち、研究と言説を牽引されてきた。ゆえに、金山先生に献呈する企図の書籍ではあるが、あえて先生に編者をお願いするのが最良と思慮して進めた。結果、多彩な執筆者の論説に金山先生の総括（第7章）が加わり、充実した内容となったことを喜ばしく思う。

　文末ではありますが、執筆を快く承諾し玉稿をお寄せいただいた皆さん、刊行でお世話になりご尽力をいただいた同成社の各位に、篤く御礼申し上げます。さらに、金山先生には今後もご壮健で、引き続き博物館学の研究と議論をリードし、後進の教導にあたられることをお願いいたします。

　2025 年 1 月 25 日

『改正博物館法で博物館はどうなる』刊行会世話役

駒見和夫

執筆者略歴 <small>（五十音順。編者は除く）</small>

荒川裕子（あらかわ・ゆうこ）

　東京大学大学院人文科学研究科博士課程単位取得満期退学（修士）。静岡文化芸術大学文化政策学部助教授、法政大学キャリアデザイン学部助教授を経て、現在、法政大学キャリアデザイン学部教授。

　〔主要論著〕『デザインとデコレーション』（共著）ありな書房、2018年。『ラファエル前派』東京美術、2019年。

井上洋一（いのうえ・よういち）

　1956年生。國學院大學大学院博士課程後期単位取得。東京国立博物館学芸部考古課先史室研究員、九州国立博物館学芸部長、東京国立博物館学芸企画部長、同館副館長等を経て、現在、奈良国立博物館長。

　〔主要論著〕「博物館学とは」『博物館概論』放送大学教育振興会、2019年。「第二章〜第七章　特別展概説」「第七章　総説」『東京国立博物館百五十年史』中央公論事業出版、2023年。

内川隆志（うちかわ・たかし）

　1961年生。國學院大學文学部卒業。國學院大學文学部助手、同考古学資料館学芸員、同研究開発推進機構教授を経て、現在、國學院大學文学部教授。

　〔主要論著〕『文化財の活用とは何か』（編著）六一書房、2020年。「『椶園好古図譜』と柏木貨一郎」『人文資料形成史における博物館学的研究Ⅲ―根岸友山・武香旧蔵資料の研究と公開―』科学研究費基盤研究C研究成果報告、2024年。

奥野　進（おくの・すすむ）

　1974年生。北海道教育大学教育学部函館校総合科学課程文化科学コース卒業。函館市市史編さん室、函館市中央図書館（歴史担当）、市立函館博物館等を経て、現在、函館市教育委員会生涯学習部文化財課。

　〔主要著作〕「函館のパノラマ写真」『写真発祥地の原風景　幕末明治のはこだて』東京都写真美術館、2022年。「学術調査と連携した博物館活動の展開―地域博物館での成果還元型事業の一例」『市立函館博物館研究紀要』市立函館博物館、2023年。

可児光生（かに・みつお）

　1956年生。名古屋大学文学部史学科卒業。美濃加茂市民ミュージアム学芸係長などを経て、現在、美濃加茂市民ミュージアム館長、岐阜大学非常勤講師他。

　〔主要論著〕『博物館とコレクション管理』（共著）雄山閣、2022年。『47都道府県博物館百科』（共著）丸善出版、2022年。

栗原祐司（くりはら・ゆうじ）

1966年生。上智大学法学部、放送大学教養学部卒業。文化庁美術学芸課長、東京国立博物館総務部長、独立行政法人国立文化財機構事務局長、京都国立博物館副館長等を経て、現在、国立科学博物館副館長、日本博物館協会理事、ICOM日本委員会副委員長他。

〔主要論著〕『教養として知っておきたい博物館の世界』誠文堂新光社、2021年。『基礎から学ぶ博物館法規』同成社、2022年。

小西雅徳（こにし・まさのり）

1956年生。國學院大學文学部史学科卒業。國學院大學助手、板橋区立郷土資料館長、板橋区教育委員会生涯学習課文化財係長を経て、現在、法政大学非常勤講師、日本銃砲史学会常務理事。

〔主要論著〕「近代化遺産の保存と課題―国指定史跡陸軍板橋火薬製造所跡をめぐって―」『國學院雑誌』第118巻11号、2017年。「江戸の鉄砲強盗」『銃砲史研究』第397号、日本銃砲史学会、2024年。

駒見和夫（こまみ・かずお）

1959年生。東洋大学大学院文学研究科修士課程修了（博士［歴史学］）。和洋女子大学人文社会科学系教授等を経て、現在、明治大学文学部教授。

〔主要論著〕『博物館教育の原理と活動―すべての人の学びのために』学文社、2014年。『総説 博物館を学ぶ』（編著）同成社、2024年。

児美川孝一郎（こみかわ・こういちろう）

1963年生。東京大学大学院教育学研究科博士課程退学（教育学修士）。法政大学文学部専任講師、同助教授、キャリアデザイン学部助教授等を経て、現在、法政大学キャリアデザイン学部教授。

〔主要論著〕『キャリア教育がわかる―実践をデザインするための〈基礎・基本〉』誠信書房、2023年。『新自由主義教育の40年―「生き方コントロール」の未来形』青土社、2024年。

坂本　旬（さかもと・じゅん）

1959年生。東京都立大学大学院博士課程単位取得満期退学（教育学修士）。法政大学文学部専任講師等を経て、現在、法政大学キャリアデザイン学部教授、同総合情報センター所長。

〔主要論著〕『メディアリテラシーを学ぶ ポスト真実世界のディストピアを超えて』大月書店、2022年。『メディア情報教育学 異文化対話のリテラシー』法政大学出版局、2014年。

笹川孝一（ささがわ・こういち）

1951年生。東京都立大学大学院人文科学研究科博士課程（文学修士）。法政大学文学部教授、同キャリアデザイン学部教授・学部長、日本湿地学会理事・事務局長、東アジア成人教育連合名誉会長、国際成人継続教育殿堂受賞等を経て、現在、法政大学名誉教

授。

〔主要論著〕『キャリアデザイン学のすすめ』法政大学出版局、2014 年。『水辺で暮らす SDG ｓ』（全 3 巻）日本湿地学会監修、朝倉書店、2023 年。

佐々木秀彦（ささき・ひでひこ）

1968 年生。東京学芸大学大学院教育学研究科修了。江戸東京博物館、江戸東京たてもの園、東京都美術館の学芸員を経て、現在、アーツカウンシル東京企画部企画課長。

〔主要論著〕『コミュニティ・ミュージアムへ――「江戸東京たてもの園」再生の現場から』岩波書店、2013 年。『文化的コモンズ――文化施設がつくる交響圏』みすず書房、2024 年。

佐藤一子（さとう・かつこ）

1944 年生。東京大学大学院教育学研究科博士課程修了（博士）。埼玉大学教育学部講師・同助教授・同教授、東京大学大学院教育学研究科教授、法政大学キャリアデザイン学部教授等を経て、現在、東京大学名誉教授。

〔主要論著〕『イタリア学習社会の歴史像――社会連帯にねざす生涯学習の協働』東京大学出版会、2010 年。『「学びの公共空間」としての公民館』岩波書店、2018 年。

杉長敬治（すぎなが・けいじ）

現在、法政大学兼任講師。

関根理恵（せきね・よしえ）

筑波大学大学院博士課程修了（博士［世界遺産学］）。彰考館／徳川博物館、国立民族学博物館、UNESCO、東京藝術大学等を経て、現在、ICOMOS 会員、江戸川大学准教授

〔主要著作〕『世界遺産』poplardia information library, ポプラ社、2007 年。『国宝』東京藝術大学出版、2015 年。

鷹野光行（たかの・みつゆき）

1949 年生。東京大学大学院人文科学研究科博士課程単位取得退学。市原市教育委員会、お茶の水女子大学文教育学部専任講師、同教授、國學院大学客員教授、東北歴史博物館館長等を経て、現在、市原歴史博物館館長、お茶の水女子大学名誉教授。

〔主要論著〕『新編博物館概論』（編著）同成社、2011 年。『地域を活かす遺跡と博物館』（編著）同成社、2019 年。

田中裕二（たなか・ゆうじ）

1975 年生。慶應義塾大学大学院文学研究科美学美術史学専攻アート・マネジメント分野修了（博士［歴史学］）。東京都江戸東京博物館学芸員を経て、現在、静岡文化芸術大学文化政策学部芸術文化学科准教授。

〔主要論著〕『企業と美術　近代日本の美術振興と芸術支援』法政大学出版局、2021 年。「博物館資料とその収集」駒見和夫編『総説 博物館を学ぶ』同成社、2024 年。

芳賀　満（はが・みつる）

1961 年生。東京大学大学院人文科学研究科美術史学専攻修士課程修了（博士［文学］）。京都造形芸術大学文化財科学・保存修復コース助教授・同教授、東北大学高等教育開発推進センター教授などを経て、現在、東北大学総長特別補佐（DEI 推進担当）高度

教養教育・学生支援機構教授、「世界の記憶」審査委員会委員長他。

〔主要論著〕『西洋美術の歴史1　古代　ギリシアとローマ　美の曙光』（共著）中央公論新社、2017年。『博物館の未来を考える―博物館法改正を見据えて―』（共編）中央公論美術出版社、2021年。

長谷川賢二（はせがわ・けんじ）

1963年生。大阪大学大学院文学研究科博士後期課程中退（博士［文学］）。徳島県立鳥居龍蔵記念博物館館長、徳島県立博物館館長等を経て、現在、徳島県立博物館上席学芸員（鳥居龍蔵記念博物館兼務）。

〔主要論著〕「歴史系文化施設の現在」『史窓』40、徳島地方史研究会、2010年。『修験道組織の形成と地域社会』岩田書院、2016年。

浜田弘明（はまだ・ひろあき）

1957年生。法政大学大学院人文科学研究科地理学専攻修了（文学修士）。相模原市立博物館学芸員、文化審議会博物館部会第1〜4期部会長代理等を経て、現在、桜美林大学リベラルアーツ学群教授、モンゴル文化教育大学名誉教授。

〔主要論著〕『博物館の新潮流と学芸員』御茶の水書房、2012年。『博物館の理論と教育』（編）朝倉書店、2014年。

半田昌之（はんだ・まさゆき）

1954年生。立教大学法学部卒。たばこと塩の博物館主席学芸員・学芸部長等を経て、現在、公益財団法人日本博物館協会専務理事・ICOM日本委員会事務局長。

〔主要論著〕「企業博物館の課題と展望」『たばこと塩の博物館　研究紀要第7号』たばこと塩の博物館、2000年。「企業博物館論史」『博物館学史研究事典』（共著）雄山閣、2017年。

久井英輔（ひさい・えいすけ）

1971年生。東京大学大学院教育学研究科博士課程単位修得満期退学（博士［教育学］）。兵庫教育大学教育・社会調査研究センター専任講師、広島大学大学院教育学研究科准教授等を経て、現在、法政大学キャリアデザイン学部教授。

〔主要論著〕『社会教育・生涯学習研究のすすめ：社会教育の研究を考える（講座　転形期の社会教育Ⅵ）』（共編著）学文社、2015年。『近代日本の生活改善運動と「中流」の変容：社会教育の対象／主体への認識をめぐる歴史的考察』学文社、2019年。

矢島國雄（やじま・くにお）

1948年生。明治大学文学研究科考古学専攻修士課程修了。明治大学文学部教授等を経て、現在、明治大学名誉教授。

〔主要論著〕『新編博物館学』（共著）東京堂出版、1997年。「植民地と博物館」『植民地主義と歴史学』刀水書房、2004年。

山本哲也（やまもと・てつや）

1963年生。國學院大學文学部史学科卒業。君津郡市文化財センター、國學院大學助手、新潟県立歴史博物館学芸員等を経て、現在、國學院大學文学部教授。

〔主要論著〕「博物館学史の編成について」『博物館学雑誌』第 37 巻第 1 号、全日本博物館学会、2011 年。「復興に果たされる "博物館のチカラ" とは何か」『博物館研究』第 52 巻第 8 号、日本博物館協会、2017 年。

改正博物館法で博物館はどうなる

■編者略歴■

金山喜昭（かなやま　よしあき）

1954年、東京都生まれ。
法政大学大学院人文科学研究科博士後期課程（満期退学）。
現在、法政大学キャリアデザイン学部教授。博士（歴史学）。
國學院大學博物館学研究室助手、野田市郷土博物館学芸員、副館長
を経て、2003年より法政大学キャリアデザイン学部へ。2008年4月
からロンドン大学UCL（英国）客員研究員（翌年3月まで）。公益
財団法人横浜市ふるさと歴史財団理事、公益財団法人茂木本家美術
館理事、東京都江戸東京博物館外5施設指定管理者評価委員会（委
員長）、高知県立歴史民俗資料館収集方針・収蔵のあり方検討会委
員など各地の博物館の運営に協力している。
〔主要著書〕
『日本の博物館史』（慶友社、2001年）、『公立博物館をNPOに任せ
たら』（同成社、2012年）、『博物館と地方再生』（同成社、2017年）、
『転換期の博物館経営』（編著）（同成社、2020年）、『博物館とコレ
クション管理』（編著）（雄山閣、2022年）などがある。

2025年1月25日発行

著　者	金　山　喜　昭
発行者	山　脇　由紀子
印　刷	亜　細　亜　印　刷㈱
製　本	協　栄　製　本㈱

発行所　東京都千代田区平河町1-8-2
　　　　（〒102-0093）山京半蔵門パレス　㈱同成社
　　　　TEL 03-3239-1467　　振替 00140-0-20618